HISTOIRE
DE
DESCARTES
AVANT 1637

SUIVIE DE

L'ANALYSE

Du Discours de la Méthode et des Essais de Philosophie

PAR

J. MILLET

AGRÉGÉ DE PHILOSOPHIE

DOCTEUR ES-LETTRES

Professeur de Philosophie au Lycée impérial de Clermont-Ferrand

PARIS

LIBRAIRIE ACADÉMIQUE

DIDIER ET Cie, LIBRAIRES-ÉDITEURS

35, quai des Augustins, 35.

1867.

HISTOIRE

DE

DESCARTES

PRÉFACE.

Utilité d'une Histoire des travaux de Descartes.

Les principaux systèmes philosophiques paraissent obéir aujourd'hui en France à deux centres d'attraction, et se ranger de plus en plus nettement en deux camps ennemis. Les uns se groupent autour du Positivisme et ont pour mot d'ordre l'abolition de la Métaphysique; les autres, qui veulent le maintien de cette science, se serrent autour du Spiritualisme, dont la bannière leur sert de point de ralliement dans le danger. Entre les deux camps flottent quelques débris d'anciennes armées en déroute, qui, semblables à la matière des nébuleuses, vont grossir peu à peu l'un ou l'autre noyau. Le Positivisme a pour lui le prestige des sciences, qu'il a cultivées avec goût, quelquefois avec succès, et qui lui doivent, à ce qu'il prétend, leur première classification rationnelle (1). Il s'appuie sur leur histoire et met en avant leur intérêt pour repousser la Métaphysique et la chasser, avec un dédain superbe, dans

---

(1) V. plus bas, chap. IX, la classification des sciences donnée par Descartes.

le désert des abstractions vides et des illusions mensongères (1).

Le Spiritualisme soutient vaillamment la lutte contre un adversaire audacieux et mieux armé, et en ce moment, en présence même des lignes ennemies, il change de tactique et appelle à son aide les sciences modernes qu'il a trop négligées depuis un demi-siècle. Mais il a perdu une partie du terrain dont il était maître, et, sans le secours inespéré de quelques savants, il n'aurait peut-être pas résisté au flot menaçant des positivistes, grossi des débris de l'armée hégélienne dispersée et du contingent tout frais des jeunes esprits nourris de science (2).

Les spiritualistes, avec une franchise qui les honore, ont reconnu tout haut les défaites successives et la situation compromise de leur parti (3). Mais, si j'avais l'autorité nécessaire pour émettre un avis, je dirais que ces éminents esprits, quelque

---

(1) V. Littré, Comte et la Phil. posit., 284-309, 673-677, 42, 107. V. aussi Comte, Leçons de phil. posit., préf., prem. leç. et passim; Stuart Mill, System of logic., 5e éd., introd., liv. I, et vol. II, 507 sqq.

(2) V. Frédéric Morin, art. Positiv., dans le supplément de l'Encyclopédie moderne, XI, 520.

(3) V. Caro, Idée de Dieu, 501, 502.

grands métaphysiciens qu'ils soient, ne nous ont indiqué que les causes secondes, et non la cause première, de cet état inquiétant. Les causes secondes sont bien, comme on l'a dit, la facilité à se contenter de raisonnements superficiels, l'habitude des démonstrations insuffisantes, l'ignorance due à l'isolement dans lequel on se tenait des sciences; la cause première me paraît être dans une fausse notion de la Philosophie, qui a amené son divorce avec les sciences positives, les habitudes anti-scientifiques, les solutions superficielles des problèmes que l'on croyait trop faciles, et l'ignorance des vraies questions. La Philosophie n'est pas, comme le croient Jouffroy et ses disciples (1), la science de l'homme, de son origine et de sa fin, définition d'après laquelle il suffit d'observer l'homme par la conscience pour résoudre tous les grands problèmes de la Philosophie, et qui suppose que toutes les sciences philosophiques ne sont qu'une induction et un prolongement de la Psychologie; la Philosophie est la synthèse de toutes les sciences dont elle refait l'unité brisée par les nécessités de l'analyse; elle est *la science*, la science universelle, la science du Tout, ou, si l'on

---

(1) V. Jouffroy, Mém. sur l'org. des sc. phil.

veut, une théorie sur l'ensemble des êtres et sur la nature des choses appuyée sur toutes les connaissances positives dont s'est enrichi l'esprit humain depuis l'origine de la civilisation (1). Les sciences particulières n'en sont que des chapitres, des fragments. L'ensemble des choses est comme un édifice dont nous découvririons à mesure des traces nouvelles, et qu'il s'agirait de restituer. En supposant même que chaque détail reproduise le plan général et la pensée d'ensemble, il est évident que pour faire cette restitution aucune donnée n'est à négliger, et que plus les connaissances positives s'accroissent, plus la restitution gagne en exactitude (2).

La Philosophie doit donc se tenir au courant de toutes les sciences, les connaître toutes, au moins dans leurs résultats derniers et suprêmes, pour les réunir en faisceau, pour concentrer en un

---

(1) J'exprime ici l'idée de Platon, d'Aristote, de Descartes, de Leibnitz et de tous les grands philosophes. V. les ouvr. de ces phil. et Cf. Ravaisson, Essai sur la Mét. d'Arist., liv. I, chap. II, p. 224-266; Cournot, Essai sur les fondem. de nos connaiss., 1, 228; § 326, p. 400; § 407 sqq. Janet, de la Dialectique dans Platon et dans Hégel, etc.

(2) Cf. Berthelot, Rép. à M. Renan, sur les sc. de la nat. et les sc. de l'hist.

foyer unique tous leurs rayons épars, et projeter cette lumière, éclatante sur chaque partie de l'objet à connaître. S'il vient un moment où l'on peut être sûr d'avoir retrouvé le plan et les grandes lignes de l'édifice, cela ne peut être le résultat des études psychologiques toutes seules. Etudier l'homme uniquement par la conscience, c'est donner à la reconstruction que l'on veut faire une base trop étroite; c'est, de plus, employer une méthode imparfaite et vicieuse, car la conscience est fertile en illusions, et l'histoire est, pour la connaissance de l'homme, une source d'informations bien autrement sûre et abondante que le sens intime, instrument de la Psychologie. L'histoire elle-même a besoin d'être complétée par les sciences de la Nature; car pour connaître l'homme il faut connaître aussi les autres êtres avec lesquels il est en rapport et sans lesquels il ne serait pas. Tout se tient dans l'univers, et c'est pour cela que toutes les sciences sont nécessaires les unes aux autres et qu'il est besoin d'une science supérieure qui les relie toutes entre elles et les féconde l'une par l'autre.

Cette science est la Philosophie, dont les racines sont la Métaphysique, le tronc la Physique, entendue dans son sens le plus large et comme science de la Nature, et les branches les sciences d'application (1).

On a cru trop longtemps qu'il suffisait de la Psychologie, aidée de la déduction et soutenue de phrases éloquentes, pour répondre aux aspirations les plus hautes de l'intelligence humaine et à ce besoin de connaissances exactes qui est la marque de l'esprit moderne. Les spiritualistes s'aperçoivent aujourd'hui de leur illusion, et ils peuvent contempler ses conséquences fatales devant la marée montante des sciences positives, qui renverse les faibles constructions bâties sur le sable par la génération qui nous a précédés. Ils reviennent donc aux sciences : ils ne veulent pas porter devant l'histoire la responsabilité redoutable d'avoir, par ignorance ou par incurie, livré l'esprit de la jeunesse du xixe siècle en proie au Positivisme. La Philosophie spiritualiste quitte ainsi les sentiers étroits de l'école écossaise et reprend la voie large et féconde ouverte par Descartes (2). C'est cette voie que je veux prendre moi-même; c'est ce mouvement que, selon mes forces, je voudrais seconder, en écrivant l'histoire des

---

(1) V. Descartes, édit. Cousin, princip. préf., p. 24.
(2) A la tête de ce mouvement marchent MM. Bouillier et Janet.

idées et des travaux de Descartes. J'ai étudié avec un soin particulier ce grand homme pendant la première partie de sa vie, pendant les années les moins connues et pourtant les plus intéressantes et les plus utiles à connaître. C'est alors, en effet, que ses idées naissent et s'arrêtent; que son génie se forme et s'achève; et si, dans la situation présente, nous voulons demander à Descartes des exemples et des enseignements, c'est pendant cette période de sa vie qu'il faut l'interroger.

Les positivistes non moins que les spiritualistes pourront tirer une leçon utile de la vie de Descartes. Ils repoussent la Métaphysique comme une rêverie stérile et même nuisible; ils trouveront dans cette vie un exemple de la fécondité heureuse des idées métaphysiques, et verront que sans elles ni l'Analyse, ni la vraie Physique, ni la Mécanique rationnelle, ni la Mécanique céleste, ne seraient nées. Du reste, d'après ce que MM. Comte et Littré disent de la Métaphysique (1), il n'est pas prouvé qu'ils sachent bien ce qu'est cette science. M. Littré, à la suite de Comte, en fait une manière de magicienne qui crée toutes sortes de petits êtres imaginaires char-

---

(1) V. les ouvr. et les passag. cités plus haut.

gés de remplacer les anciens Dieux. Ce qui était permis à l'ignorance historique et philosophique d'Auguste Comte ne l'est plus à la science de M. Littré et de ses adeptes. Il faut donc que les positivistes étudient la Métaphysique en elle-même et dans son histoire, ne serait-ce que pour savoir ce qu'elle est. Ils verront alors que par là même qu'on s'occupe des sciences de la Nature, il est impossible de ne pas faire de Métaphysique; qu'ils en font eux-mêmes depuis plus de trente ans, absolument comme M. Jourdain faisait de la prose, sans le savoir et sans même s'en douter.

Le schisme qui a déchiré l'union des sciences et de la Métaphysique ou Philosophie première, a nui autant aux sciences positives qu'à la Philosophie spiritualiste. Si les savants n'avaient pas vécu depuis un siècle dans l'ignorance de la Métaphysique telle qu'elle a été fécondée et enrichie par Descartes, ils n'auraient pas arrêté les progrès de la science par mille suppositions ridicules sur le nombre et la nature des *forces* et des *fluides;* ils n'auraient pas cru naïvement ensuite découvrir le principe de la théorie mécanique de la chaleur et celui de la corrélation des forces vives. La France surtout n'aurait pas laissé l'étranger lui ravir cette gloire. L'esprit français, si grand et si puissant par les idées métaphysiques dans le domaine des sciences physiques aussi bien que dans celui des sciences morales et politiques, a été abaissé et stérilisé par cette prétendue Philosophie positive, qui n'est que l'abdication des facultés les plus hautes et une sorte de castration de l'intelligence. Je comprends le Positivisme en Angleterre; en France il a été un mal et deviendrait un fléau, s'il continuait à étendre sa main lourde et maladroite sur nos facultés les plus brillantes et les plus fécondes. Les positivistes qui n'ont pas fait contre la Métaphysique le serment d'Annibal, reconnaîtront son utilité chez les nations qui comme la Grèce antique, la France et l'Allemagne modernes, sont appelées à diriger le mouvement de l'esprit humain. Je les convie à l'étude historique des grandes découvertes, et, ici d'abord, à l'étude des travaux de Descartes. L'Histoire qui calme les passions est aussi le meilleur maître pour enseigner la vérité; elle leur apprendra que l'esprit métaphysique n'est pas seulement un signe de race et un gage de supériorité intellectuelle, qu'il est encore un admirable instrument de découvertes, et la condition nécessaire de tous progrès dans les sciences.

Cherchons donc tous à reprendre conscience du génie national en l'étudiant dans son image la plus pure et la plus noble, dans son exemplaire le plus parfait, dans le rénovateur des sciences et de la philosophie au XVIIe siècle.

La physionomie de Descartes a été altérée aussi bien par les historiens de la philosophie que par ceux des sciences, et par les premiers plus encore que par les seconds. Je regrette d'être obligé de signaler ici, dès le début, un dissentiment qui me sépare d'un écrivain que la mort nous a récemment enlevé et à qui je ne paierai qu'un juste tribut d'éloges, en disant qu'il a été l'honneur de la philosophie spiritualiste au XIXe siècle par sa science éloquente et par la noblesse de son caractère : j'ai nommé Emile Saisset.

M. Saisset voit Descartes débuter par la vraie méthode psychologique, par l'observation de la conscience, dans le *Discours de la Méthode*, donner la préférence à l'abstraction géométrique dans les *Méditations*, et finir, dans les *Principes*, par se perdre tout à fait dans un entassement de formules vides et d'abstractions, incapables de donner un atome de réalité, de mouvement et de vie (1). Dans Descartes, selon lui, il y a lutte entre deux esprits, l'esprit d'obser-

---

(1) Saisset, Descartes, ses précur. et ses discip.; p. 166, 167.

vation et l'esprit de spéculation abstraite. Cette tendance vers l'abstraction géométrique, M. Saisset la voit naître à peine dans le *Discours*, grandir dans les *Méditations*, et se donner pleine carrière dans les *Principes*. C'est là une erreur grave : Descartes n'a pas varié dans sa Méthode depuis le *Discours*, on pourrait dire depuis 1619. Le principe de la méprise de M. Saisset est peut-être dans la vie de Descartes par Baillet. Si celui-ci, au lieu d'insister sur des particularités insignifiantes et sur des faits étrangers à la vie du philosophe, avait mieux précisé et éclairci l'histoire de ses pensées et de ses découvertes, l'esprit fin et pénétrant de M. Saisset n'aurait sans doute pas été mis en défaut.

Nous verrons plus tard que le *Discours* est postérieur de sept ou huit ans aux *Méditations* écrites en 1629, et que plusieurs années avant 1629, dans un traité de logique dont M. Saisset ignore la date, et qu'il semble même à peine connaître, Descartes exposait une méthode dont celle des géomètres n'est que l'enveloppe, généralisait, en un mot, la méthode géométrique et la présentait comme applicable à tous les ordres de recherches. Beaucoup de savants et de philosophes en sont encore à savoir ce qu'était cette méthode que

Descartes « n'enseigne véritablement pas dans le *Discours* (1), » comme il le dit lui-même, mais dont il donne des modèles excellents dans les traités auxquels le *Discours* servait de préface, la *Dioptrique*, les *Météores* et la *Géométrie*.

Je lis dans un article de Jouffroy : « Un homme
» comme Descartes *qui passe sa vie* à observer
» en lui-même le travail de la pensée, le jeu des
» passions... etc. » La suite de ce travail montrera qu'il serait plus juste de dire que Descartes passa sa vie à observer les autres hommes, à résoudre des questions de mathématiques, à faire des expériences de physique et de chimie, et à disséquer des animaux. Jouffroy faisait naïvement Descartes à son image.

Les Positivistes, opposés ici comme ailleurs aux Spiritualistes, ne voient dans Descartes que le géomètre et le physicien, et c'est à cause de ces qualités que le créateur et le grand-prêtre du système, Auguste Comte, faisait à Descartes l'honneur de le placer à ses côtés dans l'apothéose qu'il se décernait à lui-même. Pour bien apprécier cet

---

(1) V. plus bas, chap. IV, chap. VII et chap. X. V. OEuvr. de D., vol VI, p. 277 et 306. — Nota : A moins d'indication contraire, je cite toujours l'édition de M. Cousin.

éloge, il faut savoir qu'Auguste Comte, bien qu'il n'eût, comme le disait fort justement Arago, « de titres mathématiques d'aucune sorte, ni grands ni petits, » se mettait modestement au-dessus de Leibnitz, inventeur du calcul infinitésimal (1). Où donc n'aurait-il pas fallu placer Descartes, s'il n'avait été perverti par les idées métaphysiques?

Les historiens des sciences, comme Montucla, Biot, Arago, font bon marché du métaphysicien (2); c'est là renoncer à s'expliquer les découvertes capitales du physicien et du géomètre.

En reproduisant dans sa vérité et dans son intégrité la série des études et des travaux de Descartes, nous ferons donc une chose utile pour les

---

(1) V. Littré, Comte et la Phil. posit.; Lettres de Comte et p. 322.

(2) Montucla, Hist. des sc. math., 2ᵉ vol.; Biot, art. Desc. dans la Biog. univer.; Arago, Notice sur Desc.

M. Littré a eu occasion de parler de Descartes dans une réponse récente à Stuart Mill, au sujet du positivisme. Le cartésianisme est ramené là à l'*automatisme des bêtes*. J'ai été confondu de voir cette grande doctrine si mal comprise. Ajoutons que M. Littré n'apprécie pas mieux Leibnitz. Décidément les positivistes ont à refaire leurs études philosophiques. Mais tous les savants ne sont pas positivistes, et on peut lire dans M. Laugel une appréciation bien autrement exacte des principes de métaphysique et de philosophie naturelle de Descartes. M. Laugel exprime vivement son admiration pour ce génie profond et divinateur. V. art. de Littré, Revue des Deux-Mondes, 1866. V. Laugel, les Problèmes de la nature et les problèmes de la vie.

savants et pour les philosophes. Les savants positivistes y verront l'influence heureuse de la métaphysique sur la physique et la géométrie ; les philosophes de toutes les écoles, et, en particulier, les philosophes spiritualistes, au nombre desquels je tiendrai à honneur d'être compté, en tireront une leçon utile sur la nécessité d'unir les sciences et la philosophie ; ils y trouveront de plus des raisons pour se rassurer contre certaines tendances et certains résultats des sciences modernes. Le Spiritualisme n'a rien à craindre des sciences : les vues les plus audacieuses, les théories les plus inquiétantes et les plus subversives aux yeux de ce Spiritualisme étroit et timoré venu d'Ecosse, sont contenues en germe dans les écrits du père du Spiritualisme moderne. Nous n'avons à redouter ni l'unité de composition de Gœthe et de Geoffroy Saint-Hilaire, ni la sélection naturelle de Darwin, ni les générations spontanées de M. Pouchet, ni le *mécanisme* de tous les grands physiciens, ni la théorie des actions lentes et continues de Lyell, ni la loi de continuité affirmée par Leibnitz et appliquée aux choses humaines par l'école historique et critique. Au lieu de surveiller d'un œil soupçonneux et craintif la marche des sciences de la nature et des sciences de l'histoire, de maudire ou de railler des idées nouvelles mais justes, et de nous déconsidérer ainsi nous-mêmes, nous apprendrons de Descartes à entrer franchement et courageusement dans le grand courant des sciences, à provoquer même les savants à de nouvelles audaces, persuadés qu'au bout de toute marche hardie de l'investigation scientifique, on retrouve toujours l'âme et Dieu avec des clartés nouvelles.

De leur côté, les sciences, et particulièrement les sciences physiques, gagneront à relier commerce avec la Métaphysique. Elles confirment chaque jour sans le savoir les idées profondes et les déductions *à priori* de Descartes sur le mécanisme, ou, plus exactement, sur le Mathématisme de la nature (1). Il y aurait profit pour elles à reprendre ces idées avec une vue claire de leur origine et de leur portée. J'ose affirmer que, dans l'état actuel des connaissances, les principes de Descartes complétés et élargis, ressaisis et dirigés

---

(1) V. Laugel, les Problèmes de la nature et les problèmes de la vie ; V. Verdet, Exposé de la théorie mécaniq. de la chaleur; Matteuci, De la méthode expérim. dans l'étude des phénom. de la vie ; Leçons de Clausius et de Matteuci sur la chaleur dans la Revue des cours scientifiq. du 20 janv. et du 17 février 1866; et Cf. Descartes, le Monde et les Princ., II, III et IV.

d'une main ferme et d'un regard sûr et pénétrant, feraient faire aux sciences physiques et biologiques des pas de géant.

Les Positivistes ont écrit dernièrement la vie de leur pontife (1). Nous pouvons sans crainte opposer Descartes à Aug. Comte. On verra de quel côté sont non-seulement le sens moral et la dignité du caractère, mais la force de génie et la fécondité d'invention.

(1) V. Littré, ouvr. cit. particul.; part. II, chap. IX, et part. III, chap. VIII.

Sources principales de cette Histoire. — Son intérêt.

La vie de Descartes, esquissée d'abord d'une manière imparfaite et tout à fait insuffisante par Lipstorpius (1) et Borel (2), a été écrite ensuite par Baillet (3) d'une manière beaucoup moins incomplète, mais d'un style lourd, prétentieux, emphatique, qui seul justifierait notre tentative. Cet ouvrage a d'autres défauts : « il renferme » beaucoup d'inutilités et de minuties (4), il est » rempli d'anachronismes (5), » et Huyghens (6) en a relevé quelques-uns. Leibnitz (7) a également signalé plusieurs erreurs dans ce travail dont l'auteur « est dépourvu de sens critique et d'esprit phi-

(1) V. *Specimina*, Phil. cartes. Leyde, 1653.
(2) V. Centuries et observ. medico-phys. Castres, 1653; Francfort, 1670.
(3) Vie de M. Desc., 1691, 2 vol.; abrégé, 1 vol., 1692.
(4) V. Niceron, Mém., vol. XXXI, p. 314.
(5) V. Lettre de l'abbé Nicaise, dans les Fragm. de phil. mod. de M. Cousin, p. 91.
(6) V. Remarques de Huyghens, dans le même vol. de M. Cousin, p. 47 sqq.
(7) Remarques de Leibn. sur l'Abrégé de la vie de Desc., par Bail., manuscrit de la Bibliothèque royale de Hanovre.

» losophique (1). » L'auteur, fort ignorant en toutes choses, est surtout effrayé des épines de l'Algèbre; la Géométrie est pour lui lettre close, et il est incapable de discuter les idées métaphysiques de Descartes. Il néglige une chose qui est cependant de la plus haute importance quand on écrit la biographie d'un savant inventeur et d'un philosophe : il oublie de nous donner la filiation des idées et des inventions, de retracer l'histoire psychologique du penseur et du chercheur. Ce travail était donc à faire : la beauté et la grandeur du sujet nous ont tentés, et sans nous laisser décourager par les difficultés et les périls de l'entreprise, nous avons voulu reproduire d'une manière complète et exacte, et replacer sous les yeux de tous, avec sa physionomie vraie, l'une des plus grandes figures du xviie siècle et de tous les siècles. Descartes est l'un des pères de la pensée moderne, nul n'a fait plus que lui pour renouveler et transformer nos idées sur le monde et sur Dieu; ce sera donc un spectacle curieux et instructif que d'assister à l'évolution de son génie.

Pour écrire cette histoire rien ne nous a été plus utile que les ouvrages mêmes de Descartes,

---

(1) V. Bouillier, Hist. de la phil. cart., t. I, p. 31, note.

particulièrement les lettres et les ouvrages de sa jeunesse publiés en 1860 par M. Foucher de Caréil (1). Nous mettrons en seconde ligne Baillet lui-même, dont l'ouvrage est une mine où il faut savoir puiser. Nous avons emprunté aussi quelques détails à Lipstorpius et à Borel. Lipstorpius tenait tous ses renseignements de Raey, ami de Descartes, et de Van Berhel, disciple de Raey. Pierre Borel avait appris ce qu'il nous a donné de M. de Villebressieux, dont nous parlerons plusieurs fois, qui avait connu Descartes à Paris, et avait été demeurer avec lui pendant plusieurs années en Hollande. Je n'ai pu me procurer l'ouvrage de Tépelius : *historia Philosophiæ cartesianæ*, qui n'était du reste, selon Baillet, qu'un ouvrage superficiel et tout à fait indigne de son titre.

Je citerai ensuite :

Quelques lettres inédites de Descartes. Mss. de la Bibliothèque de Leyde ;

Les copies d'ouvrages de Descartes faites par Leibnitz ou d'après ses ordres. Mss. de la Bibliothèque royale de Hanovre ;

(1) V. éd. des lettres de Clerselier, et celle de 1724 ; V. l'exemplaire de l'éd. de Clerselier, qui est à la biblioth. de l'Institut ; V. les posthumes, éd. 1701, Amsterdam ; l'éd. des OEuvres de Desc., par Cousin ; — les Inéd. de Desc., par le comte F. de Careil.

Les Remarques de Leibnitz sur l'abrégé de la vie de Descartes. Mss. de Hanovre;

Les Mémoires de Niceron;

Les ouvrages de Duker et de Domela Nieuwenhuis, *de Pugna inter Voetium et Cartesium, de R. Cartesii commercio cum philosophis belgicis;*

Les lettres jusque-là inédites publiées par Siegenbeck dans son Geschiedenis der Leidische Hoogeschool, Leyde, 1832, et par Van Vloten. Athénée français, 1852;

Les fragments de M. Cousin, et particulièrement les fragments de philosophie modernes, qui contiennent des lettres inédites et des renseignements précieux;

Deux articles de M. Libri, dans le Journal des savants de 1839 et 1841, très-utiles à consulter.

J'ai écrit en Hollande, en Allemagne, en Suède, en Angleterre, en France, partout où je pouvais espérer qu'on aurait conservé le souvenir de Descartes, gardé quelque lettre ou quelque écrit de lui; j'ai compulsé ou fait compulser les principales bibliothèques de Paris et de Hollande, et mes recherches n'ont pas toujours été inutiles. M. Fournier, ministre de France à Stokholm, m'a fait connaître quelques détails intéressants relatifs à

Descartes; M. Baudin, ministre de France à La Haye, a patroné les recherches que je faisais faire en Hollande; je prie ces deux éminents personnages d'agréer ici le témoignage public de ma reconnaissance. Je remercie également les savants hollandais et allemands qui ont bien voulu me fournir des renseignements utiles, et faire pour moi des recherches souvent pénibles, particulièrement M. Eekhoff, archiviste de Leeuwarden; M. Du Rieu, conservateur des manuscrits de la bibliothèque de Leyde; M. Rogge, professeur d'histoire dans la même ville; M. Van Hamel, théologien protestant, qui a traduit pour moi des documents hollandais, très-intéressants; M. Ernest Dörrien, érudit de Hanovre. Je citerai encore M. Frédéric Muller, libraire antiquaire d'Amsterdam, si connu de tous les savants français et hollandais.

De Raey, au XVIIe siècle, n'avait voulu donner à Baillet aucun détail sur la vie de Descartes, et avait répondu aux instances qui lui étaient faites par cette boutade misanthropique : *Vita Cartesii res est simplicissima, Galli eam corrumperent.* Les savants Hollandais auxquels je me suis adressé se sont tous empressés de faire pour moi les recherches utiles et de me fournir tous les renseignements qu'il était en leur pouvoir de me donner.

Une demande que j'ai adressée en Angleterre à lord Ashburnham n'a pas obtenu le même accueil. Le noble lord possède une riche et incomparable collection de manuscrits, et, dans cette collection, des autographes précieux de Descartes et de ses principaux correspondants, Roberval, Pascal, Fermat, Mersenne. Je n'ai pu obtenir l'entrée du sanctuaire, ni même l'autorisation de faire copier les manuscrits.

Je prépare une édition complète des œuvres et de la correspondance de Descartes; je fais ici un appel public à lord Ashburnham, et en même temps aux personnes qui pourraient avoir quelque crédit auprès de lui, pour qu'il me soit permis de copier ou de faire copier les écrits inédits de nos grands hommes du xviie siècle, qui sont enfermés et gardés sous clé à Ashburnham-Place (1). Tout ce qui est sorti de la plume des hommes de

---

(1) Le Sénat a pris (1866) en considération une proposition favorable à une Édition des Œuvres de Fermat. On ne pourra donner cette édition sans la permission de lord Ashburnhan. Si M. le ministre de l'instruction publique obtient cette permission, je le prie de demander en même temps l'autorisation de faire copier les manuscrits de Descartes et de Mersenne. On pourrait peut-être aussi profiter de l'occasion pour éditer les Mémoires de Peiresc et les procès-verbaux des séances de l'inquisition, relatifs à la condamnation de Galilée, qui sont aussi à Ashburnhan-Place.

génie appartient à l'humanité. C'est faire tort à l'esprit humain que de mettre la lumière sous le boisseau, et de cacher les ouvrages qui peuvent l'éclairer sur lui-même, sur le monde ou sur Dieu. Je serai compris, je l'espère, de lord Ashburnham et de tous ceux qui auraient connaissance des autres manuscrits de Descartes, que j'ai longtemps et vainement cherchés ou fait chercher en France, en Allemagne, en Hollande et en Suède.

Voici l'histoire de ces manuscrits. Elle sera utile aux personnes bienveillantes qui voudraient m'aider dans mes recherches.

Il y a eu deux inventaires des papiers de Descartes. Le premier a été fait en Suède, le second en Hollande. Je parle d'abord de celui-ci. Il eut lieu trois semaines après la mort du philosophe. Descartes, en partant pour Stockholm, avait laissé à un ami intime, M. de Hooghelande (1), un coffre dans lequel se trouvaient plusieurs papiers. Il y avait là, entre autres, un paquet de lettres précieuses : on n'a jamais revu ni ces lettres ni l'inventaire. D'après l'étude attentive des faits, j'ose affirmer que le même coffre, ou un autre, laissé au même M. de Hooghelande, contenait le

---

(1) Ou Van Hoogheland.

de Deo Socratis, et le beau Traité du Monde dont on n'a trouvé qu'une copie incomplète et très-imparfaite, au premier inventaire fait en Suède.

Ces papiers, en tout ou en partie, passèrent aux mains d'un M. Van Surreck, seigneur de Berghe. Descartes avait dit que s'il n'était pas satisfait de ses contemporains, et que si l'Inquisition ne changeait pas d'avis, son Monde ne serait publié que plus de cent ans après sa mort (1). Les cent ans sont passés; que sont devenus le Monde et le paquet de lettres? Nul ne le sait. Plusieurs savants de Hollande, sur mes indications, se sont mis à la recherche de ces manuscrits, et M. Du Rieu, bibliothécaire de l'université de Leyde, ne désespère pas d'en retrouver quelque chose (2).

Le premier inventaire fait à Stockholm à la mort du philosophe, en présence de M. Chanut, ambassadeur en Suède, donna le résultat suivant :

I. Traité de l'Homme.

II. Traité de la formation du fœtus.

III. Traité du Monde ou de la lumière (Abrégé très-incomplet).

(1) V. plus bas, chap. VIII.
(2) Le Monde est le traité le plus complet et le plus important que Descartes ait composé. J'aime à croire qu'il n'a pas été détruit, et qu'on le retrouvera un jour.

IV. Explication des Engins (dérobé après l'inventaire).
On a retrouvé depuis l'autographe envoyé à Huyghens le père, pour qui ce petit traité avait été écrit; j'en ai une copie.

V. Les minutes des lettres.

VI. Un Cahier-journal contenant plusieurs écrits de sa jeunesse (1619-1621).

VII. *Thaumantis Regia.*

VIII. *Studium bonæ mentis.*

IX. Divers fragments de mathématique, de physique et d'histoire naturelle.

X. Dialogue De la recherche de la vérité, en français.

XI. *Regulæ ad directionem Ingenii*; ouvrage inachevé, mais d'une importance capitale.

XII. L'Art de l'escrime.

XIII. Comédie française, prose mêlée de vers. Le quatrième acte ne paraissait pas achevé.

XIV. Pièce de vers sur la paix de Munster. Ces deux dernières pièces avaient été composées pour les divertissements de la cour de Suède et à l'occasion de la paix de Westphalie. Elles sont perdues ainsi que les numéros XII. (Escrime); IX. (Fragments de math., etc.); VIII. (*Studium bonæ mentis*); VII. (*Thaumantis Regia*); VI. (Cahier-journal de 1619-1621).

M. Foucher de Careil a retrouvé à Hanovre une copie très-incomplète et très-imparfaite de ce cahier, faite par Leibnitz, et une copie, sans doute également incomplète, des fragments scientifiques du n° IX. Tout le reste est à retrouver.

L'inventaire fait, tous ces papiers furent envoyés par M. Chanut, ambassadeur en Suède, à son beau-frère Clerselier qui habitait Paris. Après avoir fait une heureuse traversée de Suède aux côtes de France, ils furent chargés sur un bateau qui devait les conduire à Paris. Le voyage s'accomplit encore heureusement; mais, à Paris même, et près du Louvre, le bateau sombra, et les papiers allèrent au fond de la Seine où ils restèrent trois jours. Après qu'ils eurent été repêchés, on les confia à des domestiques peu intelligents qui les firent sécher pêle-mêle sur des cordes, et les remirent ensuite dans le plus grand désordre à Clerselier. Celui-ci eut beaucoup de mal à donner sa première édition des Lettres de Descartes; il ne put remettre cette correspondance en ordre, et il lui est même arrivé fréquemment de coudre ensemble des fragments de lettres tout-à-fait différentes (1).

L'édition de la copie imparfaite du Monde et des Traités de *l'homme* et de la *formation du fœtus* lui coûta aussi beaucoup de peine.

Roberval aurait pu épargner à Clerselier une

---

(1) M. Cousin a un peu amélioré cette édition, mais il n'a pas profité de tous les secours que lui offrait l'exemplaire de l'Institut. L'édition que je prépare remettra pour la première fois dans son ordre véritable et complétera cette importante correspondance.

besogne ingrate et difficile, en lui communiquant les lettres de Descartes à Mersenne, qu'il avait en sa possession, et qui formaient la partie capitale de la correspondance du philosophe. Roberval, après la mort de Mersenne (1648), s'était rendu aux *Minimes*, avait demandé communication de la majeure partie des autographes de Descartes, et avait toujours ensuite refusé de les rendre. Il ne voulut pas davantage les communiquer à Clerselier. C'est que plusieurs de ces lettres l'accusaient justement, et contenaient des preuves nombreuses de ses supercheries et de sa mauvaise foi.

Roberval eut toujours les manières d'un rustre et on ne pouvait s'attendre à des procédés délicats de sa part; mais une telle conduite passe toutes les bornes, et Baillet la dénonce, avec raison, à l'indignation des honnêtes gens.

Par un retour de bonne fortune, le paquet de lettres se retrouva après sa mort entre les mains de La Hire, qui en fit présent à l'Académie des sciences. Celle-ci, vers 1689 ou 1690, les communiqua à Baillet qui écrivait la vie du philosophe, et à l'abbé J.-B. Legrand, qui préparait une édition complète de ses œuvres. Depuis 1684, J.-B. Legrand était déjà en possession de tous les manuscrits de Descartes, qui avaient appartenu à Clerselier; celui-ci les lui avait laissés, par son testament (1), avec une somme de cinq cents livres, à condition qu'il les éditerait. De 1685 à 1692, Legrand ajouta à ces manuscrits tous ceux que lui confia l'Académie des sciences (2). De plus, il écrivit de divers côtés et recouvra une partie des lettres de Descartes, adressées à Regius, Picot, Clerselier, Tobie d'André, de Terlon, Chanut, Elizabeth de Bohême, et des réponses qui y avaient été faites.

Il aida alors Baillet à remettre en ordre la correspondance de Descartes. L'exemplaire de la Bibliothèque de l'Institut porte les traces de ce travail de mise en ordre; et les précieuses et nombreuses notes marginales qu'on y lit, sont évidemment de Baillet et de Legrand et non de Montempuis, comme M. Cousin incline à le croire. Pourquoi Legrand ne publia-t-il pas les OEuvres complètes de Descartes, réunies avec tant de soin et tant de zèle? Peut-être ne trouva-t-il pas d'éditeur. Cependant, en 1704, par suite d'une heureuse indiscrétion, une partie des manuscrits

---

(1) V. Préface de Baillet et Nouvelles de la république des lettres, de juin 1705.

2) Provenant des Minimes de La Hire et Roberval.

qu'il avait en sa possession et dont il avait sans doute laissé prendre copie, fut publiée à Amsterdam, sous le titre de *R. Cartesii Opera posthuma* (1).

J.-B. Legrand mourut en 1704. Il laissait par son testament les autographes et les cinq cents livres à Marmion, professeur au collége des Grassins. Marmion mourut un an après, en faisant remettre l'argent et les manuscrits à la mère de Legrand.

A partir de ce moment, je cesse de pouvoir suivre les pérégrinations de ces précieux autographes.

Pas un dépôt public de Paris ne possède une ligne de Descartes. Les manuscrits du grand philosophe ont été dispersés, et perdus peut-être en grande partie, par l'incurie de la famille Legrand, et, il faut bien le dire aussi, par l'incurie de l'Académie des sciences. Aujourd'hui lord Ashburnham en possède une partie qu'il tient de M. Libri. Où M. Libri les a-t-il trouvés?

En résumé, il reste à retrouver :

I. Les vers et la comédie dont on n'a pas de copie en Suède, comme me l'a fait savoir M. le comte de Manderstrôm, ministre des affaires étrangères, après avoir ordonné

---

(1) V. *Posthuma* et vol. XI de l'éd. Cousin.

des recherches dans les bibliothèques de Stockholm et d'Upsal.

II. *Thaumantis Regia.*
III. *Studium bonæ mentis.*
IV. *De Deo Socratis.*
V. Divers fragments scientifiques.
VI. Le Cahier-journal de 1619 à 1621.
VII. Les lettres inédites réunies par Legrand, celles provenant des Minimes, celles laissées à Hooghelande (quelques-unes sont aux mains de lord Ashburnham, quelques autres — dont j'ai les copies — à Leyde et à La Haye).
VIII. Le véritable Traité du Monde.

Quelque imparfait que soit notre travail, on pourra, grâce à lui, suivre Descartes pas à pas et voir comment, dans un génie profond, les grandes pensées s'enchaînent et procèdent les unes des autres. De plus, comme nous avons pris le soin de rattacher Descartes à ses précurseurs et à ses contemporains, il sera possible de s'expliquer comment sont nées dans son esprit les premières pensées de réforme. Pour celui qui aime à méditer sur les voies que suivent les grands inventeurs et les grands réformateurs, et sur les lois qui gouvernent l'évolution de l'esprit humain, il y aura là une étude intéressante et qui pourra être féconde.

Cette histoire est un fragment de celle des sciences et de la Philosophie. L'histoire ordinaire ne nous donne qu'une sorte de représentation de la vie extérieure des peuples. Or, ce qu'un esprit philosophique veut connaître, c'est leur vie intime, la vie de l'âme, et, plus particulièrement encore, la vie de l'intelligence, qui seule contient l'explication de tout le reste. Ce qui nous intéresse au plus haut degré, c'est donc l'histoire des Sciences et de la Philosophie. Là, en effet, on peut suivre du regard le mouvement de l'esprit humain, ses conquêtes successives sur l'ignorance et sur la fatalité de la nature, et cette ascension continue vers la lumière qui est en même temps une ascension vers le Beau et vers le Bien. Une telle histoire en dit plus sur la nature et sur la destinée de l'homme que toutes les histoires politiques et militaires, et elle donne la clé de tous les grands événements qu'enregistrent celles-ci. Les guerres, les traités, les révolutions politiques et religieuses, l'esprit de ces guerres, de ces traités et de ces révolutions, trouvent leur explication dernière dans l'évolution des Sciences et de la Philosophie, c'est-à-dire dans les progrès de la raison humaine. Ainsi, pour rester dans notre sujet, nous nous trouverons ici à la source de l'histoire moderne, et nous assisterons au premier travail d'esprit d'où est sortie la Révolution française. Les hommes de 89 ont tiré les conséquences des prémisses posées par Descartes ; ils ont appliqué la méthode Cartésienne aux institutions politiques et sociales, et ont jeté l'édifice par terre pour en reconstruire un nouveau, soit avec d'autres matériaux, soit avec les mêmes, « après les avoir ajustés au niveau de la rai- » son (1). »

Dans l'histoire vraie, comme dans la vie réelle de l'humanité, les véritables souverains et conducteurs des peuples ne sont ni les Alexandre, ni les César, ni les Napoléon ; ce ne sont même, pour qui sait embrasser du regard une longue période de siècles, ni les Calvin ni les Luther, mais les Platon et les Aristote, les Galilée et les Descartes, les Newton et les Leibnitz, et tous ces grands esprits, les vrais héros, comme me le disait un de mes correspondants de Hollande, les vrais rois de l'humanité, ceux auxquels on doit tout ce qu'il y a de vrai, de beau et de noble sur la terre.

Mais, pour bien comprendre Descartes, il faut d'abord parler des travaux de ceux qui lui ont ouvert et préparé la voie.

(1) Disc. de la Méth., seconde partie.

DESCARTES

SA VIE, SES TRAVAUX, SES DÉCOUVERTES

CHAPITRE Iᴇʀ.

Précurseurs de Descartes.

M. Saisset (1) a eu l'heureuse idée de commencer des recherches sur les origines de la Philosophie cartésienne ; on doit regretter qu'il ne les ait pas poursuivies, et ne nous ait donné, en fait de précurseurs de Descartes, que Roger Bacon et Ramus. Peut-être la mort en l'enlevant à la philosophie, nous a-t-elle privés des lumières qu'il aurait concentrées sur ce point intéressant et nouveau. Bordas-Demoulin (2) a jeté quelques idées rapides sur ce sujet dans l'avant-propos qu'on trouve en tête

(1) V. Descartes, ses précurseurs et ses disciples. Paris, 1862.
(2) Avant-propos à l'Hist. des Cartés., p. 1-21. V. aussi l'introd. de Huet, p. xv-xxi.

de son histoire du Cartésianisme. Mais ces idées sont très-incomplètes, et, en outre, elles se rattachent à une théorie mystique sur la marche de la civilisation, à laquelle la science sérieuse et indépendante n'a rien à voir.

Les historiens de la Philosophie, qui se sont occupés de cette question, ont oublié de nous expliquer pourquoi Descartes avait réussi là où tant d'autres avant lui, ou même de son temps, avaient échoué. Ils ont omis de nous dire quels sont ceux qui lui ont frayé la route vers une Philosophie nouvelle, et lui ont permis de faire ce que ni Télesio, ni Campanella, ni Ramus n'avaient pu exécuter.

C'est que les vrais précurseurs de Descartes sont moins les philosophes que les savants. Aussi, après avoir lu les historiens de la Philosophie séparée des sciences, on se trouve en présence d'un mystère inexpliqué. Pourquoi Descartes a-t-il supplanté définitivement la Philosophie péripatéticienne, ou plutôt la philosophie scolastique, et en a-t-il établi une autre? Entre les deux philosophies, il y a un abîme que tout son génie ne suffit pas à combler. Les systèmes philosophiques, envisagés séparément des sciences, sont des phénomènes plus difficiles à expliquer que les générations spontanées. L'histoire de la Philosophie ne peut être détachée entièrement ni de celle de la religion qui lui pose les problèmes fondamentaux, ni surtout de celle des sciences qui, à chaque grande époque, lui donnent des éléments nouveaux de solution. C'est donc en interrogeant l'histoire des sciences que nous essaierons de compléter les renseignements précieux, mais insuffisants, que nous devons aux historiens philosophes. Cette entreprise, qui demanderait à être confiée à des mains plus habiles, a une importance philosophique très-grande. Faute d'avoir en effet suffisamment étudié les circonstances qui déterminent la production des faits, le *déterminisme* des phénomènes, comme s'exprime avec justesse M. Claude-Bernard, on ne voit dans l'histoire que des miracles et des coups de théâtre, au lieu d'y apercevoir, ce qui s'y trouve en effet, une gradation naturelle, un enchaînement logique de faits provoqués les uns par les autres, et soumis à cette grande loi de la continuité que la science moderne a confirmée après l'avoir empruntée à Leibnitz, et qui gouverne le monde des esprits comme celui des corps. Sans les grands travaux scientifiques du XVIe siècle, sans les admirables découvertes de la fin de ce siècle et du commencement du xviiᵉ, Descartes n'aurait été qu'un Télesio ou un Campanella, un Ramus ou un Vanini ; s'il ne s'était assimilé toute la science de son temps, il n'aurait été qu'un Bacon, c'est-à-dire un Rhétoricien parmi les Philosophes (1). Enfant de son siècle, il en a reçu un héritage de connaissances positives, sans lequel nulle philosophie nouvelle n'était possible, sans lequel l'esprit humain aurait continué à tourner dans le même cercle d'idées.

La Renaissance est bien nommée. Elle est comme une vie nouvelle pour l'intelligence humaine, comme un printemps nouveau, avec sa floraison brillante. Mais après l'hiver et la longue léthargie du moyen-âge, il faut plus d'un siècle à l'esprit humain pour recouvrer ses forces, et pour rapprendre tout ce qu'il savait quinze ou vingt siècles auparavant. Après l'arrivée des savants byzantins et la découverte de tant de manuscrits qui font sortir de la tombe la civilisation antique, il a besoin de plus de cent années pour remonter au niveau où il se trouvait avec les Aristote, les Pla-

---

(1) V. Libri, Hist. des sc. math. en Ital., dernier vol., *passim*. Bouillier, Hist. de la phil. cart., I, p. 25 sqq. Bordas-Demoulin, ouvr. cit., I, 17-19. Cf. OEuv. phil. de Bacon, éd. Bouillet.

ton, les Galien, les Archimède, les Euclide et les Apollonius.

En présence de tant de richesses, la première impression est une sorte d'éblouissement, et on admire avant même de bien comprendre. Cependant on se met à l'œuvre avec ardeur, on interroge avec avidité ces géomètres, ces observateurs et ces philosophes dont on découvre chaque jour quelque ouvrage nouveau. Le xv⁰ et le xvi⁰ siècles sont remplis de traductions, de commentaires et de restitutions des ouvrages des savants et des philosophes de l'antiquité (1). L'imprimerie sert de véhicule aux œuvres anciennes et aux commentaires nouveaux, et, une seconde fois, dans l'Europe attentive et ravie, et devant un auditoire plus nombreux, Pythagore et les Ioniens, Platon et Aristote, Epicure et Zénon, Archimède, Euclide, Hipparque, Apollonius reprennent leurs sublimes entretiens ou leurs admirables leçons, et répandent dans les esprits le trésor des connaissances positives lentement amassées, et le trésor non moins précieux des grandes théories philoso-

---

(1) V. Montucla, Hist. des sc. math., liv. III. (J'ai sous les yeux l'éd. en 4 vol. Paris, an VII). Libri, Hist. des sc. math. en Ital. V. aussi Tenneman, Manuel, 2ᵉ vol., p. 1-72.

phiques et métaphysiques, germes de connaissances nouvelles et instruments de découvertes plus hautes.

Avant que ces découvertes nouvelles soient faites et aient transformé la science en s'accumulant, quelques esprits impatients, peu satisfaits des systèmes anciens, cherchent à se frayer des voies nouvelles en métaphysique et à réformer la Philosophie, sans bien se rendre compte des conditions de cette réforme. Télésio et Campanella veulent en vain devancer l'œuvre du temps.

Les conquêtes positives se firent lentement et obscurément d'abord, puis avec une rapidité merveilleuse et un éclat éblouissant. A l'époque où Descartes commença à méditer par lui-même (1619), leur nombre et leur importance étaient tels, qu'une philosophie nouvelle était non-seulement possible, mais nécessaire pour donner des fondements plus larges et plus solides à l'édifice agrandi des sciences, et permettre de l'élever plus haut.

Le premier des savants illustres de la fin du xve siècle et du commencement du xvie est Léonard de Vinci (1), le grand artiste à qui nous de-

(1) V. Libri, ouvr. cit.

vons Lisa Gioconda, la Cène, et tant d'autres chefs-d'œuvre. Il fut aussi grand dans la science que dans l'art; et il eut, par ses exemples, ses conversations et ses écrits, une grande influence sur la direction scientifique de ses contemporains. C'est grâce à lui surtout que les sciences à la fin du xve siècle secouèrent le joug de l'autorité pour s'adresser à l'observation de la Nature (1). Il disait un siècle avant Bacon et avec plus d'autorité que lui : « L'expérience est seule in-
» terprète de la nature, il faut donc la consul-
» ter toujours, et la varier de mille façons, jus-
» qu'à ce que qu'on en ait tiré les lois universel-
» les; et elle seule peut nous donner de telles
» lois (2). » Il communiqua cet esprit à de nombreux disciples qui le répandirent autour d'eux. On peut dire que Vinci est le père de la science expérimentale chez les modernes. Il ne se borne pas, comme Bacon, à des exhortations banales qui sentent l'homme ignorant de ce dont il parle, il donne des conseils précis et prêche d'exemple; il fait avancer la physique générale, l'optique,

---

(1) V. Mamiani della Rovere, del rinnovamento della filosofia antica Italiana, p. 48.
(2) *Ibid.*

la mécanique et crée l'hydraulique. Le premier, Léonard de Vinci explique la lumière cendrée de la lune par le reflet que lui renvoie la terre (1) ; le premier, parmi les modernes, il exprime des idées élevées sur la Philosophie naturelle, et définit les coquillages comme aurait pu le faire Gœthe ou Geoffroy Saint-Hilaire. « Animali che hanno l'ossa di fuori. » En outre, Vinci, que nous quittons à regret, appliqua ses connaissances à l'embellissement et à la défense de son pays ; et la Lombardie lui doit plusieurs places fortes et son admirable système de canalisation.

En 1545, Tartaléa (ou Tartaglia) trouve la résolution des équations cubiques, et communique sa découverte à Cardan qui la généralise (2). Néanmoins, les formules, connues sous le nom de celui-ci, doivent porter le nom de Tartaléa. Cardan provoque ensuite son élève Ferrari à la résolution des équations du 4e degré, et Ferrari fait sur ce point des découvertes importantes qui seront continuées par Viète, Harriot et Descartes.

---

(1) V. Humboldt, Cosmos, vol. I, p. 381 et 419.
(2) V. Montucla, liv. III, part. 3, et Cardan, *Ars magna, seu de regulis algebræ*, Tartalea, quesiti ed invenzioni diverse.

En même temps, la mécanique, obéissant à l'impulsion de Léonard de Vinci et de ses disciples, fait un pas important en avant. L'Italien Fracastor montre que le mouvement, suivant une direction, peut se décomposer en deux ; et Tartaléa enseigne que, dans le jet des bombes, il naît un mouvement plié en courbes des impulsions de la poudre et de la pesanteur qui agissent en ligne droite (1).

Celui qui, au XVIᵉ siècle, a fait faire les plus grands progrès à l'analyse algébrique est le Français Viète. Le premier, Viète élargit les cadres étroits de l'algèbre, et commence à envisager cette science comme la langue des rapports mathématiques. Ainsi il désigne les quantités connues elles-mêmes par des lettres, pas décisif dans l'analyse dont le véritable secret, comme le disait Lagrange, consiste dans l'art de saisir les divers degrés d'indétermination dont la quantité est susceptible (2). Viète met ici les grands génies, les Descartes, les Newton, les Lagrange sur la voie des découvertes. Il commence aussi à appliquer d'une manière un peu générale l'algèbre à la

---

(1) V. Bordas-Demoulin, Hist. du Cartésianisme.
(2) V. Carnot, Métaph. du calcul infinit., p. 151.

géométrie. L'algèbre enfin lui doit une foule de conquêtes importantes pour la résolution des équations du troisième et du quatrième degré, et pour la théorie générale des équations.

On n'a pas assez remarqué l'importance logique et métaphysique des inventions de Viète. Montucla lui-même, tout en réfutant Wallis qui dénigre la France au profit de l'Angleterre, et veut rabaisser Viète et Descartes pour élever Harriot, Montucla ne se montre pas ici assez jaloux de notre gloire. On assiste, en étudiant les travaux de Viète, à la naissance des grandes inventions mathématiques, que continueront les Roberval, les Fermat, les Pascal, les Descartes, les de Beaune. C'est en France qu'au XVIe siècle et au commencement du XVIIe, la raison, c'est-à-dire la faculté des connaissances *à priori*, fit les conquêtes décisives qui lui donnèrent une confiance sans bornes en elle-même ; c'est de ce pays que devait sortir la Philosophie rationaliste qui a donné aux sciences, il y a deux siècles, une impulsion qui dure encore, mais qui a besoin d'être renouvelée.

A l'Allemagne appartiennent les grandes découvertes de l'astronomie mathématique.

En 1543 paraît le *de Revolutionibus Orbium*

Celestium (1) qui donne le vrai système du monde. L'auteur en avait puisé l'idée dans Philolaüs et les Pythagoriciens ; il connaissait aussi l'opinion d'Aristarque de Samos qui place également le soleil au centre du monde (2). C'est la race germanique, avec la race scandinave, gravitant autour d'elle, qui crée cette géométrie céleste, dont les pères sont en effet Peurbach, Regiomontanus, Copernic, Tycho-Brahé et Képler. Galilée l'enrichira de faits nouveaux ; mais les grands travaux dans lesquels l'observation est fécondée par le calcul sont dus à l'Allemagne.

Galilée a la gloire d'avoir fait pour la physique terrestre ce que ces grands hommes ont accompli pour la physique céleste (3). En 1589, il établit les deux lois de la chute des graves ; et par l'union de la physique et des mathématiques fait faire un

---

(1) Nuremberg, 1543 ; dédié au pape Paul III. V. Vie de Copernic, par Gassendi.

(2) Voir Cosmos, vol. II, p. 575.

(3) V. OEuvr. compl. de Galilée, publ. à Florence, par Alberi, à partir de 1843. Libri, Hist. des sc. math. en Ital.; Montucla, Hist. des sc. math.; Humboldt, Cosmos; Arago, Bertrand, Notices sur Galilée, et *Galilée, sa vie, ses travaux et ses découvertes* par le docteur Parchappe, 1866.

nouveau pas en avant à la philosophie naturelle dans la voie où avaient marché déjà, dans les temps anciens, les écoles de Pythagore et de Platon. Avant cette belle découverte, Galilée avait observé l'isochronisme des oscillations du pendule, perfectionné la théorie des centres de gravité, et composé la *Bilancetta*, ouvrage où il se proposait de déterminer les poids spécifiques des corps simples et des alliages. En 1590, Galilée donne la théorie du plan incliné, écrit un Traité des fortifications, un Abrégé de la sphère et un Traité de mécanique. Cette même année et les suivantes, il fait connaître toutes ses découvertes physiques et mathématiques à des milliers d'auditeurs qui les répandent dans toute l'Europe, avant la publication des œuvres du maître. Il invente, à la même époque, le thermomètre, instrument vraiment philosophique, qui nous renseigne mieux sur les phénomènes extérieurs que nos propres sensations, car celles-ci varient avec nos dispositions internes, et ne peuvent être comparées avec exactitude.

Les Italiens et les Allemands ont donc à cette époque une méthode sévère et exacte dont l'excellence est attestée et confirmée par des découvertes capitales en philosophie naturelle. Ils savent féconder la méthode purement expérimentale par la puissance du calcul, chose dont Bacon ne s'est jamais douté. Aussi ne suis-je pas peu étonné quand je lis dans M. Cousin (1) : « Ce qui n'était » qu'une vague aspiration en Italie, est devenu au » delà de la Manche, entre les mains de Bacon, » et grâce au génie national, une direction précise, » forte et régulière. » Quand Bacon vint, d'un style ampoulé et prétentieux, prêcher la nécessité d'une réforme dans la méthode, la réforme était accomplie depuis un siècle, et déjà consacrée par les découvertes les plus brillantes (2).

Descartes sera élevé et instruit au bruit des conquêtes de ces grands mathématiciens et de ces grands observateurs.

Deux ans après sa naissance, en 1598, Tycho-Brahé publie l'*Astronomiæ instauratæ mechanica*. En 1604, Képler donne son ouvrage intitulé *Ad Vitellionem Paralipomena seu Astronomiæ pars optica*, dans lequel il explique, le premier, le phénomène de la vision.

---

(1) Hist. de la phil., p. 372. M Cousin cependant avec sa pénétration ordinaire reconnaît, quelques lignes plus haut, l'influence de l'Italie sur l'esprit de Bacon.

(2) Cf. Mamiani, del Rinnovamento, captol. I-VII, p. 5-65.

La même année les élèves de Képler remarquèrent dans le pied du Serpentaire une étoile de première grandeur qui resta visible pendant quelques années, et disparut ensuite. « Fabricius et
» Galilée l'observèrent aussi, et comme ils la rap-
» portèrent à la même place, il fut facile de con-
» clure que ce n'était pas un phénomène sublu-
» naire (1).

Déjà, en 1572, on avait découvert un astre semblable dans Cassiopée. En 1600, Bayer et quelques autres observèrent, dans la poitrine du Cygne, une étoile nouvelle. Cette étoile est périodique, sa période est de 15 ans; elle est dix ans visible, et invisible pendant les cinq autres années. (L'étoile du Serpentaire n'a plus été revue.) Que devenait dès lors le ciel inaltérable d'Aristote (2)? Ces astres avaient excité non-seulement l'attention des savants, mais l'étonnement et l'inquiétude des peuples (3).

C'est en 1600 que parut la *Physiologia nova* de William Gilbert. Cet éminent esprit regarde la terre comme un aimant, et le magnétisme et l'élec-

---

(1) V. Montucla, Libri, Parchappe, OEuv. de Galilée.
(2) Libri.
(3) Cosmos, II, p. 389.

tricité comme deux manifestations d'une force unique, inhérente à toute matière. Dans sa théorie, il tient compte uniquement de la quantité des parties matérielles, sans avoir égard à l'hétérogénéité des substances. Grâce à cette particularité, dit Humboldt (1), son ouvrage a pris, au temps même de Galilée et de Képler, un caractère de grandeur qui en fait un événement dans la science du Cosmos.

En 1609, Galilée, après une nuit de méditation sur un instrument nouveau qu'on lui disait avoir été communiqué à Maurice de Nassau, construit le télescope, obtient un grossissement de trente fois en diamètre, et tourne vers le ciel cet instrument merveilleux, source de tant de découvertes dans les champs de l'espace, qui, avec le microscope, a permis à l'observateur moderne de pénétrer dans des mondes inconnus aux anciens, et nous a dévoilé tant d'aspects nouveaux de l'univers et tant de secrets de la nature.

Galilée n'est pas le premier inventeur du télescope; mais un mérite qu'on ne peut refuser à cet ingénieux et heureux observateur, c'est d'avoir le

(1) Cosmos, vol. II.

premier exploré le ciel avec cet instrument admirable. Les deux seuls hommes qui peuvent prétendre à la gloire de l'invention première, sont Hans Lippershey, né à Wesel et fabricant de lunettes à Middelbourg, et Jacob Adriaansz, surnommé Metius, en faveur duquel Descartes s'est prononcé (1). Le premier est toujours nommé Laprey dans l'intéressante lettre que l'envoyé hollandais Boreel adressa au médecin Borelli, auteur du Mémoire publié en 1655 : *De vero telescopii inventore*. Si l'on voulait trancher la question de priorité d'après les époques où les présentations furent faites aux États-généraux, Hans Lippershey est le premier en date. C'est le 2 octobre 1608 qu'il soumet aux magistrats trois instruments «,avec lesquels on peut voir dans le lointain. » Metius fit valoir ses droits quinze jours plus tard, mais il dit expressément dans sa supplique aux États que « ses combinaisons et son travail opi-
» niâtre l'ont amené déjà, depuis deux ans,
» à construire des instruments semblables. »
En 1590, Hans Jansen avait trouvé le microscope,

---

(1) V. Descartes, Dioptrique. Cf. Montucla, II, p. 150, sqq.; Cosmos, II, p. 580 et notes. Eekhoff, Recherches Mss. sur le séjour de Descartes en Frise.

et le hasard paraît avoir eu quelque part dans cette trouvaille.

Quoi qu'il en soit des questions de priorité à cet égard, Képler, sans avoir fait encore usage du télescope, publie, en 1609, son *Astronomia nova* ἀιτιολόγητος, *sive physica cœlestis tradita commentariis de motibus stellæ Martis* (1). C'est l'ouvrage, dit Montucla, qui illustre le plus Képler et qui a ouvert les portes de la solide astronomie par la découverte de la forme de l'orbite des planètes et des lois de leur mouvement. Quoique la troisième loi n'ait été constatée que dans la nuit du 15 mai 1618 (2), nous donnons ici ces trois lois admirables de beauté et de simplicité, découvertes par la patience infatigable du génie.

I. Les orbites planétaires sont des ellipses dont le soleil occupe un des foyers.

II. Les aires décrites par les rayons vecteurs sont proportionnelles aux temps.

III. Les carrés des temps des révolutions planétaires sont proportionnels aux cubes des distances moyennes.

L'influence du télescope sur la Philosophie na-

---

(1) Prag., 1609, in-fo.
(2) V. Cosmos, vol. II.

turelle ne tarda pas à se faire sentir par d'autres découvertes. Le 7 janvier 1610, Galilée découvre les satellites de Jupiter ; il observe ensuite des taches sur le Soleil et des montagnes dans la Lune. Bientôt après, il découvre les librations de notre satellite et les phases de Vénus ; il montre que la voie lactée est un amas de petits astres, et que le télescope ne grossit pas les étoiles fixes à cause de leur éloignement (1). La connaissance des satellites de Jupiter et des phases de Vénus eut la plus grande influence sur l'établissement et la propagation du système de Copernic. Galilée publie ses découvertes sous le titre de *Nuntius sidereus*, en mars 1610, époque mémorable et qu'on peut regarder comme le triomphe de la saine astronomie sur les préjugés de l'ancienne philosophie (2).

Fabricius, de son côté, observe les taches du Soleil et donne leur mouvement comme la preuve de la rotation de l'astre. Dans cette dernière découverte, il précède Harriot, le Père Scheiner et Galilée (3).

En 1611, paraît la *Dioptrique* de Képler, ou-

(1) V. Libri et le *Nuntius sidereus*.
(2) Montucla.
(3) V. *De maculis in sole visis*, Wittemberg, juin 1611. Cf. Montucla, et Humboldt, Cosmos, II, p. 580, 585.

vrage dont l'occasion fut la découverte du télescope, et qui est le premier fondement solide de cette science. Descartes l'a médité, et il le cite à plusieurs reprises. L'année suivante, Marc-Antoine de Dominis donne un traité d'optique dans lequel il ébauche la théorie de l'arc-en-ciel, que Descartes devait perfectionner plus tard.

A cette époque, les travaux mathématiques se multiplient et les inventions se pressent. En 1612, en effet, Bachet de Bourg donne la résolution générale des équations indéterminées du premier degré; en 1613, Cataldi étudie les fractions continues et les séries infinies; en 1614, Néper publie l'invention des Logarithmes (1); en 1615, Képler, dans sa Stéréométrie, emploie la notion de l'infini et démontre directement et très-clairement ce qui chez les anciens demandait tant de détours difficiles à suivre; la même année, le Hollandais Snellius mesure le premier un degré du méridien, en même temps qu'un de ses compatriotes, Stevin, fait faire des progrès importants à la mécanique et à l'hydrostatique.

Ici, en historien fidèle, nous devons signaler

---

(1) *Logarithmorum canonis descriptio, seu arithmeticarum supputationum mirabilis abbreviatio.* Edimbourg, 1614.

une dissonance désagréable dans ce concert magnifique de travaux et de découvertes scientifiques qui sont, pour emprunter à Képler son langage, comme une symphonie grandiose et sublime à la grandeur de l'esprit humain et à la gloire de Dieu. La très-sainte inquisition, en 1616, condamne une première fois l'opinion de Copernic comme contraire à la Bible et à la raison. Galilée qui avait l'audace d'enseigner en Italie ce système condamnable et pernicieux, reçut un premier avertissement, sans qu'on osât toucher alors à sa personne. Nous verrons quel compte il tint de l'admonition, quelles mesures prit le très-clément tribunal, et quel fut sur Descartes le contre-coup du décret inquisitorial (1). Mais détournons les regards de ce triste épisode, et revenons à la marche triomphante du bon sens et de la raison.

Le fils de Néper donne, en 1618, une seconde édition de l'ouvrage de son père, avec la clé de la construction logarithmique, et Briggs, disciple de Néper, publie, après des travaux immenses, une table logarithmique des mille premiers nombres, d'après le système moderne, différent, on le sait, du système népérien. La même année encore,

---

(1) V. plus bas, chap. IX, *Le Monde*.

Képler publie les trois premiers livres de son *Epitome Astronomiæ Copernicanæ* (1), qui furent suivis de quatre autres en 1621 et 1622. Cet ouvrage contient l'exposition du système de l'univers, les raisons sur lesquelles Képler l'établit, et une foule de conjectures hardies dont les unes ont été vérifiées dans la suite, et les autres sont le produit d'une imagination ardente et exaltée, nourrie d'idées pythagoriciennes et platoniciennes. « Il tenait, en effet, dit Montucla, à ses premières » idées archétypes et harmoniques. » Mais que sont donc les lois de la nature, sinon des copies et des combinaisons de ces Idées? Sans doute Képler manque de mesure dans l'emploi des notions *à priori*, et prend quelquefois ses pressentiments pour des vérités; mais l'idée-mère qui le conduit et le soutient est parfaitement juste et solide au fond, à savoir, que tout dans la nature se ramène aux lois simples et *à priori* des nombres. C'est à cette idée, à sa foi en elle, à sa patience admirable à en chercher la confirmation, qu'il doit ses découvertes les plus sublimes. Une des vues admirables qu'elle lui inspire a été justifiée en ce siècle-ci. Il déclare hardiment qu'il man-

---

(1) Lincii, in-8º, 1618.

que une planète entre Mars et Jupiter. Si la planète n'existe pas, le télescope a néanmoins donné raison à Képler, en montrant dans les 87 petites planètes découvertes jusqu'à ce jour, la monnaie de la pièce absente : l'harmonie des nombres est satisfaite. Képler donna, en 1619, une nouvelle preuve de son attachement à ces idées profondes, en publiant les cinq livres de l'Harmonie du Monde (1). Si les élans et quelquefois les écarts d'une imagination hardie, étayée d'une foule de connaissances en tout genre, si les éclairs d'un génie admirable jusque dans ses erreurs, peuvent former un spectacle intéressant, c'est dans ce livre qu'il faut le chercher.

Avant de passer du groupe des sciences physico-mathématiques à celui des sciences biologiques, nous n'avons qu'un mot à dire de la chimie. Cette science n'était pas encore à cette époque constituée en corps de doctrine ayant un objet déterminé et une méthode fixe. Ce n'est que plus tard qu'elle se dégagea franchement des rêves de l'alchimie. Van Helmont avait fait un effort dans

---

(1) *Harmonices Mundi libri V, Geometricus, Architectonicus, Harmonicus, Psycologicus et Astronomicus*. Lincii, 1619, in-f°. C'est dans cet ouvrage qu'on trouve pour la première fois la 3ᵉ loi citée plus haut.

ce sens, mais n'avait pu réussir. En 1555, Cardan avait observé l'augmentation de poids que reçoit le plomb en s'oxydant; mais ce n'est qu'en 1633, que Jean Rey, après une expérience semblable, osera dire : « Je réponds et soutiens glo- » rieusement que ce surcroît de poids vient de » l'air qui, dans le vase, a été espessi (1). » La chimie, avant 1649, n'était donc pas encore une science, et son influence sur la philosophie de Descartes fut nulle. Il n'en a pas été de même des sciences physiologiques qui avaient fait des progrès admirables avant l'année où Descartes fixa sa méthode et détermina le cours de ses idées.

La Renaissance fut une époque de progrès pour les sciences naturelles, par le grand nombre d'êtres organisés nouveaux que les voyageurs firent connaître (2). Ce ne furent pas seulement l'Afrique, l'Amérique et l'Inde qui fournirent une matière nouvelle à la science, mais la Grèce, l'Asie-Mineure, l'Arabie, l'Egypte. Le voyage hardi de Belon, dont le résultat fut publié en 1553, et

---

(1) V. Cosmos; et Dehérain, deux chimistes oubliés. Rev. nat., 25 juin 1861.

(2) Gervais, Zoologie, introduction.

celui de Rondelet, qui est de la même époque, confirmèrent les assertions et les descriptions d'Aristote et de ses disciples, particulièrement de Théophraste, et débarrassèrent la science des erreurs introduites par Pline et quelques autres. On doit à Rondelet ainsi qu'à Salviani (1553) une histoire naturelle des poissons; à Belon, une histoire naturelle des oiseaux, admirable pour l'époque, et à laquelle Buffon a fait plus d'un emprunt. A cette même époque, le grand ouvrage de Gesner, sur l'histoire des animaux, est en cours de publication (1). C'est aussi pendant l'année 1553 que le bruxellois Vésale publia son ouvrage : *De corporis humani fabricâ*. « Vésale, dit de Blain-
» ville (2), a véritablement créé la science de
» l'anatomie humaine, mais sans vues générales
» et sans physiologie. La science lui doit en outre
» l'Iconographie anatomique explicative, et sur-
» tout une impulsion donnée qui n'a plus cessé
» depuis. Les dissections d'animaux comparées
» aux dissections de l'homme, le conduisirent
» à démontrer que Galien n'avait fait son anato-
» mie que sur des animaux. »

(1) V. de Blainville, Hist. des sc. de l'org., II, p. 265 sqq.
(2) II, 216 et 217.

Servet, peu de temps avant, découvrait la circulation pulmonaire et devinait la circulation totale (1).

L'Averroïste Cesalpini eut aussi l'idée de la circulation du sang, mais ne put la démontrer. C'est en 1619, pour la première fois, que Harvey fit cette démonstration. L'ouvrage où il annonce au public sa découverte est de 1628. Dans l'intervalle, en 1622, Aselli avait découvert les vaisseaux chilifères.

Les travaux de ces grands physiologistes français et italiens, allemands et espagnols, ont fait faire des progrès, non-seulement aux connaissances, mais, ce qui est bien plus important, à la méthode elle-même.

Nous dirons peu de chose du vaste ensemble des travaux philologiques et historiques dont le foyer était le collége de France. Descartes se tint systématiquement en dehors du grand courant des études historiques. Ce fut un tort, et c'est jusqu'à lui qu'il faut faire remonter la responsabilité de ce dédain pour les études philologiques, qui enleva à la France la gloire de marcher à la tête des autres nations dans le champ de l'exégèse et de

---

(1) Cf. un article de M. Flourens, Journal des savants, 1854.

la linguistique. Mais l'erreur, comme le dit Hégel, en tant qu'absorbée, est un moment de la vérité; et il était sans doute nécessaire, pour le progrès des sciences physiques et mathématiques, et pour celui de la philosophie naturelle, que Descartes dédaignât les sciences historiques, comme il fallut au xviiie siècle, pour le progrès des institutions sociales et politiques, que Voltaire et son école ne vissent, dans l'histoire du moyen-âge, que celle des tigres et des loups. Nous laisserons donc de côté les érudits dans les ouvrages desquels, à travers bien des rêves et bien des erreurs, brillent des vérités qu'une histoire complète des sciences aurait à recueillir (1).

Les sciences morales et politiques, à l'exception de la morale générale, dont il ne parle même que dans ses lettres, furent aussi laissées de côté par Descartes. Il ne voulait pas compromettre le succès de sa réforme philosophique en se brouillant avec l'Eglise et l'Etat. Il se contenta de poser des principes et de jeter en avant quelques idées dont on devait plus tard tirer les conséquences. Le temps, du reste, n'était pas favorable aux questions de

---

(1) V. Max Muller, lectures on the science of language, series I, 4 et 5, series II, 2.

l'ordre social et politique (1), et ces questions elles-mêmes n'étaient pas mûres. Il y a là cependant encore une lacune importante dans l'œuvres de Descartes, et qui choque surtout, quand on songe aux graves problèmes soulevés par la réforme et par Machiavel (2). Descartes, génie hardi dans le domaine des idées pures, était craintif et timide sur le terrain de la pratique et de l'application.

Nous avons passé en revue les progrès accomplis par les sciences particulières qui ont eu une influence sur la direction de la pensée de Descartes : il nous reste à parler de la philosophie elle-même.

Que faisait la philosophie pendant que les sciences mathématiques, physiques et naturelles « dé- » chiraient à grands coups les voiles de la na- » ture (3) ? »

M. Bouillier (4), dans un chapitre substantiel de son excellente Histoire de la philosophie cartésienne, a condensé tout ce que l'histoire de la philosophie *séparée* peut nous apprendre sur les

(1) V. Labruyère.
(2) V. Janet, Hist. de la phil. morale et politiq.
(3) Bordas-Demoulin.
(4) V. Hist. de la phil. cart., chap. I.

précurseurs de Descartes. En traits rapides, il nous décrit les efforts impuissants des restaurateurs des idées antiques, et ceux des esprits inquiets qui appellent une lumière nouvelle, des Pomponat, des Patrizzi, des Juste-Lipse, des Gassendi d'un côté, et de l'autre, des Bruno, des Telesio, des Campanella, des Ramus, des Vanini.

Cependant aucun travail, quelque obscur qu'il soit, n'est perdu pour l'humanité. En effet, les tentatives de restauration ont ruiné toute autorité despotique en philosophie, car elles ont brisé en quelque sorte les uns contre les autres les systèmes antiques, et ont anéanti l'une par l'autre l'autorité d'Aristote et celle de l'Eglise, en montrant que leurs principes, tenus pour également sacrés, étaient tout à fait inconciliables (1). En même temps, les essais de philosophie nouvelle communiquaient aux esprits un ébranlement salutaire, et les maintenaient dans cette généreuse inquiétude que le passé ni le présent ne peuvent satisfaire, et qui provoque des efforts nouveaux et des recherches plus profondes.

La grammaire même, à cette époque, joua un rôle important. « Les élégances latines, recueil-

(1) Bouillier, *loc. cit.*

» lies avec tant de soin par les érudits du xv⁰ et
» du xvi⁰ siècle, étaient autant de condamna-
» tions de la langue grossière et barbare de la
» scolastique. La grammaire elle-même était donc
» alors en quelque sorte révolutionnaire ; elle
» conduisait au dégoût du fond, par le dégoût
» de la forme (1). »

Ici, le consciencieux et profond historien juge Ramus sans dédain comme sans enthousiasme, avec une équité parfaite. L'influence de Ramus n'a pas été seulement celle d'un humaniste (2). « Remarquons en lui, dit M. Bouillier, un autre
» trait de l'esprit moderne, l'union de la Philo-
» sophie avec les mathématiques, auxquelles il
» consacra une étude acharnée de quinze ans, et
» dont, par son testament, il fonda une chaire au
» collége de France. Le même esprit de réforme,
» il l'a porté avec plus ou moins de profondeur
» dans toutes les sciences. En émancipant au
» prix de sa vie les esprits et les sciences du joug
» d'Aristote, en sécularisant, pour ainsi dire la
» langue philosophique, en mettant en honneur

(1) Bouillier, *loc. cit.*
(2) Cf. Waddington, Ramus, sa vie, etc. Paris, 1855. Saisset, ouvr. cité, av.-prop., VI, VII. M. Saisset déprécie, M. Waddington exagère peut-être un peu le rôle de Ramus.

» la raison, l'expérience et le calcul, Ramus a pu
» préparer la réforme de la Philosophie et de la
» Physique (1). »

En résumé, selon M. Bouillier, si la Philosophie de la Renaissance a bien mérité de la Philosophie moderne, c'est pour avoir brisé les lourdes et antiques chaînes de l'autorité, bien plus que pour ses doctrines : le résumé de ces doctrines, en effet, semble être un scepticisme général, dont le scepticisme élégant et spirituel de Montaigne devint la formule à la mode chez les *honnêtes gens*.

Je me permettrai d'exprimer un avis quelque peu différent.

Les systèmes philosophiques même incomplets, quand on les examine de près, servent d'enveloppe à quelque idée nouvelle et juste, qui marque un progrès dans la méthode, et devient un moyen nouveau d'investigation et une force nouvelle pour l'esprit humain. Envisagées sous ce point de vue, les œuvres scientifiques et philosophiques du XVIe siècle se présentent sous leur véritable aspect et laissent voir leur valeur intrinsèque. Les savants et les philosophes italiens, allemands et français,

---

(1) Bouillier, Hist. de la phil. cart., I, p. 11.

ont fait faire à l'esprit humain un progrès décisif dans la manière de philosopher et dans la méthode à employer pour arriver à la vérité (1). Par leurs préceptes et par leurs découvertes, ils ont augmenté nos moyens d'investigation, assuré la marche de l'intelligence, accru sa confiance en elle-même, ajouté quelque chose à sa puissance. La plus grande utilité de la culture des sciences, comme le remarque un savant illustre (2), est d'être un moyen d'éducation pour l'esprit humain. C'est ce moyen d'éducation que j'aperçois surtout dans les savants et les philosophes du xvie siècle. Sous ce rapport, la Philosophie de la Renaissance a bien mérité de l'humanité : elle ne l'a pas seulement délivrée des chaînes antiques, elle lui a donné des forces nouvelles pour marcher en avant.

Ainsi nous pouvons suivre, dans les philosophes qui ont précédé Descartes, les progrès de la méthode, c'est-à-dire les véritables progrès de l'esprit humain. Au lieu de donner la stérile analyse de systèmes complétement tombés, nous en dégagerons l'idée féconde et durable, celle qu'a reçue Descartes et que s'est assimilée le xviie siècle;

---

(1) Cf. Mamiani, p. 5-65.
(2) M. Tyndall, v. Revue des cours scientif, mars 1866.

celle qui est passée dans la substance même de l'esprit moderne, à savoir, que pour connaître la nature, il faut non-seulement l'observer, mais l'interroger par des expériences instituées sous la direction et le contrôle de la raison, et avant tout cultiver la raison elle-même et développer les sciences *à priori*. Pour être juste ici, il faut dire que les savants ont concouru autant que les philosophes à faire naître, à préciser et à répandre cette idée, qui trouve son expression suprême dans Képler, le plus grand des savants et des philosophes de cette époque, et le plus illustre précurseur de Descartes.

Pour n'oublier aucun de ceux qui ont quelque droit à cette appellation de précurseurs de la Philosophie Cartésienne, il faudrait citer les grands et puissants esprits auxquels on doit la révolution religieuse du xvie siècle, la découverte du Nouveau-Monde, celle de l'Imprimerie, et toutes ces conquêtes de l'ordre physique ou moral qui ébranlaient les âmes et les rendaient avides de nouveautés. Il faudrait aussi rappeler les noms des poètes et des artistes par lesquels s'est opérée la résurrection de la poésie antique, de cette Hélène de Goethe qui a arraché l'homme du Nord à la servitude intellectuelle pour l'élever vers la sphère lumineuse de la raison et de la liberté (1). En même temps que Képler proclame et démontre que les lois de la nature se résolvent en Idées *à priori*, que là est leur essence et leur vraie beauté, la raison toute-puissante, sous la forme de l'inspiration, transporte l'art et la poésie dans l'idéal, leur apprend à contempler, à chanter, à reproduire autre chose que ce qui est visible et tangible, et à s'élever au-dessus du monde des sens vers la beauté éternelle et immuable. La Philosophie qui convient à une telle époque n'est pas la Philosophie sensualiste de Gassendi, mais une Philosophie élevée et généreuse qui s'inspire de la raison et agrandisse l'horizon de l'esprit humain. Nous ne pouvons songer ici à citer tous les noms illustres dans l'art et la poésie au xvi⁰ siècle; nous nous bornons, et cela suffit ici, à réveiller le souvenir des grandes œuvres poétiques et artistiques de cette époque féconde, et à reporter l'esprit du lecteur au sein de ces générations agitées et héroïques d'où sont sortis Léonard de Vinci, Raphael, Michel-Ange, le Tasse, Arioste, Camoëns, Cervantes, Shakespeare, et qui tout à l'heure vont écouter et

---

(1) Cf. Caro, phil. de Gœthe.

comprendre la grande voix de Corneille, admirer le Poussin, Lesueur et le Puget.

Pour se rendre compte de la naissance d'une grande Philosophie, il ne faut pas seulement analyser les œuvres des savants et des philosophes, il faut pour ainsi dire prendre le ton de l'âme humaine à l'époque où cette Philosophie s'est élevée de ses profondeurs comme une immense et sublime symphonie.

Nous pouvons maintenant commencer le récit de la vie de Descartes et l'examen de ses travaux.

CHAPITRE II.

Naissance de Descartes. — Sa famille. — Son enfance. — Ses études. — Séjour à Paris et en Hollande. — Les premiers ouvrages : le Compendium Musicæ, l'Algèbre.

René Descartes naquit à La Haye, bourg situé entre Tours et Poitiers, sur la Creuse, *dans les jardins de la Touraine* (1), le 31 mars 1596. Cette date n'est pas douteuse : Descartes, en effet, la confirme quand il écrit à un de ses amis qui avait fait graver son portrait en Hollande, d'en effacer ces mots : *Natus die ultimo Martii* 1596, parce qu'il avait « aversion, disait-il, pour les
» faiseurs d'horoscope, à l'erreur desquels on
» semble contribuer quand on publie *le jour de*
» *la naissance* de quelqu'un. »

Sa famille était l'une des plus anciennes et des plus nobles de la Touraine. Le nom s'écrivait au-

---

(1) V. Lettres de Desc., éd. Clerselier, t. I, p. 141.

trefois Des Quartes, et dans un titre latin du xive siècle, *De Quartis*. M. Cousin (1) et M. Saisset (2) font de Descartes un Breton; il était Tourangeau par sa famille, comme par le lieu de sa naissance (3). Il est vrai que « Il avait été
» conçu à Rennes, dans cette Bretagne qui semble
» avoir mis sur lui sa marque, une assez forte
» personnalité, une sincérité un peu hautaine,
» une sorte d'indocilité innée à se plier au goût
» et à l'opinion des autres, avec une assez grande
» assurance en soi-même (4). » En fait, nous retrouverons tout autant dans Descartes la finesse, l'esprit de conduite et la patience politique du Tourangeau que la hauteur et la raideur indocile du Breton. Je ne parle pas de son génie qui n'appartient à aucune province et qui est la gloire de l'esprit français; mais quand je vois avec quelle sagesse prudente et quelle finesse de tact il se conduisit en Hollande, avec quel art il sut amener à lui les Jésuites et la Sorbonne, et ménager l'Eglise et toutes les puissances, je me dis qu'il y avait dans Descartes l'étoffe d'un profond politique, et

(1) Hist. gén. de la phil., p. 388.
(2) Ouvr. cit., p. 86.
(3) V. Baillet, p. 2 sqq.
(4) Cousin, *Ibid.*

je me rappelle involontairement qu'il est né à quelques pas du château de Richelieu, et que la Touraine est le berceau de sa famille. Cette famille était alliée à de grandes maisons de l'Anjou, du Berry, du Poitou et aussi de la Bretagne. Tous ses ancêtres, jusqu'à son grand-père, Pierre Descartes, portèrent l'épée. Ce dernier (1) se signala en diverses rencontres. En 1569, s'étant jeté dans la ville de Poitiers avec le comte du Lude pour en soutenir le siége contre les Huguenots, il contribua beaucoup à affermir le parti du roi et à faire lever le siége. Le père de notre philosophe, Joachim Descartes, à une époque où la noblesse française était fatiguée, épuisée et à demi-ruinée par les guerres civiles, préféra la robe à l'épée et acheta une charge au parlement de Bretagne, le 14 février 1586. Le 15 janvier 1589, il épousa en premières noces Jeanne Brochard, fille du lieutenant-général de Poitiers. Elle lui donna trois enfants :

Un fils, Pierre Descartes, seigneur de la Bretaillière, qui devint aussi conseiller au parlement de Bretagne; une fille, Jeanne Descartes, qui épousa messire Rogier, seigneur du Crevis, et un

(1) V. Baillet, I. p, 5.

autre fils, René Descartes, dont nous avons à écrire la vie.

Buffon pensait que les fils tiennent de leur mère pour l'intelligence. S'il a raison, la mère de René Descartes devait être douée d'un esprit distingué et supérieur. Malheureusement, nous ne savons rien d'elle, sinon qu'elle mourut d'une maladie de poitrine quelques jours après la naissance de son fils.

Le père fit donner à l'enfant une nourrice qui eut pour lui des soins maternels, et dont notre philosophe récompensa plus tard le dévouement par une pension viagère. Nous ne ferons pas à Descartes l'injure d'admirer ce trait, mais nous sommes touchés de ce bon souvenir du cœur au milieu des plus hautes préoccupations de la pensée.

Le jeune René grandit dans la maison paternelle sous le nom de Du Perron, qui était celui d'une petite seigneurie située en Poitou, appartenant à sa famille, et qui lui était destinée. Ce nom le distinguait de son frère aîné; il le garda aussi au collège, et ne prit que dans le monde celui de Descartes, que les savants en *us* changèrent bientôt, malgré lui, en Cartesius. Notons ici, puisqu'il s'agit du nom, que Descartes, par une sorte de sentiment démocratique fort singulier à cette époque dans un gentilhomme, mais qui ne messied pas à un philosophe, ne voulut jamais, une fois sorti du collége, porter ni le titre de seigneur ou chevalier Du Perron, ni aucun autre titre de noblesse.

Malgré les précautions et les soins de sa nourrice et de son père, le jeune René n'avait qu'une santé faible; et jusqu'à vingt ans il conserva un teint pâle et une toux sèche qui faisait mal augurer pour ses jours.

Mais cet enfant pâle et maladif avait un esprit à la fois vif et réfléchi; il demandait à chaque instant le pourquoi des choses, et son père ne l'appela bientôt plus que son *petit philosophe*.

A l'âge de huit ans, on envoya le petit philosophe à l'école.

Les Jésuites, chassés de France, en 1594, venaient d'être rétablis par un édit de Henri IV, du 2 janvier 1604. Le roi leur donna son palais de la Flèche en même temps que la ville de Dole leur confiait le collége de l'Arc (1). Il établit à la

---

(1) Cette rencontre de l'arc et de la flèche, donna lieu au distique suivant:

Arcum Dolæ dedit Patribus, Rex ipse sagittam;
Quis funem, quem meruere, dabit?

On ajoute que l'auteur s'appelait Dabo, et était élève des bons Pères. Il fut couronné pour ses vers et fustigé pour sa malice.

Flèche, outre les professeurs ordinaires, quatre professeurs de jurisprudence, quatre de médecine et deux d'anatomie et de chirurgie. Le jeune Descartes fut envoyé dans ce nouveau collége et confié particulièrement aux soins du P. Charlet, son parent par alliance et recteur de la maison. Là, il se fit remarquer aussitôt par ses heureuses dispositions ainsi que par sa docilité et son application à l'étude. Il fut non-seulement toujours parmi les premiers élèves de sa classe, mais en beaucoup de choses dépassa les plus distingués.

Outre les PP. Charlet et Dinet et quelques autres PP. Jésuites, ses maîtres, avec lesquels il resta en relations, il connut au collége le jeune Marin Mersenne, qui fut depuis son principal correspondant, et qui était venu terminer ses études à la Flèche au moment où Descartes y commençait les siennes.

Il montra bientôt un goût particulier pour la poésie. « J'étais amoureux de la poésie, » dit-il lui-même plus tard (1). Il conserva toujours ce goût à travers ses méditations de philosophe et ses travaux de géomètre et de physicien. Ses derniers écrits furent des vers qu'il composa pour les fêtes

(1) Disc. de la Méth., vol. I, p. 128.

qui, à Stockholm, suivirent la paix de Munster, et ils furent trouvés si beaux, dit Baillet, qu'on ne put les croire le fruit d'un âge aussi mûr.

Au collége, il s'appliqua non-seulement à la poésie et à l'éloquence, mais aux langues et à toutes les sciences qu'on pouvait y apprendre ; il obtint même de ses maîtres la permission de lire les livres qui traitaient de celles qu'on n'y enseignait pas.

Le cours de Philosophie durait deux ans et comprenait, la première année, la Logique et la Morale ; la seconde, la Physique et la Métaphysique. Les études avaient pour couronnement une année de Mathématiques. Les élèves de nos lycées qui après leur philosophie feraient un an ou deux de mathématiques spéciales, suivraient un cours d'études rationnel, assez semblable et bien supérieur, — vu le progrès des sciences, — à celui des colléges des Jésuites au XVIIe siècle.

Descartes était dans sa première année de philosophie, en 1610, lorsqu'on transporta au collége de la Flèche le cœur de Henri IV. Il fut un des vingt-quatre gentilshommes chargés de représenter, dans cette circonstance, la noblesse du collége, et d'aller recevoir le précieux dépôt confié à la maison des Jésuites.

Descartes embarrassait souvent son professeur de philosophie. « Il se forma, dès lors, dit Baillet,
» une méthode singulière de disputer en philo-
» sophie, qui ne déplut pas au P. Charlet, son
» directeur perpétuel, ni au P. Dinet, son préfet,
» quoiqu'elle donnât un peu d'exercice à son
» régent. Lorsqu'il était question de proposer un
» argument dans la dispute, il faisait d'abord
» plusieurs demandes touchant les définitions
» des noms. Après, il voulait savoir ce que l'on
» entendait par certains principes reconnus dans
» l'Ecole ; ensuite, il demandait, si l'on ne con-
» venait pas de certaines vérités connues dont il
» faisait demeurer d'accord. De là, il formait
» enfin un seul argument dont il était fort diffi-
» cile de se débarrasser. » A quinze ans, Descartes avait retrouvé la méthode socratique.
« Ainsi on vit éclater dès le collége la supériorité
» et l'indépendance d'esprit de celui qui devait
» renouveler un jour la face des sciences (1). »

On permettait à Descartes ; à cause de la faiblesse de sa santé, de rester le matin au lit plus longtemps que les autres élèves (2). Il employait

---

(1) Saisset, ouvr. cité, p. 88.
(2) V. Baillet, I, 24 sqq.

ce temps à méditer sur tout ce qu'il avait appris pour se l'assimiler plus intimement, ou le rejeter après examen. Ce fut surtout la dernière année qu'il profita de la double permission qui lui était donnée de lire toutes sortes de livres et de rester au lit (1). Il s'enfonça dans l'étude des mathématiques et des autres sciences, et y fit dès lors de grands progrès. De plus, il garda toute sa vie cette habitude d'étudier et de méditer au lit, alors que l'esprit reposé peut tendre toutes ses forces et déployer toutes ses facultés d'invention.

Nous pouvons maintenant écouter le jugement qu'il portait lui-même sur le résultat de ses études (2).

« J'ai été nourri aux lettres dès mon enfance,
» dit-il ; et pour ce qu'on me persuadait que,
» par leur moyen, on pouvait acquérir une con-
» naissance claire et assurée de tout ce qui est
» utile à la vie, j'avais un extrême désir de les
» apprendre. Mais sitôt que j'eus achevé tout ce
» cours d'études au bout duquel on a coutume
» d'être reçu au rang des doctes, je changeai en-

---

(1) On montre à La Flèche une chambre occupée par lui.
(2) V. Disc. de la Méthode, part. 1, et Cf. le *Studium bonæ mentis*, dont l'analyse est plus bas, chap. V.

» tièrement d'opinion, car je me trouvais embar-
» rassé de tant de doutes et d'erreurs, qu'il me
» semblait n'avoir fait aucun profit, en tâchant
» de m'instruire, sinon que j'avais découvert de
» plus en plus mon ignorance. Et néanmoins
» j'étais en l'une des plus célèbres écoles de l'Eu-
» rope, où je pensais qu'il devait y avoir de sa-
» vants hommes, s'il y en avait en aucun endroit
» de la terre. J'y avais appris tout ce que les au-
» tres y apprenaient ; et même ne m'étant pas
» contenté des sciences qu'on m'enseignait, j'a-
» vais parcouru tous les livres traitant de celles
» qu'on estime les plus curieuses et les plus rares,
» qui avaient pu tomber entre mes mains. Avec
» cela, je savais les jugements que les autres fai-
» saient de moi, et je ne voyais point qu'on m'es-
» timât inférieur à mes condisciples, bien qu'il
» y en eût déjà entre eux quelques-uns qu'on
» destinait à remplir les places de nos maîtres. Et
» enfin, notre siècle me semblait aussi fleurissant
» et aussi fertile en bons esprits qu'ait été aucun
» des précédents. Ce qui me faisait prendre la
» liberté de juger par moi de tous les autres, et
» de penser qu'il n'y avait aucune doctrine dans
» le monde qui fût telle qu'on m'avait aupara-
» vant fait espérer.

» Je ne laissais pas toutefois d'estimer les exerci-
» ces auxquels on s'occupe dans les écoles... Je me
» plaisais surtout aux mathématiques à cause de
» la certitude et de l'évidence de leurs raisons...

» Je ne dirai rien de la Philosophie, sinon
» que voyant qu'elle a été cultivée par les plus
» excellents esprits qui aient vécu depuis plu-
» sieurs siècles, et que, néanmoins, il ne s'y
» trouve encore aucune chose dont on ne dispute,
» et, par conséquent, qui ne soit douteuse, je
» n'avais point assez de présomption pour espé-
» rer d'y rencontrer mieux que les autres; et que,
» considérant combien il peut y avoir de diverses
» opinions touchant une même matière, qui
» soient soutenues par des gens doctes, sans qu'il
» y en puisse jamais avoir plus d'une seule qui soit
» vraie, je réputais presque pour faux tout ce qui
» n'était que vraisemblable.

» Puis, pour les autres sciences, d'autant
» qu'elles empruntent leurs principes de la Phi-
» losophie, je jugeais qu'on ne pouvait rien avoir
» bâti qui fût solide sur des fondements si peu
» fermes...

» C'est pourquoi, sitôt que l'âge me permit
» de sortir de la sujétion de mes précepteurs, je
» quittai entièrement l'étude des lettres; et, me

» résolvant de ne chercher plus d'autre science
» que celle qui se pourrait trouver en moi-même,
» ou bien dans le grand livre du monde, j'em-
» ployai le reste de ma jeunesse à voyager, à voir
» des cours et des armées, à fréquenter des gens
» de diverses humeurs et conditions, à recueillir
» diverses expériences, à m'éprouver moi-même
» dans les rencontres que la fortune me propo-
» sait, et partout à faire telles réflexions sur les
» choses qui se présentaient que j'en pusse tirer
» quelque profit. Car il me semblait que je pour-
» rais rencontrer beaucoup plus de vérité dans
» les raisonnements que chacun fait touchant les
» affaires qui lui importent, et dont l'événement
» le doit punir bientôt après s'il a mal jugé, que
» dans ceux que fait un homme de lettres dans
» son cabinet, touchant des spéculations qui ne
» produisent aucun effet, et qui ne lui sont d'autre
» conséquence, sinon que peut-être il en tirera
» d'autant plus de vanité, qu'elles seront plus éloi-
» gnées du sens commun, à cause qu'il aura dû
» employer plus d'esprit et d'artifice à tâcher de
» les rendre plus vraisemblables. Et j'avais tou-
» jours un extrême désir d'apprendre à distinguer
» le vrai d'avec le faux, pour voir clair en mes ac-
» tions et marcher avec assurance en cette vie. »

Il quitta le collége au mois d'août 1612 chargé de lauriers et plus encore de doutes philosophiques.

Sur cette frêle existence qui rappelle le mot si profond et si beau de Pascal : « L'homme est un roseau pensant, » repose en grande partie l'avenir des sciences et de la philosophie. Nous suivrons ce jeune homme à travers le monde avec une sympathique inquiétude et un ardent intérêt.

Descartes passa la fin de cette année et le commencement de la suivante à revoir sa famille, à monter à cheval, à faire des armes et à se distraire par tous les autres exercices convenables à sa condition.

Cadet de famille, il appartenait presque de droit à l'armée. Cependant son père, n'osant encore l'exposer aux fatigues du métier des armes à cause de la faiblesse de sa santé, l'envoya, en 1613, à Paris, sans autre gouverneur qu'un valet de chambre accompagné de quelques domestiques. Baillet blâme la sécurité du père qui envoie ainsi à Paris un jeune homme de dix-sept ans. Plus d'un père est obligé d'en faire autant ; et celui de Descartes n'avait sans doute pas assez de fortune pour attacher un abbé à la personne de son fils. Il pouvait du reste compter sur son petit

philosophe. « Celui-ci eut assez de forces, ajoute
» Baillet lui-même (1), pour ne pas tomber dans
» les désordres de l'intempérance ; mais il ne se
» trouva point à l'épreuve des compagnies qui
» l'entraînèrent aux promenades, au jeu et aux
» autres divertissements qui passent dans le
» monde pour indifférents, et qui font l'occupa-
» tion des personnes de qualité et des honnêtes
» gens du siècle. Ce qui contribua à le rendre plus
» particulièrement attaché au jeu, fut le succès
» avec lequel il y réussissait, surtout dans ceux
» qui dépendaient plutôt de l'industrie que du ha-
» sard. » On reconnaît là le mathématicien.

Baillet, auteur de Vies de saints, avait la conscience fort timorée. On voit cependant que ses reproches ne sont pas graves. Comment faire un crime à un jeune gentilhomme de ce temps d'aimer le jeu et les divertissements du monde ? Et pourtant c'est en s'appuyant sur ces paroles de l'honnête Baillet, que le P. Niceron (2), Arago (3) et M. Haureau (4) ont accusé Descartes de désordres graves

(1) Bail., I, p. 56.
(2) Niceron, Mémoire, vol. XXXI, p. 278.
(3) Arago, Notice sur Desc.
(4) Haureau, article Mersenne, dans le Dict. biogr. de Hoefer (Didot).

qui n'ont jamais existé que dans leur imagination. En résumé, le père de Descartes n'avait pas l'intention de faire de son fils un moine, et il était naturel qu'il l'engageât à se produire dans le monde.

Le jeune René fréquenta la société la plus distinguée, et il dit de lui-même plus tard (1) : « Sans
» vivre d'autre façon, en apparence, que ceux
» qui, n'ayant aucun emploi qu'à passer une vie
» douce et innocente, s'étudient à séparer les
» plaisirs des vices, et qui, pour jouir de leur
» loisir sans s'ennuyer, usent de tous les diver-
» tissements qui sont honnêtes, je ne laissais pas
» de poursuivre en mon dessein, et de profiter,
» en la connaissance de la vérité, peut-être plus
» que si je n'eusse fait que lire des livres ou fré-
» quenter des gens de lettres. » Ainsi Descartes savait séparer les plaisirs des vices ; et, de plus, la fréquentation du monde entrait dans son plan d'étude.

Mais la vie d'homme du monde ne lui suffisait pas, et nous allons voir, dès cette époque, un effet extraordinaire de la passion qui l'entraînait vers les sciences et la philosophie.

---

(1) OEuvres, I, 155.

Il avait retrouvé, à Paris, Marin Mersenne, devenu le P. Mersenne (1), et avait fait la connaissance de Mydorge (fils de Jean Mydorge de la Maillarde et de Magdeleine de Lamoignon), l'un des bons mathématiciens de l'époque. Dans la société de ces deux amis avec qui il pouvait causer de sciences, l'amour de l'étude l'emporta peu à peu sur l'amour du monde. Et quand, en 1614, Mersenne, obéissant aux ordres de son supérieur, quitta Paris pour aller à Nevers enseigner la philosophie aux jeunes religieux de son ordre, il résolut de se dérober à toutes les compagnies, et se retira dans une maison écartée du faubourg Saint-Germain, s'y enferma avec un ou deux domestiques, ne sortit qu'aux heures et dans les lieux où on ne pouvait le rencontrer, et resta ainsi deux années caché à tous les yeux et échappant à toutes les recherches de ses amis (2). Personne ne le vit pendant ce temps, à l'exception de Mydorge et de quelques mathématiciens, et tout ce temps paraît avoir été employé particulièrement à l'étude des mathématiques.

(1) De l'Ordre des Minimes.
(2) C'est ce que Baillet raconte d'après une relation manuscrite d'un certain M. Porlier. Il avait pu recevoir aussi des renseignements de Lamoignon, dont il était bibliothécaire.

Que ne fallait-il pas attendre de ce jeune homme de vingt ans, qui, à un esprit si net et si pénétrant, joignait une telle passion pour l'étude et un tel amour de la retraite.

Enfin, devenu plus confiant dans ses sorties par suite de la longue sécurité dont il avait joui, il fut rencontré au mois de décembre 1616 par un de ses amis qui ne voulut plus le quitter qu'il ne lui eût découvert sa demeure. Il fallut céder et dire adieu à la douce liberté de l'étude. Notre philosophe fut déterré et ramené dans le monde; mais rien ne put rompre le charme qui l'enchaînait désormais à la science. Il ne parut rechercher que les concerts, et ne se montra sensible qu'aux douceurs de la musique : dans ce bel art, il retrouvait encore ses chères mathématiques.

Bientôt, jaloux de ressaisir sa liberté entravée par des amis importuns, désireux de voir des armées et des cours, et de lire dans le grand livre du monde, il prit la résolution de quitter la France et de s'engager comme volontaire dans l'armée du prince Maurice de Nassau, en Hollande. Il aurait pu prendre du service en France; mais les voyages, nous l'avons vu, entraient dans le plan d'études qu'il s'était tracé. Il ne se fit soldat que pour étudier les mœurs des hommes des

diverses nations, et tâcher de se mettre à l'épreuve de tous les accidents de la vie. Afin de n'être gêné par aucune force supérieure, il renonça à toute solde, et s'entretint à ses dépens. Il fallut bien cependant, pour la forme, recevoir au moins une fois la paie du soldat. Il garda cet argent toute sa vie comme un souvenir de son passage sous les drapeaux. Il aima véritablement la guerre à cet âge. Il le déclare lui-même dans une de ses lettres (1), et ajoute que cette inclination n'était que l'effet d'une chaleur de foie qui s'éteignit dans la suite. Il n'apprit pas à estimer les militaires de son temps. « J'ai bien de la peine,
» dit-il plus tard, à donner place au métier de la
» guerre parmi les professions honorables, voyant
» que l'oisiveté et le libertinage sont les deux prin-
» cipaux motifs qui y portent aujourd'hui la plu-
» part des hommes. »

Descartes passa deux ans dans l'armée du prince Maurice, à Bréda ou dans les environs.

La tranquillité dont jouissait cette ville, engageait beaucoup de curieux à y venir pour voir la cour du prince et les ouvrages des mathématiciens et des ingénieurs qui travaillaient sous ses

---

(1) V. Lettres, éd. Clerselier, tome II, p. 455.

ordres. Ce fut à ces circonstances que Descartes dut la connaissance d'Isaac Beeckman de Middelbourg, savant hollandais, principal du collége de Dordrecht. Celui-ci se trouvait à Bréda, lorsqu'un inconnu fit afficher par les rues, selon la coutume du temps, un problème de géométrie. Descartes, en passant dans la rue, vit un grand concours de gens et s'arrêta; mais l'affiche était en flamand; et, depuis peu dans le pays, il n'entendait pas encore cette langue. Il pria donc un de ses voisins de lui expliquer en latin ou en français ce qu'elle contenait. L'homme à qui le hasard le fit s'adresser était Isaac Beeckman. Voulant se moquer de ce jeune cadet qu'il jugeait plus curieux que savant, le principal du collége de Dordrecht lui traduisit le problème en latin, mettant pour condition qu'il lui en apporterait la solution. Le lendemain, le jeune homme se présenta chez lui avec la solution demandée. Beeckman surpris causa longuement avec lui, reconnut l'étendue de ses connaissances en mathématiques, et lui offrit son amitié.

Beeckman était lié avec Alleaume et Stevin, mathématiciens du prince Maurice. Leibnitz (1) re-

---

(1) V. Remarques sur la Vie de Desc. Ms. de Hanovre.

garde Alleaume comme le digne élève de Viète. Stevin est connu par des inventions qui décèlent un homme de génie, et Lagrange voit en lui l'un des créateurs de l'hydrostatique (1). Dans le journal qu'il écrivait à cette époque (2), Descartes parle de Stevin et d'un autre savant d'un esprit ingénieux.

Baillet, qui fait quelquefois des confusions de personnes, comme nous le verrons notamment à propos de la famille Huyghens, décompose le sieur Beeckman en deux personnages: Isaac Beeckman, principal du collége de Dordrecht, et un certain Isaac de Middelbourg que naturellement on ne revoit plus ensuite. Il suffit de comparer les lettres de Descartes à Beeckman et au Père Mersenne des années 1629 et 1630 (3), avec les pensées inédites du Cahier-Journal dont nous parlons plus haut (4) pour être convaincu de l'identité des deux personnages (5).

(1) V. plus haut, Introd.
(2) V. plus bas l'analyse de ce journal.
(3) V. OEuvres de Desc., VI, p. 74 sqq. 141-163, et Inédits de Desc., vol. I, p. 20-27.
(4) V. Préf., Histoire des papiers de Desc.
(5) Cf. deux articl. de M. Prouhet sur les Inédits de Desc., dans la Rev. de l'instr. publiq. de 1860.

On voit, en effet, dans ces lettres, Isaac Beeckman réclamer la priorité de certaines idées qu'Isaac de Middelbourg avait communiquées à Descartes en 1617 et 1618, et Descartes lui en reconnaître le mérite. L'une de ces idées doit être notée ici ; elle est relative au nombre des vibrations qui correspondent aux sons de la gamme. Beeckman indique à Descartes les rapports exacts de ces nombres. Plus tard, une querelle éclata entre eux à cette occasion, et aussi à cause des prétentions extravagantes de Beeckman. Mais n'anticipons pas sur les événements. En 1618, Descartes et Isaac de Middelbourg sont à l'aurore de leur amitié naissante ; ils en goûtent les douceurs sans en connaître encore les amertumes, et rien ne trouble le charme des entretiens savants qu'ils ont ensemble. Beeckman, il est vrai, a trente ans de plus que Descartes, mais la science précoce du jeune Français rapproche les âges. Celui-là paraît avoir plus de connaissances en physique, mais celui-ci est meilleur mathématicien ; et l'attrait mutuel de savoirs égaux, mais différents, amène vite l'intimité. La politesse exquise de Descartes laisse croire d'ailleurs au vaniteux et naïf Beeckman que le jeune volontaire n'est qu'un disciple docile, heureux de s'instruire à son école. Le principal du collége de Dordrecht est fier d'avoir un tel élève, et, comme celui-ci paraît connaisseur en musique, il l'engage à composer un traité sur cet art. Descartes n'a rien à refuser à son ami, et il écrit pour lui le *Compendium musicæ*, que le Père Poisson nous a si mal traduit, mais qu'on peut heureusement retrouver sous son excellente forme latine, dans l'édition d'Utrecht de 1650.

Descartes dit à Beeckman en lui envoyant son travail : « Patior hunc ingenii mei partum, ita
» informem et quasi ursæ partum nuper editum
» ad te exire, ut sit familiaritatis nostræ Mnemo-
» synon, et certissimum mei in te amoris moni-
» mentum : hâc tamen conditione, si placet, ut
» perpetuo in scriniorum vel musei tui umbra-
» culis delitescens aliorum judicia non perferat,
» qui, sicut te facturum mihi polliceor, ab hujus
» truncis partibus benevolos oculos non diverte-
» rent ad illas in quibus nonnulla certe ingenii
» mei lineamenta ad vivum expressa non infi-
» cior (1), nec scirent hìc inter ignorantiam mili-

---

(1) Le P. Poisson (V. éd. Cousin, V, 502) traduit comme si ces

» tarem ab homine desidioso et libero, penitusque
» diversa cogitante et agente tumultuose, tui so-
» lius gratiâ esse compositum. »

Cet Abrégé de Musique fut donc composé uniquement pour Beeckman pendant les loisirs de la vie de garnison. C'est le premier ouvrage de Descartes, et il est doublement intéressant pour nous de nous y arrêter, puisque, outre son titre de priorité, il renferme, à côté de parties qui ne sont qu'ébauchées et qui rappellent l'ourson qui vient de naître, d'autres passages que l'auteur ne désavoue pas et dans lesquels son génie se peint au vif.

On n'y trouve ni d'ingénieuses expériences, comme celles qu'exécutèrent quelques années plus tard Mersenne (1) et quelques autres savants, ou de nos jours Savard, Cagnard de Latour et M. Lissajous, ni des calculs profonds comme ceux de Poisson, ni la science d'un contrapontiste allemand; nous n'y chercherons donc pas une

---

parties moins imparfaites de l'œuvre de Descartes étaient d'autres ouvrages achevés et plus parfaits que l'Abrégé de musique, contresens tout-à-fait gratuit.

(1) V. Diverses questions d'acoustique et de physique (1634), et Harmonie universelle (1636).

connaissance étendue de l'acoustique et du contrepoint, — l'ouvrage tromperait notre attente, — mais l'image de l'esprit de Descartes.

Ce qui nous frappe tout d'abord, c'est la tendance à l'exposition géométrique. L'auteur, dès le début de l'ouvrage, pose des principes en forme d'axiomes, d'où il tire ensuite démonstrativement l'explication des phénomènes acoustiques et des plaisirs de l'oreille (1).

Primo, dit-il, tous les sens sont capables de quelque plaisir;

2°. L'objet pour plaire ne doit pas dépasser une certaine mesure;

3°. Il ne doit pas paraître confus au sens;

4°. Cet objet est plus aisément perçu par les sens dont les parties sont moins différentes entre elles;

5°. Ceci arrive quand il y a entre elles plus de proportion;

6°. Cette proportion doit être arithmétique et non géométrique.

Ces axiomes posés, la musique devient une sorte de science déductive. Le sixième principe doit

(1) V. OEuvr., V, 446, 447.

surtout s'entendre de la mesure et du rithme et non des rapports entre les longueurs des cordes. Descartes donne ces rapports géométriques :

$$1, 8/9, 4/5, 3/4, 2/3, 3/5, 8/15, 1/2.$$

Il admet, ce qui est aujourd'hui démontré et ce que Beeckman avait soupçonné avant lui, que les nombres des vibrations qui produisent les notes, sont en raison inverse des longueurs des cordes.

Mais il n'attache pas alors d'importance à cette vue, dont il comprendra mieux plus tard la fécondité. Avec les nombres de vibrations on s'explique naturellement et mathématiquement les plaisirs et les déplaisirs de l'oreille, puisque le nerf acoustique reçoit autant d'ébranlements qu'il y a de vibrations. Le son, selon l'heureuse expression de Leibnitz, est un calcul de l'âme qui ne s'entend pas compter. Si on se borne à mesurer les longueurs des cordes, on est obligé d'expliquer les plaisirs de l'ouïe par une sorte d'amour platonique de l'âme pour la beauté des rapports simples, explication vraie aussi, mais qui s'applique à la musique beaucoup moins bien qu'aux arts plastiques.

Descartes remarque (1) que « dans un luth, si on pince une corde, celles qui sont plus élevées qu'elle d'une octave et d'une quinte, tremblent et résonnent d'elles-mêmes. » Il en tire cette conclusion : « Le son est au son comme la corde est à la corde ; or, chaque corde contient en soi toutes les autres cordes qui sont moindres qu'elles, et non pas celles qui sont plus grandes ; par conséquent aussi, dans chaque son tous les aigus sont contenus dans le grave, et non pas réciproquement tous les graves dans celui qui est aigu. »

L'acoustique moderne a, jusqu'à un certain point, confirmé cette manière de voir, en montrant que les cordes sonores se divisent par des nœuds en plusieurs parties qui vibrent harmoniquement entre elles et avec la corde totale (2).

Dans tout ce qui concerne les tons, la mélodie, l'harmonie, les dissonances et l'art de composer, Descartes montre qu'il possède les principes généraux du contre-point, et qu'il ne tiendrait qu'à lui d'en pénétrer les détails et de les appliquer. Il fait preuve à la fois des qualités

---

(1) P. 454.
(2) V. Physiq. Drion et Fermat, p. 636 ; Deguin, I, 201.

d'un théoricien distingué et de celles d'un amateur plein de goût. Mais si l'amateur se devine à certains traits, le mathématicien surtout est en évidence.

L'idée mathématique, en effet, inspire cette œuvre. Ce fut pour Descartes comme un présage de ses destinées futures que de débuter par un traité sur une science dont les faits pouvaient dèslors être reliés entre eux par le calcul. Il dira plus tard à Mersenne : Tout, selon moi, se fait mathématiquement dans la nature, *omnia, apud me, mathematicè fiunt*; il ne fera alors que préciser et exprimer dans toute sa généralité une idée qu'il a entrevue dès 1618, et qui est déjà appliquée dans son *Compendium Musicæ*.

Descartes composa aussi à cette époque un Traité d'Algèbre (1) qui fut longtemps aux mains de Beeckman, et qui est aujourd'hui perdu. A l'époque où écrivait Baillet (1691), des copies de cet ouvrage « étaient encore entre les mains de » quelques curieux de France (2). »

Enfin, le 1ᵉʳ janvier 1649, *Calendis Januarii*, il commença, ou transcrivit, sur un cahier relié et

---

(1) V. OEuvr., VI, 149.
2) V. Baillet, II, 404.

couvert en parchemin, divers écrits (1) qui ne furent achevés qu'un peu plus tard, en Allemagne, et dont nous parlerons après l'avoir suivi dans ce pays.

En passant le Rhin avec lui, nous dirons peu de chose des événements de sa vie extérieure. L'histoire d'un tel homme est toute entière dans celle de ses pensées.

(1) V. Baillet, I, p. 50 et 51 ; II, p. 404 et 405, et Inédits.

CHAPITRE III.

Le volontaire en Allemagne. — L'hiver de 1619. — Inventions capitales. — Le Parnasse, les Olympiques et quelques autres Traités de sa jeunesse.

(1619-1621.)

Descartes était depuis deux ans en Hollande, et comme il voulait courir le monde et le voir sous tous ses aspects, il devait songer à quitter cette contrée. Une occasion unique s'offrait à lui d'étudier l'homme au milieu des grandes luttes politiques et religieuses, et dans la fureur des passions fanatiques en même temps que dans l'exaltation de l'héroïsme guerrier. Au commencement de l'été de l'année 1619, il passa en Allemagne où grondaient les premiers coups de tonnerre d'un orage terrible, et où s'engageait, au milieu des convulsions de la Bohême, le grand drame de la guerre de Trente ans. Il prit, aux mêmes conditions qu'en Hollande, du service dans l'armée catholique du duc de Bavière. Sa qualité de volontaire lui permit de se rendre à Francfort pour voir le couronnement de l'empereur Ferdinand (28 juillet 1619). Ce fut une des intéressantes comédies dont il voulut se donner le spectacle, pour ne pas ignorer ce que les premiers acteurs jouent de plus important sur la scène du monde.

Il retournait vers l'armée qui devait opérer en Souabe au printemps suivant, lorsque l'hiver l'arrêta, dès le mois d'octobre, dans le duché de Neubourg (1), sur le Haut-Danube, et le força à y prendre ses quartiers. Nous touchons à un moment solennel de la vie de Descartes et de la pensée moderne. C'est pendant cet hiver que Descartes trouve la Méthode applicable à toutes les sciences et invente l'Analyse qui n'en est qu'un cas particulier. Avant donc que de continuer à rendre compte de ses pensées et de ses découvertes, et de suivre son génie audacieux sur les routes nouvelles qu'il se fraie dans un monde inconnu, saluons ces montagnes du Haut-Danube où Descartes a fait ses premières découvertes, où la pen-

---

(1) Et non pas à Prague. V. un article du Journal des Savants, 1860. Cet article renferme plusieurs erreurs sur cette époque décisive de la vie de Descartes.

sée moderne qui sommeillait encore s'est éveillée pour la première fois à la conscience d'elle-même, où, pour la première fois aussi, le génie de la France a pris son plein vol vers les sommets lumineux de la pensée (1).

« J'étais alors, raconte Descartes, en Allema-
» gne, où l'occasion des guerres, qui n'y sont pas
» encore finies, m'avait appelé ; et, comme je re-
» tournais du couronnement de l'Empereur vers
» l'armée, le commencement de l'hiver m'arrêta
» en un quartier où, ne trouvant aucune con-
» versation qui me divertît, et n'ayant, par bon-
» heur, aucuns soins ni passions qui me trou-
» blassent, je demeurais tout le jour enfermé
» seul dans un poêle, où j'avais tout le loisir de
» m'entretenir de mes pensées. Entre lesquelles
» l'une des premières fut que je m'avisai de con-
» sidérer que souvent il n'y a pas tant de perfec-
» tion dans les ouvrages composés de plusieurs
» pièces et faits de la main de plusieurs maîtres,
» qu'en ceux auxquels un seul a travaillé...

» Et ainsi je pensai que les sciences des livres,
» au moins celles dont les raisons ne sont que
» probables et qui n'ont aucunes démonstrations,

---

(1) V. Disc. de la Méth. OEuvr., I, p. 152 sqq.

» s'étant composées et grossies peu à peu des
» opinions de plusieurs diverses personnes, ne
» sont point si approchantes de la vérité que les
» simples raisonnements que peut faire naturelle-
» ment un homme de bon sens touchant les
» choses qui se présentent. Et ainsi encore je
» pensai que pour ce que nous avons tous été
» enfants avant que d'être hommes, et qu'il nous
» a fallu longtemps être gouvernés par nos ap-
» pétits et nos précepteurs qui étaient souvent
» contraires les uns aux autres, et qui, ni les uns
» ni les autres, ne nous conseillaient peut-être
» pas toujours le meilleur, il est presque impos-
» sible que nos jugements soient si purs ni si so-
» lides qu'ils auraient été, si nous avions eu l'u-
» sage entier de notre raison dès le point de
» notre naissance, et que nous n'eussions jamais
» été conduits que par elle.

» A l'exemple de quoi je me persuadai... que,
» pour toutes les opinions que j'avais reçues jus-
» ques alors en ma créance, je ne pouvais mieux
» faire que d'entreprendre une bonne fois de les
» en ôter, afin d'y en remettre par après ou d'au-
» tres meilleures, ou bien les mêmes lorsque je
» les aurais ajustées au niveau de la raison : et je
» crus fermement que par ce moyen je réussirais

» à conduire ma vie beaucoup mieux que si je
» ne bâtissais que sur de vieux fondements, et
» que je ne m'appuyasse que sur les principes
» que je m'étais laissé persuader en ma jeunesse,
» sans avoir jamais examiné s'ils étaient vrais.....

» Ayant appris, dès le collége, qu'on ne saurait
» rien imaginer de si étrange et de si peu croya-
» ble, qu'il n'ait été dit par quelqu'un des philo-
» sophes; et depuis, en voyageant, ayant reconnu
» que tous ceux qui ont des sentiments contraires
» aux nôtres, ne sont pas pour cela barbares ni
» sauvages, mais que plusieurs usent autant ou
» plus que nous de raison.

» Et ayant considéré... que, néanmoins, la plu-
» ralité des voix n'est pas une preuve qui vaille
» rien pour les vérités un peu malaisées à dé-
» couvrir, à cause qu'il est bien plus vraisembla-
» ble qu'un homme seul les ait rencontrées que
» tout un peuple ; je ne pouvais choisir personne
» dont les opinions me semblassent devoir être
» préférées à celles des autres, et je me trouvai
» comme contraint d'entreprendre moi-même de
» me conduire. »

Son but, dès lors, est de reconstruire en entier
l'édifice de ses idées, et de renouveler les fondements des sciences et de la philosophie. L'audace

d'un tel dessein est admirable ; la lente persévérance et la force de volonté et de génie déployées pour en poursuivre l'exécution sont plus admirables encore.

« Comme un homme qui marche seul, et dans
» les ténèbres, dit-il, je me résolus d'aller si len-
» tement et d'user de tant de circonspection en
» toutes choses que, si je n'avançais que fort peu,
» je me garderais bien au moins de tomber.
» Même je ne voulus point commencer à rejeter
» tout à fait aucune des opinions qui s'étaient pu
» glisser autrefois en ma créance, sans y avoir été
» introduites par la raison, que je n'eusse aupa-
» ravant employé assez de temps à faire le projet
» de l'ouvrage que j'entreprenais, et à chercher
» la vraie méthode pour parvenir à la connais-
» sance de toutes les choses dont mon esprit se-
» rait capable. »

Parmi les nombreuses inadvertances de Baillet, je dois relever la suivante qui montrera quel est le défaut de critique et même de jugement de cet historiographe. Baillet voit dans le projet de l'ouvrage dont il est ici question, le plan et le commencement de quelque traité entrepris par Descartes et analogue à ceux dont nous avons donné les titres plus haut. Evidemment, il ne s'agit de rien de tel. Descartes veut, avant de jeter à bas l'édifice de ses croyances, faire le projet d'une autre construction, tracer le plan de l'œuvre immense qu'il entreprend, mais qu'il n'embrasse pas encore dans son ensemble, et dont la nécessité seule se révèle clairement à lui (1), il veut surtout découvrir la méthode qu'il doit suivre pour arriver sûrement à la réalisation de ses desseins. C'est donc la méthode qui l'occupe d'abord ; c'est elle en effet qui doit être le germe vivant et organisateur de toute philosophie.

« J'avais un peu étudié, étant plus jeune,
» ajoute-t-il, entre les parties de la philosophie,
» à la logique, et entre les mathématiques, à l'a-
» nalyse des géomètres et à l'algèbre, trois arts
» ou sciences qui semblaient devoir contribuer
» quelque chose à mon dessein. Mais, en les
» examinant, je pris garde que, pour la logique,
» les syllogismes et la plupart de ses autres ins-
» tructions servent plutôt à expliquer à autrui les
» choses qu'on sait, ou même, comme l'art de
» Lulle, à parler sans jugement de celles qu'on

---

(1) Cf. OEuvr., p. 137 et 140. Il veut *bâtir dans un fonds qui soit tout à lui. C'est là l'ouvrage qui lui a plu* et dont il *donne le modèle* dans son Discours.

» ignore, qu'à les apprendre; et bien qu'elle con-
» tienne en effet beaucoup de préceptes très-vrais
» et très-bons, il y en a toutefois tant d'autres
» mêlés parmi, qui sont ou nuisibles ou super-
» flus, qu'il est presque aussi malaisé de les en
» séparer que de tirer une Diane ou une Mi-
» nerve hors d'un bloc de marbre qui n'est point
» encore ébauché. Puis pour l'analyse des an-
» ciens et l'algèbre des modernes, outre qu'elles
» ne s'étendent qu'à des matières fort abstraites
» et qui ne semblent d'aucun usage; la première
» est toujours si astreinte à la considération des
» figures, qu'elle ne peut exercer l'entendement
» sans fatiguer beaucoup l'imagination ; et on
» s'est tellement assujetti en la dernière à cer-
» taines règles et à certains chiffres, qu'on en a
» fait un art confus et obscur qui embarrasse l'es-
» prit au lieu d'une science qui le cultive : ce qui
» fut cause que je pensai qu'il fallait chercher
» quelque autre méthode, qui, comprenant les
» avantages de ces trois, fût exempte de leurs
» défauts. »

Il se livre alors à des méditations intenses qui absorbent ses pensées pendant les journées silencieuses et les longues nuits d'hiver. Enfin, dans une de ces heures fortunées et fécondes où le génie recueille le fruit de ses efforts, il découvre la méthode applicable à toutes les sciences, la vraie, l'unique méthode sans laquelle il n'y a pas de science véritable. Cette méthode est celle qu'emploient les sciences mathématiques, ou plutôt c'est l'esprit de cette méthode, le procédé fondamental et universel auquel elles servent d'enveloppe (1). La vraie science, en effet, est celle du nécessaire et de l'absolu, et on ne connaît les vérités nécessaires et absolues que par l'intuition rationnelle et la déduction *à priori*. La vraie méthode est donc celle qui décompose les difficultés, c'est-à-dire les propositions complexes en propositions plus simples, et celles-ci à leur tour en d'autres encore plus simples, jusqu'à ce que l'esprit se trouve en face de vérités parfaitement claires, dont il saisit *à priori* le caractère nécessaire et absolu ; et qui ensuite combine ces vérités simples, et les ajoute les unes aux autres de manière à reformer par la synthèse des propositions complexes qui alors se présentent comme des vérités nécessaires, éternelles, immuables, absolues. La vraie méthode

---

(1) Cf. Disc. de la Méth. et Règles pour la direction de l'esprit. OEuvr., XI, p. 219 sqq.

est donc la synthèse *à priori*, précédee et éclairée par l'analyse. Elle est employée par les mathématiques ; mais elle doit franchir le cercle étroit de ces sciences et s'appliquer à toutes les autres, aux sciences de la nature, à la science de l'homme, à la science de Dieu. Puisqu'il n'y a de science que celle du nécessaire et de l'absolu, il faut en toute question remonter jusqu'aux notions qui ont ce caractère, et les enchaîner ensuite les unes aux autres par des rapports également nécessaires. Tant qu'on n'est pas arrivé là, on n'a fait autre chose qu'aller puiser l'ignorance à une source plus haute ; quand on a atteint ces sommets lumineux, l'esprit se repose satisfait dans la clarté et la sérénité de l'idée pure. La méthode expérimentale ou inductive n'est que l'auxiliaire, la servante de l'analyse ; elle sert à retrouver le simple sous le complexe, le nécessaire sous le contingent, l'absolu sous le variable et le conditionnel ; elle prépare la synthèse *à priori*.

Ici se montre la nécessité de signes simples et distincts, pour désigner les notions simples et parfaitement claires, et permettre de les enchaîner sans fatigue les unes aux autres. A la hauteur où il s'est élevé, Descartes se rend compte de la vraie nature du langage; et, en particulier, il voit quelle est la véritable essence de l'algèbre et quels sont les changements qu'il faut lui faire subir pour la rendre ce qu'elle doit être. Il va donc faire de cette science une langue d'une clarté parfaite (en la débarrassant de tous les signes confus qui l'obscurcissent), et, en même temps, une langue universelle, capable d'exprimer tous les rapports des grandeurs en général, applicable, par conséquent, aussi bien aux sciences qui s'occupent du mouvement et de l'étendue qu'à celles qui s'occupent des nombres. C'est donc alors que Descartes invente l'application de l'algèbre à la géométrie, et crée une science nouvelle qui ajoute à la puissance de l'esprit humain. Cette invention est une conséquence, un corollaire de la découverte de la vraie méthode, et celle-ci une conséquence des plus hautes conceptions métaphysiques. Aussi M. Biot (1) est-il obligé de reconnaître, en parlant de l'application de l'algèbre à la géométrie ou analyse que « Descartes fut servi beaucoup en cette » occasion par la métaphysique de son esprit. »

Nous pouvons fixer non-seulement l'année mais le jour de ces deux admirables inventions, celle de la méthode et celle de l'application de l'algèbre simplifiée et généralisée aux problèmes de la géo-

---

(1) Biogr. univ., art. Desc.

métrie. Descartes dit, en effet, dans ses Olympiques (1) que, le *dix novembre* 1619, *il trouva les fondements d'une science admirable qui le remplit d'enthousiasme;* et ce témoignage, rapproché de celui de la seconde partie du Discours, montre que c'est ce jour-là qu'il découvrit sa Méthode et son Analyse.

Ses méditations opiniâtres et profondes, récompensées par de pareils succès, le jetèrent donc dans *l'enthousiasme*, et lui mirent le feu au cerveau. Ecoutons-le, raconter ce qui se passa alors en lui. Un tel phénomène psychologique et physiologique, chez un pareil homme, vaut la peine d'être médité, et le récit doit en être recueilli dans tous ses détails. Nous empruntons ce récit à Baillet qui l'a écrit en ayant sous les yeux le manuscrit autographe des Olympiques.

Descartes nous apprenait donc, dans ses Olympiques, que, le 10 novembre 1619, s'étant couché tout rempli de l'enthousiasme que lui inspirait la découverte des fondements d'une science admirable (2), il eut dans la même nuit trois songes

---

(1) V. Inéd., I, p. 9, et Baillet, I, p. 51, 81. Cf. Disc. de la Méth., part. II.

(2) X novembris cùm plenus forem enthusiasmo et mirabilis scientiæ fundamenta reperirem (Inédits). Cf. Baillet.

consécutifs qu'il s'imagina ne pouvoir être venus que d'En-Haut.

« Après s'être endormi, son imagination se sentit frappée de la représentation de quelques fantômes qui se présentèrent à lui, et qui l'épouvantèrent de telle sorte, que, croyant marcher par les rues, il était obligé de se renverser sur le côté gauche pour pouvoir avancer au lieu où il voulait aller, parce qu'il sentait une grande faiblesse au côté droit dont il ne pouvait se soutenir. Etant honteux de marcher de la sorte, il fit un effort pour se redresser; mais il sentit un vent impétueux qui, l'emportant dans une espèce de tourbillon, lui fit faire trois ou quatre tours sur le pied gauche. Ce ne fut pas encore ce qui l'épouvanta. La difficulté qu'il avait de se traîner, faisait qu'il croyait tomber à chaque pas, jusqu'à ce qu'ayant aperçu un collége ouvert sur son chemin, il entra dedans pour y trouver une retraite et un remède à son mal. Il tâcha de gagner l'église du collége où sa première pensée était d'aller faire sa prière; mais s'étant aperçu qu'il avait passé un homme de sa connaissance, sans le saluer, il voulut retourner sur ses pas pour lui faire civilité, et il fut repoussé avec violence par le vent qui soufflait contre l'église. Dans le même temps, il vit au milieu de la cour du collége une autre personne qui l'appela par son nom en des termes civils et obligeants, et lui dit que s'il voulait aller trouver M. N., il avait quelque chose à lui donner. Descartes s'imagina que c'était un melon qu'on avait apporté de quelque pays étranger; mais ce qui le surprit davantage fut de voir que ceux qui se rassemblaient avec cette personne autour de lui pour s'entretenir, étaient droits et fermes sur leurs pieds, quoiqu'il fût toujours courbé et chancelant sur le même terrain, et que le vent qui avait pensé le renverser plusieurs fois eût beaucoup diminué.

» Il se réveilla sur cette imagination, et il sentit, à l'heure même, une douleur effective qui lui fit craindre que ce ne fût l'opération de quelque mauvais génie qui l'aurait voulu séduire. Aussitôt il se retourna sur le côté droit, car c'était sur le gauche qu'il s'était endormi et qu'il avait eu le songe. Il fit une prière à Dieu pour demander d'être garanti des mauvais effets de ce songe, et d'être préservé de tous les malheurs qui pourraient le menacer en punition de ses péchés qu'il reconnaissait pouvoir être assez graves pour attirer les foudres du ciel sur sa tête, quoiqu'il eût mené jusque-là une vie assez irréprochable aux yeux des hommes.

» Dans cette situation, il se rendormit, après un intervalle de près de deux heures, dans des pensées diverses, sur les biens et les maux de ce monde.

» Il lui vint aussitôt un nouveau songe dans lequel il crut entendre un bruit aigu et éclatant qu'il prit pour un coup de tonnerre. La frayeur qu'il en eut le réveilla sur l'heure même, et, ayant ouvert les yeux, il aperçut beaucoup d'étincelles de feu répandues par la chambre. La chose lui était déjà arrivée en d'autre temps, et il ne lui était par fort extraordinaire, en se réveillant au milieu de la nuit, d'avoir les yeux assez étincelants pour lui faire entrevoir les objets les plus proches de lui. Mais, en cette dernière occasion, il voulut recourir à des raisons prises de la philosophie, et il en tira des conclusions favorables pour son esprit, après avoir observé en ouvrant puis en fermant les yeux alternativement, les qualités des espèces qui lui étaient représentées. Ainsi, la frayeur se dissipa, et il se rendormit dans un assez grand calme.

» Un moment après, il eut un troisième songe qui n'eut rien de terrible, comme les deux premiers. Dans ce dernier il trouva un livre sur sa table, sons savoir qui l'y avait mis. Il l'ouvrit, et, voyant que c'était un dictionnaire, il en fut ravi, dans l'espérance qu'il pourrait lui être fort utile. Dans le même instant, il se rencontra un autre livre sous sa main, qui ne lui était pas moins nouveau, ne sachant d'où il était venu. Il trouva que c'était un recueil de poésies de différents auteurs, intitulé *Corpus poetarum*. Il eut la curiosité d'y vouloir lire quelque chose, et, en ouvrant ce livre, il tomba sur le vers :

» Quod vitæ sectabor iter (1)?

» Au même moment il aperçut un homme qu'il ne connaissait pas, mais qui lui présenta une pièce de vers commençant par *est et non*, et qui la lui vanta comme une pièce excellente. Descartes lui dit qu'il savait ce que c'était, et que cette pièce était parmi les idylles d'Ausone, qui se trouvaient dans le gros recueil des poètes qui était sur sa table. Il voulut le montrer lui-même à cet homme, et il se mit à feuilleter le livre dont il se vantait de connaître parfaitement l'ordre et l'économie. Pendant qu'il cherchait l'endroit, l'homme lui demanda où il avait pris ce livre, et Descartes lui

(1) Cf. Inédits, I, 9.

répondit qu'il ne pouvait lui dire comment il l'avait eu ; mais qu'un instant auparavant, il en avait encore manié un autre qui venait de disparaître, sans savoir qui le lui avait apporté, ni qui le lui avait repris. Il n'avait pas achevé, qu'il vit reparaître le livre à l'autre bout de la table. Mais il trouva que le dictionnaire n'était plus entier comme il l'avait vu la première fois. Cependant il en vint aux poésies d'Ausone, dans le recueil des poètes qu'il feuilletait, et, ne pouvant trouver la pièce qui commence par *est et non*, il dit à cet homme qu'il en connaissait une du même poète encore plus belle que celle-là, et qu'elle commençait par *Quod vitæ sectabor iter?* La personne le pria de la lui montrer, et Descartes se mettait en devoir de la chercher, lorsqu'il tomba sur divers petits portraits gravés en taille douce, ce qui lui fit dire que le livre était fort beau, mais qu'il n'était pas de la même impression que celle qu'il connaissait.

» Il en était là, lorsque les livres et l'homme disparurent et s'effacèrent de son imagination, sans néanmoins le réveiller. Ce qu'il y a de singulier à remarquer, c'est que, doutant si ce qu'il venait de voir était songe ou réalité, non-seulement il décida, en dormant, que c'était un songe, mais il en fit encore l'interprétation avant que le sommeil le quittât. Il jugea que le Dictionnaire ne voulait dire autre chose que toutes les sciences ramassées ensemble, et que le recueil de poésies intitulé *Corpus Poetarum*, marquait en particulier et d'une manière plus distincte la Philosophie et la Sagesse jointes ensemble, car il ne croyait pas qu'on dût s'étonner si fort de voir que les poètes, même ceux qui s'occupent de bagatelles, fussent pleins de sentences plus graves, plus sensées et mieux exprimées que celles qui se trouvent dans les écrits des Philosophes. Il attribuait cette merveille à la divinité de l'enthousiasme et à la force de l'imagination qui fait sortir les semences de la sagesse, qui se trouvent dans l'esprit de tous les hommes, comme les étincelles de feu des cailloux, avec beaucoup plus de facilité et beaucoup plus de brillant même que ne peut faire la raison dans les Philosophes (1). Descartes, continuant d'interpréter ce songe dans le sommeil, estimait que la pièce de vers sur l'incertitude du genre de vie qu'on doit suivre et qui commence par *Quod vitæ sectabor iter?* marquait le bon conseil d'une personne sage, ou même la théologie morale. Là-

---

(1) Cf. Inédits, I, 12.

dessus, doutant s'il rêvait ou s'il méditait, il se réveilla sans émotion et continua les yeux ouverts l'interprétation commencée. Par les poètes rassemblés dans le recueil, il entendait la révélation et l'enthousiasme dont il ne désespérait pas de se voir favorisé. Par la pièce de vers *est et non*, le ναὶ καὶ οὔ des Pythagoriciens, il comprenait la vérité et la fausseté dans les connaissances et les sciences profanes. Voyant que l'application de toutes ces choses réussissait si bien à son gré, il fut assez hardi pour se persuader que c'était l'esprit de vérité qui avait voulu lui ouvrir les trésors de toutes les sciences par ce songe; et, comme il ne restait plus à expliquer que les petits portraits en taille douce qu'il avait trouvés dans le second livre, il n'en chercha plus l'explication après la visite qu'un peintre italien lui rendit dès le lendemain.

» Ce dernier songe, qui n'avait rien eu que de fort doux et de fort agréable, marquait l'avenir, selon lui (1)... Mais il prit les deux précédents pour des avertissements menaçants touchant sa vie passée, qui pouvait n'avoir pas été aussi in-

---

(1) Nous abrégeons certains détails peu intéressants de cette interprétation.

nocente devant Dieu que devant les hommes... *La foudre dont il entendit l'éclat était le signal de l'esprit de vérité qui descendait sur lui pour le posséder...*

» Descartes nous assure qu'il avait passé le soir et toute la journée dans une grande sobriété, et qu'il y avait trois mois entiers qu'il n'avait bu de vin. Il ajoute que le génie qui excitait en lui l'enthousiasme dont il se sentait le cerveau échauffé depuis quelques jours, lui avait prédit ces songes avant qu'il se mît au lit, et que l'esprit humain n'y avait aucune part. »

Les méditations ardentes, l'ébranlement des grandes pensées, des grandes découvertes, ou des grands desseins, ont produit partout les mêmes phénomènes. Toutes les âmes héroïques qui se sont dévouées à des causes saintes, tous les réformateurs audacieux qui ont renouvelé la face du monde intellectuel et moral, ont cru entendre une parole du ciel, ont été persuadés que Dieu leur avait parlé et leur avait confié une mission. Ces âmes sublimes ne se sont pas trompées : Dieu, en effet, était avec elles et leur parlait, car il est avec tous ceux qui font faire un pas en avant à l'humanité ou qui se dévouent pour elle; c'est lui qui leur inspire les grandes pensées; c'est lui qui les soutient dans leurs efforts vers le vrai et vers le bien. Les apparitions qui se produisent alors, ou les voix qui se font entendre, et que le vulgaire des savants explique par l'hallucination, ne sont que la traduction dans le monde sensible, le signe, le reflet ou l'écho du fait réel qui se passe dans les profondeurs de l'âme et dans l'intimité de son commerce avec Dieu.

Descartes découvre donc alors la méthode applicable à toute science et en particulier à la mathématique; en voici les règles telles qu'il les formule lui-même :

« Au lieu de ce grand nombre de préceptes (1)
» dont la logique est composée, je crus, dit-il,
» que j'aurais assez des quatre suivants, pourvu
» que je prisse une ferme et constante résolution
» de ne manquer pas une seule fois à les ob-
» server.

» Le premier était de ne recevoir jamais au-
» cune chose pour vraie que je ne la connusse
» évidemment être telle ; c'est-à-dire, d'éviter
» soigneusement la précipitation et la prévention
» et de ne comprendre rien de plus en mes juge-
» ments que ce qui se présenterait si clairement et

(1) V. Disc. de la Méth., OEuvr., I, p. 141 sqq.

» si distinctement à mon esprit, que je n'eusse au-
» cune occasion de le mettre en doute.

» Le second, de diviser chacune des difficultés
» que j'examinerais en autant de parcelles qu'il se
» pourrait et qu'il serait requis pour les mieux
» résoudre.

» Le troisième, de conduire par ordre mes
» pensées, en commençant par les objets les plus
» simples et les plus aisés à connaître, pour mon-
» ter peu à peu, comme par degrés, jusques à la
» connaissance des plus composés, et supposant
» même de l'ordre entre ceux qui ne se précèdent
» point naturellement les uns les autres.

» Et le dernier, de faire partout des dénom-
» brements si entiers et des revues si générales,
» que je fusse assuré de ne rien omettre. »

Il ajoute :

« Ces longues chaînes de raisons, toutes sim-
» ples et faciles, dont les géomètres ont coutume
» de se servir pour parvenir à leurs plus diffi-
» ciles démonstrations, m'avaient donné occasion
» de m'imaginer que toutes les choses qui peuvent
» tomber sous la connaissance des hommes s'en-
» tresuivent en même façon, et que, pourvu
» seulement qu'on s'abstienne d'en recevoir au-
» cune pour vraie qui ne le soit, et qu'on garde

» toujours l'ordre qu'il faut pour les déduire les
» unes des autres, il n'y en peut avoir de si éloi-
» gnées auxquelles enfin on ne parvienne, ni de
» si cachées qu'on ne découvre. »

En attendant, puisque les géomètres seuls ont trouvé des démonstrations certaines, il s'applique aux mathématiques, pour accoutumer son esprit à se repaître de vérités et à ne se contenter point de fausses raisons.

Il a conçu alors la Mathématique dans toute sa généralité. S'il applique la langue de l'Algèbre aux lignes géométriques, c'est uniquement pour fixer son imagination, et il trouve dès-lors des formules générales qui s'appliquent aux rapports des grandeurs quelconques (1). En deux ou trois mois, il fit des progrès rapides et surprenants en mathématiques. Chaque vérité trouvée étant une règle qui servait ensuite à en découvrir d'autres, non-seulement il vint à bout de plusieurs qu'il avait jugées autrefois très-difficiles, mais il lui sembla encore, vers la fin, qu'il pouvait déterminer, en celles même qu'il ignorait, par quels moyens et jusqu'à quel point il était possible de les résoudre. Et même, comme il n'avait assujetti cette mé-

(1) V. I, 145 sqq.

thode à aucune matière particulière, il se promettait de l'appliquer aussi utilement aux difficultés des autres sciences qu'il avait fait à celles de l'Algèbre. En effet, cette méthode, au fond, n'est que le mouvement naturel et nécessaire de l'esprit humain pour arriver à la science; elle est l'esprit humain lui-même, discipliné et bien dirigé. Il n'entreprit pas pour cela d'examiner d'abord toutes les difficultés qui se présenteraient, car cela même eût été contraire à l'ordre qu'il s'était prescrit. Ayant pris garde que les principes des autres sciences devaient être tous empruntés à la Philosophie, en laquelle il n'en trouvait pas encore de certains, il pensa qu'il devait d'abord tâcher d'y en établir. Mais comme la précipitation et les préjugés sont ce qu'il y a de plus à craindre en une telle entreprise, il jugea aussi qu'il devait attendre pour se mettre à l'œuvre qu'il eût atteint un âge plus avancé que celui de vingt-trois ans qu'il avait alors; et qu'il devait s'y préparer lentement, en déracinant les erreurs de son esprit, en faisant amas d'expériences sur lesquelles il raisonnerait ensuite, et en s'exerçant toujours en sa méthode. Aussi, outre qu'il tâchait de conduire toujours ses pensées selon les règles qu'il s'était prescrites, il se réservait de temps en temps quelques heures qu'il employait particulièrement à pratiquer sa méthode en des difficultés de mathématiques, ou même aussi en quelques autres qu'il pouvait rendre presque semblables à celles des mathématiques; par exemple, en des difficultés de physique qu'il tâchait de résoudre en se plaçant en dehors des principes trop peu fermes enseignés dans les écoles. Il passa ainsi neuf années avant de commencer à chercher les fondements d'une Philosophie plus certaine que la vulgaire (1).

Ne peut-on pas dire que la modestie, la sagesse et la persévérance sont égales, dans ce jeune homme vraiment divin, à la profondeur de la pensée et à la hardiesse du génie?

Afin de ne pas demeurer irrésolu en ses actions, pendant que la raison l'obligerait à l'être en ses jugements, et de ne pas laisser de vivre le plus heureusement qu'il pourrait, il se forma dès-lors une morale par provision qui consistait en quatre maximes (2).

I. La première était d'obéir aux lois et coutumes de son pays, aux dogmes de la religion dans

---

(1) V. Disc. de la Méth., part. II et III.
(2) V. Disc., part. III.

laquelle il était né; de se gouverner en toutes choses suivant les opinions les plus modérées des gens les plus sensés de ceux avec lesquels il aurait à vivre, — car il commençait dès-lors à compter pour rien ses propres opinions; — de mettre parmi les excès à éviter toutes les promesses par lesquelles on retranche quelque chose de sa liberté, sans cependant blâmer la sage prévoyance des lois qui, pour remédier à l'inconstance des esprits faibles, permettent qu'on fasse des vœux et des contrats.

II. La seconde maxime était d'être le plus ferme et le plus résolu qu'il pourrait en ses actions, car les actes de la vie ne souffrant souvent aucun délai, c'est une vérité très-certaine que lorsqu'il n'est pas en notre pouvoir de discerner les plus vraies opinions, nous devons suivre les plus probables, ou en choisir une parmi celles qui le sont également, et y conformer notre conduite, imitant en ceci les voyageurs qui se trouvant égarés en quelque forêt, ne doivent pas errer en tournoyant tantôt d'un côté, tantôt d'un autre, ni encore moins s'arrêter en une place, mais marcher toujours le plus droit qu'ils peuvent vers un même côté, et ne le changer point pour de faibles raisons.

III. La troisième était de tâcher de se vaincre plutôt que la fortune, et de changer ses désirs que l'ordre du monde; en général de s'accoutumer à croire qu'il n'y a rien qui soit en notre pouvoir que nos pensées, et de faire de nécessité vertu. Mais il avoue ici qu'il est besoin d'un long exercice et d'une méditation souvent réitérée pour s'accoutumer à regarder de ce biais toutes les choses, et il croit que c'est principalement en ceci que consistait le secret de ces philosophes qui ont pu autrefois se soustraire à l'empire de la fortune, et, malgré les douleurs et la pauvreté, disputer de félicité avec les dieux.

IV. Pour dernière maxime et conclusion de cette morale, il pense, après avoir passé en revue les diverses occupations des hommes, ne pouvoir mieux faire que d'employer toute sa vie à cultiver sa raison et d'avancer autant qu'il le pourrait dans la connaissance de la vérité, suivant la méthode qu'il s'était prescrite.

Il observe lui-même, à propos de ces maximes, que Dieu nous ayant donné quelque lumière pour discerner le vrai d'avec le faux, il n'eût pas cru devoir se contenter un seul instant des opinions d'autrui, s'il ne se fût proposé d'employer son jugement à les examiner lorsqu'il serait temps; et qu'il n'aurait pu s'exempter de scrupule en les suivant, s'il n'avait espéré de ne perdre aucune occasion d'en trouver de meilleures en cas qu'il y en eût.

« Après m'être ainsi assuré de ces maximes, nous dit-il, et les avoir mises à part avec les vérités de la foi qui ont toujours été les premières en ma créance, je jugeai que pour tout le reste de mes opinions, je pouvais librement entreprendre de m'en défaire, et d'autant que j'espérais en pouvoir mieux venir à bout en conversant avec les hommes qu'en demeurant plus longtemps renfermé *dans ce poêle où j'avais eu toutes ces pensées*, l'hiver n'était pas encore bien achevé que je me remis à voyager. »

Le souvenir de cette petite chambre close ne s'effaça plus de sa mémoire ; il y avait fait la découverte la plus grande et la plus importante qu'ait à enregistrer l'histoire de l'esprit humain, et il y avait éprouvé de si extrêmes contentements, depuis qu'il avait commencé à se servir de sa Méthode, qu'il ne croyait pas qu'on en pût recevoir de plus doux ni de plus innocents en cette vie (1). La satisfaction qu'il éprouvait de ses découvertes

---

(1) V. Disc. de la Méth., part. II et III.

remplissait tellement son âme, que tout le reste ne le touchait point. Rien, en effet, ne dépasse en douceur les joies que procure la découverte et la contemplation de la vérité. La vie divine est la vie de l'intelligence.

Dans sa retraite, il avait entendu parler des *Rose-Croix*. Il racontait lui-même dans un ouvrage manuscrit que Baillet a eu entre les mains (1) et dont nous parlerons plus bas, qu'on lui avait fait des éloges surprenants de cette confrérie mystérieuse. Les Rose-Croix, lui disait-on, savaient tout, et promettaient aux hommes la science véritable. Dans la situation d'esprit où il était, il devait désirer de les connaître. Il se mit donc à leur recherche pour les démasquer si c'étaient des imposteurs, pour profiter de leur savoir s'il était réel ; mais il déclare qu'il ne put en rencontrer aucun. Cette déclaration étonne, car il leur dédia ou voulut leur dédier l'ouvrage dont voici le titre (2) : *Polybii cosmopolitani thesaurus mathematicus*. Trésor mathématique de Polybius le cosmopolite.

« En montant, dit-il dans son Journal [1619-

---

(1) Le *Studium bonæ mentis*. V. chap. suiv.
(2) V. Inédits, au commencement.

» 1620], sur le théâtre du monde (1), où je n'ai été
» jusqu'ici que spectateur, je fais comme les ac-
» teurs que l'on prévient de paraître en scène, je
» mets un masque. » Ce masque est celui de Polybius le cosmopolite.

Le titre est suivi, selon la mode du temps et selon celle des Rose-Croix (2), d'une sorte d'annonce que nous traduisons :

« Ouvrage dans lequel on donne les vrais
» moyens de résoudre toutes les difficultés de
» cette science, et on démontre que relativement
» à elles l'esprit humain ne peut aller plus loin ;
» pour provoquer l'hésitation ou bafouer la témé-
» rité de ceux qui promettent de nouvelles mer-
» veilles dans toutes les sciences ; et en même
» temps pour soulager dans leurs fatigues pé-
» nibles les Frères de la Rose-Croix, qui, enlacés
» nuit et jour dans les nœuds gordiens de cette
» science, y consument inutilement l'huile de
» leur génie ; dédié de nouveau aux savants du
» monde entier et spécialement aux très-illustres
» Frères Rose-Croix d'Allemagne. »

En pesant avec attention ces paroles, il paraît

---

(1) V. Inédits, au commencement.
(2) V. Œuv. d'Andreæ, fondateur ou restaurat. de la soc. des R.-C.

difficile d'admettre que Descartes ne connut point particulièrement quelques Rose-Croix. Cependant les membres de cette société faisaient serment d'en cacher l'existence, excepté à celui qu'ils choisissaient pour successeur; ils en parlaient toujours comme par ouï-dire, en se défendant d'en faire partie; et il est possible que Descartes n'ait pu percer le voile mystérieux dont ils s'enveloppaient. Mais il est possible aussi que ce voile se soit soulevé pour lui et qu'il n'ait pas voulu le faire savoir. Lorsqu'il revint à Paris, on l'accusa non-seulement de les avoir parfaitement connus, mais de faire partie de leur confrérie. Il nia toujours. Mais que prouvent ses dénégations, si le premier devoir des Rose-Croix, en ces temps d'ignorance et de fanatisme, était de garder le secret, et s'ils s'y engageaient par serment? Je ne veux trancher la question ni dans un sens ni dans l'autre; mais j'avoue que lorsque je compare les écrits de Descartes aux projets et aux programmes tracés par Andreæ, le fondateur, ou le chef, à cette époque, des Frères de la Rose-Croix, surtout lorsque je réfléchis à sa conduite prudente et soumise envers l'Eglise, je suis tenté de croire qu'il faisait partie de la mystérieuse confrérie, dont le but principal était d'opérer l'union de la Science et de la Religion.

Quoi qu'il en soit, le *Trésor Mathématique* dans lequel il enseignait évidemment ses premières découvertes en Analyse, ne fut jamais publié (1), peut-être même jamais achevé, bien que l'on trouve dans son Journal la promesse suivante : « Avant Pâques, je terminerai tout à fait mon » Traité, et, si j'ai assez de livres et qu'il m'en » paraisse digne, je le publierai comme je le pro- » mets aujourd'hui, 20 septembre 1620. » Il fait en même temps le vœu d'accomplir « un pèleri- » nage à Notre-Dame de Lorette, à pieds, à partir » de Venise si cela est possible et si c'est la cou- » tume, sinon avec une dévotion égale à celle des » plus pieux pèlerins. »

Au mois de juin précédent, Descartes était à Ulm, où des ambassadeurs français étaient arrivés pour offrir la médiation du Roi de France aux princes catholiques et protestants : il avait voulu revoir des personnes de son pays et observer en même temps la nature humaine dans les jeux complexes de la diplomatie. Il resta dans cette ville après le départ des ambassadeurs (6 juillet) pour converser avec quelques savants dont il avait fait la connaissance. Le plus connu de ces savants

---

(1) V. Note de M. Foucher de Careil, à la fin du vol. I des Inédits.

est Faulhaber, qui lui demanda dès les premiers jours s'il avait entendu parler de l'analyse des géomètres (celle de Platon). Descartes répondit que oui. Pourriez-vous, reprit Faulhaber, résoudre quelques problèmes que je vous proposerais. Descartes répondit encore affirmativement avec la même assurance et la même simplicité. Le prenant pour un jeune présomptueux, Faulhaber se mit à sourire et lui cita quelques vers de Plaute, pour lui faire comprendre qu'il le comparait au *miles gloriosus*. Descartes alors lui porta défi, et Faulhaber, après quelques questions vivement résolues par son adversaire, dut faire comme Beeckman dans une occasion semblable, et reconnaître la science du jeune volontaire. Il lui montra alors un livre allemand qu'il venait de composer sur l'Algèbre, et qui contenait des questions que l'auteur proposait aux savants d'Allemagne. La promptitude et la facilité avec laquelle Descartes donnait la solution de celles qui lui tombaient sous les yeux en feuilletant le livre, causa une vive surprise à Faulhaber. Mais il fut bien autrement étonné quand le jeune homme lui indiqua les théorèmes généraux qui devaient servir à la solution de ces sortes de questions. Faulhaber, confondu, fut obligé d'avouer son ignorance.

Quelque temps après, un mathématicien de Nuremberg, Pierre Roten, fit paraître les solutions qu'il avait trouvées aux questions proposées par Faulhaber, et convia celui-ci à en résoudre d'autres qu'il lui proposait à son tour. Faulhaber eut recours à la science de Descartes pour des problèmes qui lui paraissaient presque insolubles, et il acheva de se convaincre qu'il n'y avait pas de difficulté à l'épreuve de son puissant génie.

Au mois de septembre, Descartes partit pour Vienne, avec l'intention de se rendre de là à Venise, et, comme nous l'avons vu, de Venise à Lorette.

Mais les catholiques et les protestants étaient sur le point d'en venir aux mains en Bohême. Le désir d'assister à une grande bataille, ou peut-être un appel de son général, le fit changer de résolution ; il quitta brusquement Vienne où il avait vu, paraît-il, la cour de l'empereur (1), et se rendit droit au camp du duc de Bavière qui avait réuni ses troupes à celles du comte de Bucquoy, et opérait avec lui en Bohême. D'après Borel, il prit part à la bataille de Prague que les catholiques gagnèrent sur les protestants le 9 novembre 1620,

---

(1) V. Baillet, I, p. 67, 90, 91.

et entra dans la ville avec l'armée victorieuse. Si ce récit est vrai, Descartes possédait au même degré qu'Archimède le pouvoir de s'abstraire du tumulte du monde extérieur. Au milieu d'une ville prise de vive force et livrée aux vengeances d'une soldatesque furieuse et fanatisée, il fit, en effet, une découverte qu'il qualifie lui-même d'admirable. Il note dans son Journal (1) : « xi novem-
» bris 1620 : » Cœpi intelligere fundamentum in-
» venti mirabilis : Le 11 novembre 1620, j'ai com-
» mencé à comprendre le fondement d'une inven-
» tion merveilleuse. » Laquelle? On ne sait. Selon les traditions de ses disciples, c'est à cette époque qu'il découvrit le moyen de construire d'une manière générale, à l'aide d'une parabole, toutes sortes de problèmes solides réduits à une équation du troisième ou du quatrième degré; et il est possible qu'il fasse ici allusion à cette découverte. Il est possible aussi qu'il s'agisse de quelque belle invention analytique, comme de la méthode des *indéterminées qui*, selon Carnot (2), «est si admi-
« rable qu'elle touche à l'analyse infinitésimale,
» et que l'analyse infinitésimale n'est qu'une

---

(1) V. Inédits, au commencement.
(2) Métaphys., du Calcul diff. et int., p. 98 et 119.

» heureuse application de la méthode des *indé-*
» *terminées.* » Nous n'avons rien pu découvrir de
positif sur ce point. Une copie complète du Cahier de Descartes, ou le Cahier autographe lui-même, pourrait seul nous tirer d'incertitude.
Néanmoins, j'incline à croire qu'il veut rappeler
ici l'idée ingénieuse et profonde qui a donné toute
sa fécondité à l'Analyse, celle d'exprimer une
courbe par une équation entre deux coordonnées,
c'est-à-dire par la notation algébrique du rapport
constant qui lie deux variables. En tout cas, il faut
bien remarquer qu'il ne s'agit plus ici, comme
le 10 novembre 1619, d'une *science* nouvelle,
mais d'une invention spéciale, *inventum.* Le 10
novembre 1619, Descartes avait découvert l'application de l'Algèbre à la Géométrie, et la Méthode applicable à toutes les sciences ; le 11 novembre 1620, à un an et un jour de distance, il
trouva le fondement d'une invention admirable ;
et il voulut rapprocher ces deux dates sur son
Cahier, car la seconde est écrite en marge de la
première et d'une encre plus récente (1).

« A Prague, il songea à Tycho-Brahé, comme
» plus tard un autre soldat philosophe, Vauve-

(1) V. Inédits et Baillet, I, 51.

» nargues, y songea à Descartes (1). » Il se mit à la recherche des instruments du grand astronome; mais ils avaient été pillés et dispersés l'année précédente, et il n'en restait plus un seul à Prague. Dans cette ville toute pleine des souvenirs de Tycho et de son disciple de génie, Képler, Descartes trouva des savants avec qui il put s'entretenir, et il y resta pendant les six semaines qu'y séjourna l'armée catholique. Il prit ensuite ses quartiers d'hiver, avec une partie des troupes du duc de Bavière, sur les frontières méridionales de la Bohême, et passa la mauvaise saison à méditer et à travailler, comme l'hiver précédent, avançant dans les mathématiques, et se servant de ces sciences comme d'une clé pour pénétrer dans les secrets de la nature (2).

A la fin de mars 1621, il passa dans l'armée du comte de Bucquoy, chargé de soumettre Betlen Gabor et les Hongrois révoltés. Descartes n'ambitionnait pas la gloire militaire, il prenait le mousquet comme un passeport qui lui donnait accès sous les tentes et au fond des tranchées. L'armée, dont il faisait partie, accomplit

---

(1) Bouillet, Hist. de la phil. cart., I, p. 32.
(2) V. Epitaphe de Desc., par Chanut; Baillet, vol. II, vers la fin.

d'abord une marche victorieuse jusqu'au cœur du pays, mais bientôt la mort du comte de Bucquoy la força à revenir en arrière. Descartes l'accompagna dans cette retraite pénible, puis résolut de quitter le métier de soldat, et de voyager seul pour compléter cette éducation pratique et virile qui profite autant à l'esprit qu'au caractère, et qu'on ne se donne qu'en fréquentant des hommes de diverses humeurs et conditions, et qu'en s'éprouvant soi-même en toutes sortes de rencontres.

Avant de le suivre dans cette nouvelle période de sa vie, nous devons donner l'analyse du Cahier-Journal dans lequel il avait consigné le souvenir des découvertes et des pensées fécondes des années 1619, 1620 et 1621. Cette analyse sera le complément naturel du présent chapitre.

Ce Cahier comprenait les ouvrages ou essais dont les titres suivent :

1°. *Parnassus.* Etudes mathématiques. C'était le premier et le principal des morceaux contenus dans ce cahier; il en restait 36 pages à l'époque de Baillet.

2°. *Considérations sur les sciences en général.*

3°. *Quelque chose de l'algèbre.*

4°. *Democritica*. On peut croire, à défaut de renseignements précis, que ce sont des pensées sur la physique.

5°. *Experimenta*. D'après un passage cité par Baillet, et dans lequel Descartes racontait le danger qu'il avait couru sur les côtes de Frise, il est évident que les expériences dont il s'agit ici, sont de l'ordre moral et physiologique, et qu'elles se rapportent à ce que l'auteur dit, dans le *Discours de la Méthode*, de son dessein de s'éprouver lui-même dans les rencontres que la fortune lui proposerait.

6°. *Præambula*, avec l'épigraphe : *Initium sapientiæ timor Domini*. Ce titre paraît indiquer un recueil de règles morales. Peut-être Descartes donnait-il là un premier essai des règles provisoires de conduite que nous trouvons dans la troisième partie du *Discours de la Méthode*.

7°. *Olympica*. Traité sous forme de discours, dans lequel l'auteur résumait ses premières idées sur la méthode applicable à toutes les sciences, et sur le langage, et racontait dans quelles circonstances ces idées lui étaient venues à l'esprit. A l'exception de quelques rares passages, tous ces petits traités étaient écrits en latin, comme le

Compendium musicæ et les autres ouvrages de la jeunesse de l'auteur.

Ce Cahier, après avoir pris un bain au fond de la Seine avec les autres manuscrits de Descartes, qui revenaient de Suède, fut remis aux mains de Clerselier qui le fit voir à diverses personnes, et entre autres à Leibnitz. Celui-ci, étant à Paris en 1676, copia chez Clerselier, non pas tout ce qui restait de ce Cahier, comme paraît le croire M. Foucher de Careil, mais seulement quelques fragments. Baillet, en effet, qui l'avait eu aussi entre les mains, en cite beaucoup d'autres passages, et —ce qui est très-important pour nous—indique les titres auxquels ils se rapportent et qu'on ne retrouve pas dans la copie de Leibnitz. Celui-ci ne fit donc que des extraits auxquels il donna le titre général, fort peu justifié, de *R. Cartesii Cogitationes privatæ*. Quoi qu'il en soit, cette copie est précieuse, et l'historien de la philosophie doit de la reconnaissance à celui qui l'a tirée de la poussière de la Bibliothèque royale de Hanovre pour la donner au public (1). Elle est, avec les fragments cités par Baillet, tout ce qui nous

---

(1) Inédits de Desc., publiés par M. Foucher de Careil, vol. I. Cf. Baillet, I, p. 45-111.

reste actuellement du Journal auquel Descartes confia les pensées fécondes de sa jeunesse. Nous avons fait de nombreux et inutiles efforts pour le retrouver. En attendant qu'un heureux hasard nous rende ce Cahier, qui ne peut être perdu, nous avons, d'après une étude attentive des fragments, et en vue d'une édition future, replacé les diverses pensées sous les titres auxquels on peut les rapporter naturellement. En l'absence du manuscrit autographe, cette mise en ordre, si elle n'est pas toujours parfaitement exacte, aura du moins l'avantage de classer selon leurs affinités naturelles des idées dont le décousu choque et fatigue dans la copie de Leibnitz, et nous empêche de nous rendre bien compte de la pensée de Descartes à cette époque. Dans cette reconstruction, les extraits de Leibnitz seront complétés et éclairés par les citations empruntées à Baillet. C'est d'après ce travail inédit que nous donnerons l'analyse du Cahier de Descartes.

1°. PARNASSUS (1).

Descartes aimait la poésie. Il pense que les mathématiques ont aussi besoin de muses, puis-

---

(1) V. chap. précédent, à la fin.

qu'elles ne peuvent se passer d'inspiration, et voilà pourquoi, sans doute, il intitule *Parnassus* un recueil de recherches mathématiques.

Un mathématicien d'un esprit ingénieux (1) lui propose de déterminer *à priori* les lois de la chute des corps, en supposant la pesanteur une force accélératrice constante. Descartes trouve aussitôt la solution de la question. Voici l'esprit de cette solution dans laquelle on trouve une application heureuse de la géométrie à une question de calcul.

Descartes prend un triangle rectangle A B C.

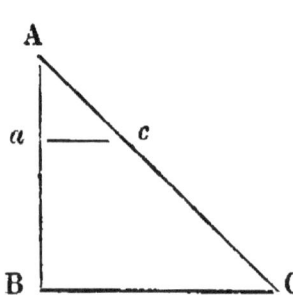

On peut supposer ce triangle engendré par le mouvement d'une droite $a\,c$ qui se meut toujours parallèlement à elle-même en appuyant une de ses extrémités sur la directrice A B et en s'accroissant à chaque instant égal d'une quantité égale. Le triangle engendré représentera l'espace parcouru; et, par conséquent, les espaces parcourus sont proportionnels aux carrés des temps, puisque les triangles sont entr'eux comme les carrés des hauteurs. On a de plus $e = g\frac{t^2}{2}$.

Mais évidemment ces lois ne sont vraies que

---

(1) V. Inédits, I, 16.

pour une force accélératrice constante, et c'est la supposition d'où partent Descartes et le mathématicien inconnu. Mais la pesanteur est-elle une force accélératrice constante; voilà ce que l'expérience seule peut dire.

Descartes détermine, après Galilée et plusieurs autres, le cadre *à priori* de toute force accélératrice constante; la pesanteur rentre-t-elle dans ce cadre? A Galilée seul revient la gloire d'avoir établi expérimentalement qu'il en est ainsi. Cette démonstration expérimentale avait été faite trente ans auparavant à la tour penchée de Pise (1). Mais comme toute démonstration du même genre, celle-ci ne pouvait être qu'une approximation de la vérité, et par le fait elle n'est pas exactement conforme à la réalité, puisque la pesanteur n'est qu'un cas particulier de l'attraction universelle, et que l'accroissement de vitesse s'accroît lui-même à chaque instant. Néanmoins, à de petites distances de la surface de la terre, les lois de Galilée sont suffisamment exactes, et elles sont une des plus heureuses découvertes de cet éminent génie. Mais Galilée attaquait la philosophie d'Aristote, et les Jésuites, qui enseignaient un péripa-

(1) V. l'Introd.

tétisme dégénéré et étroit, ne parlaient pas à leurs élèves des lois de la chute des graves (1), qui contrariaient les idées reçues dans l'école.

Examinant ensuite la résistance de l'air, Descartes admet qu'elle s'accroît avec la vitesse du mobile, et qu'il arrivera un moment où la vitesse ne s'augmentera plus, erreur que plus tard il reconnaîtra et réfutera lui-même (2).

Comme son esprit se plaît dès lors à planer au-dessus du particulier, il donne rapidement, et comme en se jouant, les idées générales qui dominent la matière.

« Jetons, dit-il (3), les fondements de cette
» science. Un mouvement uniforme sera repré-
» senté par une ligne ou un rectangle, ou un
» parallélogramme ou un parallélipipède; un
» mouvement qui s'accroît par l'effet d'une
» seule cause sera représenté par un triangle; si
» par deux, on prendra une pyramide; si par
» trois, d'autres figures. » Et il cherche alors à déterminer les lignes courbes qui peuvent servir

---

(1) On admettait encore alors dans la physique des Jésuites, que les vites-es sont proportionnelles aux poids.
(2) V. OEuvres, VI, p. 77.
(3) V. Inédits, I, 20, 21.

à la solution de ces problèmes et de certaines questions numériques ou algébriques, comme celle des intérêts composés.

Il explique ensuite assez bien le paradoxe hydrostatique que Beeckman, d'après les Inédits, se vantait d'avoir proposé, non-seulement à Descartes, mais à Stévin. Celui-ci, dans son Hydrostatique (1), qui fait partie de sa Mécanique, avait démontré, dès 1585, le paradoxe hydrostatique, Beeckman lui aurait-il donc proposé cette question dans sa jeunesse? S'il ne s'est pas vanté, c'est là un titre de gloire dont il faut lui tenir compte.

La réflexion qui se présente lorsqu'on voit Descartes s'exercer pour la première fois à la solution de questions de Physique mathématique, résolues trente ans auparavant par des hommes de génie et de réputation, c'est que la piètre physique des Jésuites avait fait de Descartes un ignorant en cette science, et qu'il a eu raison de se plaindre du peu de solidité des connaissances qu'il avait puisées chez eux (2).

(1) V. Montucla, II, p. 17.
(2) On n'a pas assez remarqué que les traits décochés dans le Discours contre la philosophie sont surtout à l'adresse de la *philosophie naturelle*, c'est-à-dire, de la physique.

« Isaac de Middelbourg, continue Descartes, m'a
» demandé si une corde A C B, fixée aux clous a
» et b, prendra la forme
» d'une section conique.
» Je n'ai pas le loisir de
» chercher cela maintenant. »

« Précédemment, dit M. Foucher de Careil (1), Galilée avait cru que ce serait la forme d'un arc de parabole. Descartes ne se prononce pas. Plus tard, à l'aide du calcul infinitésimal, Leibnitz et son ami Jacques Bernouilli reconnurent que Galilée s'était trompé, et que ce n'était ni un arc de parabole ni une autre conique. » Cette courbe qu'affecte un fil pesant, librement suspendu par ses deux extrémités, s'appelle *chaînette*; elle a des propriétés curieuses en mécanique théorique. On en fait un fréquent usage en architecture (2).

Si Descartes a échoué sur cette question, pour laquelle les méthodes n'étaient pas encore assez avancées, il a réussi sur beaucoup d'autres. Nous remarquons, entr'autres solutions heureuses, qu'il

---

(1) V. Inédits, I, p. 20, 21 et 158.

(2) On peut voir, relativement à cette courbe curieuse, les *Acta eruditorum* de juin 1691, le *Commercium philosophicum et mathematicum Leibnitii et Bernoullii*, I, 47, 56, etc. Grégory s'exerça aussi sur cette courbe. V. même ouvrage, I, 587; II, 29, etc.

nous donne la valeur du rayon du cercle circonscrit au triangle en fonction des trois côtés et de l'aire : $R = \frac{a\,b\,c}{4\,e}$ (1).

Viennent ensuite plusieurs propositions sur le tétraèdre qui lui font le plus grand honneur (2).

Nous y trouvons le théorème connu sous le nom de Tinseau, *dans le tétraèdre rectangle le carré de la base est égal au carré des trois faces prises ensemble*, qui est, pour le tétraèdre rectangle, ce que le théorème de Pythagore, dont il se déduit du reste, ainsi que le remarque Descartes, est pour le triangle rectangle. Or Tinseau n'ayant donné son théorème qu'en 1774, on voit que l'honneur de la découverte première revient à Descartes qui l'avait faite plus d'un siècle et demi auparavant.

Il invente aussi alors divers compas géométriques (3) pour résoudre des équations, pour prendre deux moyennes proportionnelles, pour diviser un angle en autant de parties que l'on voudra, pour tracer des lignes courbes de tous les degrés par une suite de mouvements liés entre eux, et

---

(1) Inédits, I, p. 37.
(2) V. Inédits, I, 52, et M. Prouhet, art. déjà cités.
(3) V. Inédits, I, p. 38-43. Cf. Géométrie, V, p. 356.

qui, non-seulement permettent à l'analyse de déterminer facilement leurs propriétés, mais dévoilent pour ainsi dire au regard le secret de leur génération.

2°. CONSIDÉRATIONS SUR LES SCIENCES EN GÉNÉRAL.

« La science, dit Descartes (1), est comme une
» femme; si elle reste chaste auprès de son mari,
» elle est honorée ; si elle se donne à tous, elle
» s'avilit. » Cette pensée peut servir d'avis utile aux vulgarisateurs modernes qui, voulant mettre la science à la portée de tout le monde, la font descendre au niveau des ignorants.

Mais la science vraie et sévère, dira-t-on, est difficile à apprendre, plus difficile encore à retenir.

« Pour celui qui voit à fond l'enchaînement
» des sciences, répond Descartes, il ne sera pas plus
» difficile de les conserver dans sa mémoire que
» de retenir la série des nombres. »

» J'ai songé, dit-il encore (2), que je pouvais
» facilement embrasser dans mon imagination

---

(1) V. Inédits, I, p. 4.
(2) Inédits, I, p. 52.

» tout ce que j'avais découvert. Cela se fait en
» ramenant les choses à leurs causes, et, comme
» toutes les causes se ramènent à une seule, il est
» évident qu'il n'y a pas besoin de mémoire dans
» les sciences.

Laplace (1) peut servir ici de commentateur à Descartes :

« Nous devons envisager l'état présent de l'u-
» nivers, dit-il, comme l'effet de son état anté-
» rieur et comme la cause de celui qui va suivre.
» Une intelligence qui, pour un instant donné,
» connaîtrait toutes les forces dont la nature est
» animée, et la situation respective des êtres qui
» la composent, si d'ailleurs elle était assez vaste
» pour soumettre ces données à l'analyse, *em-
» brasserait dans la même formule* les mouve-
» ments des plus grands corps de l'univers et
» ceux du plus léger atome; rien ne serait incer-
» tain pour elle, *et l'avenir comme le passé
» serait présent à ses yeux.* L'esprit humain
» offre, dans la perfection qu'il a su donner à
» l'astronomie, une faible esquisse de cette intel-
» ligence. Ses découvertes en mécanique et en

---

(1) V. Laplace, OEuvr. compl., éd. de 1847, tome VII, Introd., p. vi et vii.

» géométrie, jointes à celles de la pesanteur uni-
» verselle, l'ont mis à portée de comprendre dans
» les mêmes expressions analytiques les états pas-
» sés et futurs du système du monde... Tous ses
» efforts dans la recherche de la vérité tendent à
» le rapprocher sans cesse de l'intelligence que
» nous venons de concevoir, mais dont il restera
» toujours infiniment éloigné. »

Descartes, comme Laplace, nous parle donc ici d'un modèle idéal que nous ne réaliserons jamais. Cependant Dieu (cette Intelligence que nous venons de concevoir et dont nous resterons toujours infiniment éloignés), Dieu étant donné, tout peut se déduire de sa perfection infinie, et c'est ce que maintient Descartes, plus profond ici que Laplace.

Pour lui l'univers est une œuvre pensée. Il admet en même temps qu'il y a trois choses qui échappent à cet enchaînement logique et nécessaire des choses, et reconnaît trois miracles : la création *ex nihilo*, le libre-arbitre et l'homme-Dieu (1).

3°. QUELQUE CHOSE DE L'ALGÈBRE.

Le seul fragment d'Algèbre que contiennent les

(1) V. Inédits, I, p. 24.

Inédits est une règle générale pour les équations complètes de quatre termes, que nous ne pouvons comprendre faute d'avoir la clé des signes dont l'auteur se sert, et des nombres particuliers sur lesquels il opère. M. Prouhet ne paraît pas avoir été plus heureux que nous.

4°. DÉMOCRITICA.

Descartes reconnaît-il déjà que la nature est soumise aux lois nécessaires des mathématiques? Non; car il se cherche encore lui-même. Dans cette jeune tête, d'où le génie déborde, l'idée-mère qui doit relier toutes les autres dans un vaste système de philosophie naturelle, n'est pas encore fixée. Le Cahier que nous analysons contient des traces d'hésitation entre des principes contraires. Il trouve par intervalle des idées supérieures à celle de la physique vulgaire, plus souvent il répète les notions vagues qu'il a recueillies de ses maîtres. Un homme nouveau cherche à se dégager de l'ancien. Descartes ressemble alors au lion de Milton.

Plus tard, il fera de la matière une substance inerte dont l'essence est l'étendue et qui reçoit primitivement de Dieu une certaine quantité de mou-

vement dont la distribution varie, mais qui reste toujours égale à elle-même. En 1620, la matière n'est point encore réduite à ses yeux à cet état d'inertie et de mort qui laisse la mécanique régner en souveraine sur sa poussière éteinte. Il écrit cette pensée qui semble appartenir moins à la Physique de Démocrite qu'à celle d'Empédocle ou de Parménide (1) : « Una est in rebus
» activa vis, amor, charitas, harmonia : il n'y
» a qu'une seule force active dans les choses, l'a-
» mour, l'amitié, l'harmonie (2). »

Il pense que le principe actif, l'amour, détruirait le monde s'il n'était contre-balancé par un principe contraire. « Aussi, ajoute-t-il, il y a plus
» de parties froides que de chaudes, et d'humides
» que de sèches; sans cela l'élément actif eût
» trop tôt remporté la victoire et le monde n'au-
» rait pas duré longtemps. » On voit combien il est loin alors de l'excessive mais lumineuse simplicité de sa Physique.

Il ne fait pas encore des animaux de pures machines, il dit seulement : « La perfection

---

(1) V. Mullach, *Fragm. phil. græc.*, p. 1 sqq., 127 sqq., 350 sqq., 387 sq.

(2) Inédits, I, p. 14.

» extraordinaire qu'on remarque dans certaines
» actions des animaux, fait soupçonner qu'ils
» n'ont pas de *libre arbitre.* » Ce n'est que
vers 1623 ou 1625 que Descartes paraît s'être
arrêté décidément à l'idée de l'automatisme des
bêtes (1).

Cependant il s'achemine lentement, mais sûrement vers le mécanisme. Voici, en effet, une pensée qu'il semble avoir traduite plus tard pour la transporter dans sa *Dioptrique* (2). « Lux quia non
» nisi in materia potest generari, ubi plus est
» materiæ, ibi facilius generatur, cæteris pa-
» ribus, etc. : La lumière ne pouvant être engen-
» drée que dans la matière, s'engendre plus ai-
» sément, toutes choses égales d'ailleurs, là où
» il y a une plus grande quantité de matière, et
» par conséquent, elle pénètre mieux dans un
» milieu plus dense que dans un milieu plus
» rare; d'où il suit que la réfraction se fait
» dans ce dernier en s'éloignant de la perpendi-
» culaire, et dans l'autre en s'en rapprochant. »
Descartes explique mal un fait très-certain ; mais

---

(1) V. plus bas, p. 128, et Analyse des Règles pour la direction de l'esprit.

(2) V. Inédits, I, p. 47. Cf. Dioptr., disc. 2, vol. V, p. 24 sqq.

peu importe pour le moment; ce que nous voulons seulement faire ressortir, c'est la tendance qui le portait dès-lors aux explications mécaniques.

5°. EXPERIMENTA.

ET

6°. PRÆAMBULA.

(Initium sapientiæ timor Domini.)

Si les *Præambula*, comme je le suppose d'après le mot lui-même et d'après l'épigraphe, contenaient des règles de conduite par provision, ils nous font passer du groupe des sciences mathématiques et physiques à celui des sciences morales; et les *Experimenta* appartenaient au même ordre de connaissances, puisqu'ils contenaient, ainsi qu'on l'a vu plus haut, des expériences de l'ordre moral.

Dans l'état actuel, ces deux parties du Cahier sont à peu près vides. Voici cependant quelques pensées qu'on y peut glaner.

« Il y a dans tout esprit certaines parties qui,
» touchées même légèrement, excitent des pas-
» sions fortes »

» On peut ramener les maximes des Sages à
» un très-petit nombre de maximes générales (1). »

» J'observe que, dans la tristesse ou le danger,
» ou bien quand j'ai des affaires désagréables,
» mon sommeil est profond et ma faim canine :
» mais si la joie me détend, je ne mange ni ne
» dors (2). »

7°. OLYMPICA.

Avec les fragments qui nous restent des *Olympiques*, nous planons au-dessus des sciences particulières ; nous sommes transportés dans le domaine de la Logique et du Langage, et par conséquent dans une région commune à toutes les sciences et en face de questions qui les intéressent toutes au plus haut degré. Quelle est la nature du langage ? Quels sont ses rapports avec la pensée (3) ?

---

(1) C'est ce qu'il a montré en effet dans plusieurs de ses écrits. Cf. Disc. de la Méth., part. III ; Lettres à la princesse Elizabeth, sur le souverain bien, IX, p. 210 sqq. ; Lettre à la reine Christine, sur le même sujet, vol. I de l'éd. de Clerselier et de celle de 1724, lettre 1.

(2) V. Inédits, I, p. 6 et *passim*. V. aussi plus bas, le récit du danger que courut Descartes près des côtes de Frise.

(3) V. Inédits, I, p. 11, 12 sqq. et *passim*. Cf. Max Muller, Lec-

Descartes, dans la solution de ces questions, a devancé la linguistique contemporaine, et peut encore lui prêter une lumière utile. Cela ne doit pas étonner, puisque ce grand génie a créé lui-même une langue et la plus parfaite des langues, l'Analyse des modernes.

Ici nous adoptons, comme plus favorable au développement des idées profondes de Descartes, la forme de la dissertation, de préférence à celle de l'exposition et de l'analyse, et nous rejetons en note les fragments que nous expliquons.

Le langage n'est pas le produit de la sensation ; il est l'œuvre de la raison. Les premiers mots, les premières racines, désignent des notions rationnelles de l'ordre mathématique, sortes de cadres *à priori* (*figuræ*), qui, une fois étiquetés, servent à contenir et à nommer les objets sensibles (*corpora*). Ceux-ci, en effet, sont désignés d'après les formes ou cadres *à priori* dans lesquels ils rentrent. Sans ces *formes*, les objets matériels peuvent bien être *sentis*, ils ne peuvent être *connus ;* sans les signes qu'*elles* reçoivent *ils* ne peuvent

---

tures on the science of language, first series, lectures 7, 8, 9 ; second series, lect. 2, 7, 8. V. aussi plus bas le chap. Desc., Savant universel.

être nommés. Il faut que l'homme, par exemple, ait désigné et comme incarné dans des racines primitives les notions *à priori* de *droit*, de *courbe*, de *mouvement*, de *repos*, d'*ici*, de *là*, d'*en deçà*, d'*au delà*, d'*un*, de *plusieurs*, etc., pour pouvoir ensuite nommer les objets sensibles d'après les notions *à priori* et les combinaisons de ces notions qui leur conviennent. De même, pour dire et pour savoir que la pesanteur est une force accélératrice constante, et que les orbes des planètes sont des ellipses, il faut avoir conçu et nommé l'ellipse et la force accélératrice constante, et avoir déterminé *à priori* leurs propriétés (1).

Ainsi donc, l'homme attache d'abord des signes aux cadres rationnels; secondement, il désigne les objets sensibles. Ce n'est qu'en troisième lieu qu'il nomme métaphoriquement les objets de l'ordre spirituel (2).

Le langage est l'œuvre et le soutien de la raison, il ressemble à l'échafaudage construit par l'architecte. Sans lui, l'édifice de la pensée, de la science, de la Philosophie, ne peut s'élever. Nous

---

(1) Imaginatio utitur figuris ad corpora concipienda.

(2) Ut imaginatio utitur figuris ad corpora concipienda, ita intellectus utitur quibusdam corporibus sensibilibus ad spiritualia figuranda, ut vento, lumine..... Ventus spiritum significat.

ne pensons les choses spirituelles qu'en les assimilant aux choses sensibles, et nous ne pensons pas celles-ci sans signes.

Les choses sensibles nous aident donc à penser, à concevoir les *olympiques*, c'est-à-dire, les choses de l'ordre spirituel et purement intelligible. Le philosophe le plus profond est celui qui assimile le mieux les choses intelligibles aux choses sensibles (1).

Le langage n'est parfait que s'il enchaîne les signes selon l'ordre de dépendance des choses elles-mêmes (2).

Cette découverte de la vraie nature et des services réels du langage se confond avec celle de l'Analyse, et, comme elle, est une conséquence de l'invention de la Méthode.

---

(1) Cognitio hominum de rebus spiritualibus (*) tantum per similitudinem earum quæ sub sensum cadunt. Sensibilia apta concipiendis olympicis. Unde altius philosophantes mentem cognitione possumus in sublime tollere, et quidem eum verius philosophatum arbitramur qui res quæsitas felicius assimilare poterit sensu cognitis.

(2) Ordo in eo est ut imagines ab invicem dependentes efformentur, quod fit per reductionem rerum ad causas. Cf. OEuvres, VI, p. 60-70, 87, 88, et plus bas, le chap. Desc. Savant universel.

(*) Le texte de M. Foucher de Careil porte *de rebus naturalibus*, ce qui est évidemment une erreur de copiste.

Ainsi, à l'âge de vingt-cinq ans, Descartes a trouvé la Méthode qui conduit à la vraie science, inventé et fécondé l'application de l'algèbre à la géométrie, démontré des théorèmes nouveaux, découvert la nature du langage et de ses rapports avec la pensée ; et déjà il embrasse et domine d'un vaste regard l'ensemble de toutes les sciences. L'histoire n'offre peut-être aucun autre exemple d'une telle profondeur et d'une telle fécondité de génie à un pareil âge. Devant la seule application de l'algèbre à la géométrie pâlissent toutes les découvertes de Képler et de Galilée. Ceux-ci, en effet, ont ajouté à la somme de nos connaissances; Descartes a ajouté directement à la puissance même de l'esprit humain.

CHAPITRE IV.

Le Voyageur. Voyage en Moravie, en Silésie, en Pologne, dans l'Allemagne du nord, en Hollande, en Belgique, en France et en Italie. — Deux nouveaux traités, le Thaumantis Regia *(Palais de Thaumas)* et le Studium bonæ mentis *(Etude de la Sagesse).*

(1621-1625.)

A la fin de juillet 1621, Descartes quitta l'armée où il s'était acquis une réputation de bravoure (1), et se dirigea vers le nord, à travers la Moravie et la Silésie. Nous ne savons de quelle durée fut le séjour qu'il fit à Breslau ; mais, suivant son dessein de voir des cours aussi bien que des armées, il assista sans doute, comme le suppose Baillet, aux assemblées des États de Silésie qui se réunirent dans cette ville vers l'époque de son passage. Il traversa ensuite l'extrémité occidentale de la Pologne, se rendit en Poméranie, visita les côtes de

(1) V. Borel, *Vit. Cart., Compend.*

la mer Baltique, passa à Stettin, et se dirigea vers Gluckstadt à travers le Brandebourg, le Mecklembourg et le Holstein. Avant de s'embarquer pour la Hollande, à Gluckstadt (ou à Hambourg), il se défit, dit Baillet, de ses chevaux et d'une bonne partie de son équipage, et ne retint avec lui qu'un seul domestique. Il débarqua à Embden, visita les côtes, et se rembarqua dans le même port pour la West-Frise Ce fut alors, comme le dit Thomas (1), que cinq ou six mariniers pensèrent disposer de celui qui devait faire la révolution de l'esprit humain. Descartes racontait lui-même le fait dans les *Experimenta*. La fortune lui offrit là une occasion signalée de s'éprouver lui-même.

Il n'avait d'autre société (2) que celle de son valet avec lequel il parlait français. Mais en prêtant l'oreille à la conversation des marins, dont il entendait la langue, il ne fut pas longtemps à reconnaître que c'étaient des scélérats. Ceux-ci, à sa mine paisible et douce, le prenaient plutôt pour un marchand que pour un gentilhomme. Ils jugèrent en tout cas qu'il devait avoir de l'argent, et

---

(1) Eloge de Desc.
(2) V. Baillet, I, 103. Son récit est tiré des *Experimenta*.

prirent la résolution de le tuer et de le jeter à la mer après l'avoir dépouillé. Pensant qu'il ne savait d'autre langue que celle dont il se servait avec son domestique, ils tenaient ce beau conseil de guerre en sa présence. Tout à coup Descartes prend un visage résolu et courroucé, tire l'épée, parle à ces misérables dans leur langue, et menace de les tuer sur place s'ils font le moindre mouvement contre lui. « Ce fut dans cette rencontre (1)
» qu'il s'aperçut de l'impression que peut faire la
» hardiesse d'un homme sur une âme basse, je
» dis une hardiesse qui s'élève beaucoup au-des-
» sus des forces et du pouvoir dans l'exécution, et
» qui, en d'autres occasions, pourrait passer pour
» une pure rodomontade. Celle qu'il fit paraître
» alors, eut un effet merveilleux sur l'esprit de
» ces misérables. » L'épouvante qu'ils en eurent fut suivi d'un étourdissement qui les empêcha de considérer leurs avantages, et ils le conduisirent paisiblement au port.

Après un séjour de peu de durée dans la Frise occidentale, il se rendit dans la province de Hollande où il passa une bonne partie de l'hiver.

Il fréquenta, à La Haye, trois petites cours dif-

---

(1) V. Baillet, I, 103.

férentes, celle des Etats-généraux, où se traitaient les affaires de la République, celle du prince d'Orange, où l'on voyait toujours beaucoup de noblesse étrangère, et celle de l'ex-reine de Bohême, qui n'était pas moins nombreuse que celle du prince.

En février 1622, il quitta la Hollande pour rentrer en France ; mais auparavant il voulut passer par Bruxelles, et voir la cour de l'infante Isabelle, qui gouvernait alors les Pays-Bas espagnols, sous l'habit des religieuses de Sainte-Claire, depuis qu'elle était veuve de l'archiduc Albert.

Il quitta bientôt Bruxelles, prit la route de Rouen, se rendit de là à Rennes en évitant Paris où la peste faisait des ravages, et arriva chez son père vers le milieu de mars 1622.

Baillet parle du plaisir que ses proches, et son père surtout, eurent à le revoir, après une si longue absence. Je ne doute pas que Descartes n'ait été reçu avec joie et avec des témoignages d'affection; mais je vois aussi que dans cette famille de robe et d'épée, très-orgueilleuse et en même temps très-positive, qui croyait qu'on déroge en devenant savant et philosophe, et qui prisait, avant tout, une position fixe dans le monde, il eut à essuyer autant de conseils et de demi-reproches que de compliments. On paraît surtout l'avoir beaucoup tourmenté pour lui faire prendre un état.

En attendant, comme il était majeur, son père le mit en possession de la part qui lui revenait des biens de sa mère. Cette part consistait en trois fiefs ou métairies et deux autres immeubles situés en Poitou.

I. Le Perron, terre dont il avait porté le nom dans son enfance.

II. La Grand'-Maison.

III. Le Marchais.

IV. Une maison dans la ville de Poitiers.

V. Plusieurs arpents de terre labourable, au territoire d'Availle.

Grâce à son esprit d'ordre et à la simplicité de ses goûts, Descartes fut toujours riche avec cette petite fortune, qui s'accrut plus tard à la mort de son père; et il connut toute sa vie l'*aurea mediocritas* du poète.

Au mois de mai, il partit pour le Poitou afin de prendre possession de ses biens; et il passa la plus grande partie de l'été tant à Châtellerault qu'à Poitiers. Le reste de l'année fut consacré à son père. Au mois de février 1623, il se rendit à

Paris pour revoir ses amis, près desquels il eut tout d'abord à se défendre d'appartenir à l'ordre des Rose-Croix. Mais ceux-ci étaient déjà appelés les *Invisibles*, et nos spirituels Parisiens se contentèrent de la raison que Descartes donnait de n'en être pas en se faisant voir à ses amis.

Baillet croit que Descartes songea alors, et plus tard encore, à vendre ses biens pour acheter une charge. Sans doute ses parents l'y poussaient; mais sa résolution était prise depuis 1619 de n'avoir jamais d'autre occupation que celle de la recherche de la vérité. Cependant, au lieu de heurter de front son père et ses proches, il paraissait trouver excellentes les raisons qu'ils lui donnaient, disait qu'il voulait attendre une occasion favorable, et résistait à leurs instances avec une fermeté d'autant plus inébranlable qu'elle était plus douce et plus respectueuse, et qu'elle prévenait ou amortissait les chocs sans s'user elle-même. Baillet interprète à contre-sens les défaites polies de Descartes, et parle à plusieurs reprises de ses intentions sérieuses d'un établissement dans le monde. C'est là mal comprendre Descartes; c'est rompre la calme et sereine uniformité de ses résolutions et la belle harmonie de sa vie.

Descartes acheva vers cette époque (1) deux traités de sa jeunesse, que Baillet et Legrand ont eus en mains, et qui sont aujourd'hui égarés et peut-être perdus sans retour.

I. — THAUMANTIS REGIA.

(Le Palais de Thaumas).

L'équivalent exact de ce titre serait peut-être : *Le Palais des Merveilles*, et on pourrait alors regarder comme des débris de cet édifice certains fragments des *Cogitationes privatæ* (2), où il est question des miracles de l'optique et de la mécanique. Mais en l'absence de renseignements précis, nous n'osons rien affirmer sur ce point. Tout ce qu'on peut dire de positif, d'après Baillet (3), c'est que Descartes, dans cet ouvrage, parlait déjà des animaux considérés comme des automates et de pures machines. C'est donc un cadre vide ou à peu près, et qui attend qu'une heureuse, mais peu probable découverte, vienne le remplir.

(1) V. Baillet, II, p. 403.
(2) V. Inédits, I, commencement.
(3) V. Baillet, I, p. 53.

II. — STUDIUM BONÆ MENTIS.

(Recherche de la sagesse, c'est-à-dire de la science unie à la vertu).

Cet ouvrage ne fut peut-être pas achevé ; il en restait, à l'époque où Baillet écrivait, un ample fragment.

« Ce sont, dit le biographe (1), des considéra-
» tions sur le désir que nous avons de savoir, sur
» les sciences, sur les dispositions de l'esprit pour
» apprendre, sur l'ordre qu'on doit garder pour
» acquérir la sagesse, c'est-à-dire la science avec
» la vertu, en joignant les fonctions de la volonté
» avec celles de l'entendement. Son dessein était
» de frayer un chemin tout nouveau, mais il pré-
» tendait ne travailler que pour lui-même, et
» pour l'ami auquel il adressait ce Traité (2). »

Ne croit-on pas lire l'analyse succincte des trois premières parties du *Discours de la Méthode* ? Evidemment ce Traité est la première esquisse du *Discours* ; et j'imagine que Descartes, qui se reportait volontiers, et assez fréquemment, aux Cahiers de sa jeunesse (3), le relut avant de rédiger

---

(1) V. Baillet, II, p. 406.
(2) Il nommait cet ami Musæus : c'est probablement Mersenne.
(3) Cf. les Lettres de 1629, 1630, 1637 et 1638.

l'œuvre capitale de 1636. En recueillant les citations et les renvois de Baillet, on peut essayer de le restituer en partie.

Descartes y passait en revue (1) les sciences qu'on lui avait enseignées à La Flèche. Il aimait, disait-il, la philosophie avec encore plus de passion qu'il n'avait fait les humanités, et il estimait tous les exercices qui s'en faisaient en particulier et en public dans le collége ; mais, dès lors, au lieu de posséder cette connaissance claire et assurée de tout ce qui est utile à la vie, qu'on lui avait fait espérer de ses études, il était embarrassé de doutes et d'erreurs. Il estimait peu les savants et les sciences de son temps, et, dès sa sortie du collége, il avait renoncé aux livres. Par cette espèce d'abandon, il semblait imiter la plupart des jeunes gens de qualité; mais tandis qu'ils ne songent qu'à secouer le joug du collége, Descartes ne congédiait les livres, pour lesquels il était très-passionné d'ailleurs, que parce qu'il n'y trouvait pas ce qu'il y cherchait sur la foi de ceux qui l'avaient engagé à les étudier. Il se mit donc à voyager. Se trouvant, en Allemagne, il entendit parler des Rose-Croix dont on lui fit des éloges sur-

---

(1) V. Baillet, I, 26, 54, 87, 90, 91, 109, et II, 406.

prenants. Il sentit naître alors en lui les mouvements d'une émulation dont il fut d'autant plus touché pour ces Rose-Croix, que la nouvelle lui en était venue dans le temps de son plus grand embarras touchant les moyens d'arriver à la vérité. Mais il ne put en rencontrer un seul. Force lui fut donc de chercher par lui-même des moyens nouveaux d'arriver à la vérité. Il fut assez heureux pour trouver des voies nouvelles, inexplorées avant lui ; et ce sont elles qu'il fait connaître à son ami, sans engager cependant personne à les suivre.

Les deux premières parties du Discours étaient donc là en germe. Quant à la troisième, elle devait se trouver ébauchée dans les considérations sur la vertu qui étaient jointes selon Baillet aux considérations purement logiques.

Rien n'empêche de supposer que Descartes écrivit cet ouvrage à Paris, où il resta plusieurs mois, et où il revit le P. Mersenne auquel il paraît l'avoir dédié. Le P. Mersenne faisait imprimer alors ses *Questiones celeberrimæ in Genesin*, dans lesquelles il parle aussi des Rose-Croix.

Après ce séjour de quelques mois à Paris, il retourna dans le Poitou, vendit une partie de ses biens, dont il plaça le montant en rentes, et entreprit un voyage en Italie (1623).

Outre le motif de s'instruire et d'observer le monde, deux raisons selon Baillet, le poussaient à passer les monts : le vœu qu'il avait fait d'accomplir un pèlerinage à Lorette, et la pensée de se faire donner, s'il était possible, la charge d'intendant de l'armée française de la Valteline, dont le titulaire, M. Sain, mari de sa marraine, venait de mourir. De ces deux raisons, la première est sérieuse; mais la seconde n'est évidemment qu'un prétexte pour mettre un terme aux obsessions de ses parents, notamment de son père et de son frère aîné, qui trouvaient qu'il avait assez voyagé, qu'il était temps de prendre un emploi, et que le métier de Philosophe errant seyait mal à un gentilhomme. Descartes avait ses motifs pour penser autrement; mais il en avait aussi de respectables pour ne pas offenser et peiner trop vivement, par des refus catégoriques, un père qu'il vénérait et qu'il aimait; et il devait tâcher d'user doucement les résistances qu'on lui opposait.

Comme il était peu pressé de courir après sa charge, il ne partit qu'au mois de septembre, et, en route, oublia complétement l'intendance des vivres, ou n'y songea que pour la manquer. Son vrai but était de se préparer à la solution des grandes questions de Morale et de Philosophie naturelle.

Il fit route d'abord vers la ville de Bâle, « avec » la résolution de visiter ce qu'il n'avait pu voir » de la Haute-Allemagne dans ses premiers » voyages (1), » et d'observer les eaux, les montagnes, les météores, le climat de chaque pays. Thomas (2) se représente le jeune savant, au milieu des montagnes, plus près de Dieu, méditant sur les phénomènes et les lois du monde; nous constaterons seulement qu'il ouvre la voie aux de Saussure et à tous ceux qui depuis ont observé la nature dans les Alpes.

Il visita à Inspruck la cour de l'archiduc Léopold, et s'arrangea pour arriver à Venise au temps des Rogations. Là il vit, le jour de l'Ascension, la cérémonie curieuse des épousailles du Doge et de la mer Adriatique; puis il accomplit son pèlerinage à Lorette. Il voulut voir aussi, à Rome, le jubilé de 1625, qui avait commencé le jour de Noël 1624, et trouva dans la capitale du monde chrétien un abrégé de toute

---

(1) Baillet.
(2) Éloge de Desc.

l'Europe. Ce concours de peuple lui parut si favorable à la passion qu'il avait toujours eue d'étudier et de connaître les hommes par lui-même, qu'au lieu de passer son temps à visiter les édifices, à examiner les tableaux, les statues ou les manuscrits, il employa ses journées à observer ces spécimens vivants des diverses races humaines. Un pareil spectacle pour un pareil observateur valait un voyage à travers le monde. Ce qu'il cherche dans Rome, ce n'est pas Rome même, ni la poussière d'un monde éteint, mais le monde vivant qu'il lui est donné de voir pour ainsi dire tout entier en raccourci. Avec quelle vigueur son originalité s'accuse au milieu de cette ville d'érudits et de beaux esprits, amateurs de l'antiquité! Il est vrai qu'en même temps ce génie profond, par son dédain pour le passé et pour les sciences de l'histoire, laisse voir ses côtés incomplets et trahit le secret de sa faiblesse.

Avant de quitter Rome, il fit visite au cardinal Barberini, neveu du pape, et désigné pour la légation de France. Ami des savants et savant lui-même, le cardinal se lia d'amitié avec Descartes. Celui-ci revint en France par la route de terre et traversa la Toscane, sans chercher à voir Galilée que l'on venait cependant visiter de tous les points de l'Europe. Les Jésuites qui l'avaient élevé, Barberini lui-même, avaient dû lui inspirer des préventions contre le philosophe florentin. On peut croire d'ailleurs que ce même sentiment de fierté, cette même conscience de sa force, qui l'empêchait dès-lors (1) d'ouvrir un livre de science avant qu'il eût trouvé par lui-même ce que ce livre annonçait, suffit pour le retenir au moment de voir Galilée.

En traversant le nord-ouest de l'Italie, où le duc de Savoie, soutenu par la France, luttait contre les Génois alliés de l'Espagne, il assista au siége de Gavi que le vieux connétable de Lesdiguières, âgé de quatre-vingt-quatre ans, réussit à prendre. Barberousse y avait échoué. « Barbe- » grise, dit Lesdiguières, fera ce que Barberousse » n'a pu faire, » et il tint parole. Descartes suivit aussi pendant quelque temps les opérations victorieuses de l'armée du duc de Savoie, puis alla à Turin où il fut reçu à la cour de la princesse de Piémont, Christine de France, fille de Henri IV. Je rappelle tous ces faits pour montrer combien Descartes a été mêlé au monde, combien il l'a observé, et sous quelles faces diverses! et pour qu'on

---

(1) V. OEuvres, XI, p. 252.

se garde de voir en lui ce psychologue méditatif que plusieurs historiens ont rêvé!

Vers le milieu du mois de mai, avant de traverser le Pas de Suze pour se rendre en France, il se détourna de quelques lieues pour calculer la hauteur des Alpes et faire des observations. Il découvrit alors la cause des avalanches que le moindre souffle d'air peut faire tomber, lorsque la neige commence à fondre. Reliant ce phénomène et le bruit qu'il fait entendre à celui de la foudre, il crut deviner la cause du tonnerre. Il compara les nuages superposés dans l'atmosphère à des couches de neige qui, sous l'influence de la chaleur solaire, s'éboulent les unes sur les autres.

On peut s'étonner, dit M. Biot, « qu'un esprit
» aussi pénétrant se soit laissé égarer par une ana-
» logie aussi superficielle. » Cependant, en y regardant de plus près, on trouve que l'explication de Descartes n'est pas aussi fausse au fond que M. Biot le pense; car il reste ceci de vrai, que le bruit du tonnerre est dû au choc des nuages, et que ce choc a pour cause la chaleur, puisque le développement de l'électricité des nuages est dû à la chaleur et n'en est qu'une transformation. La chaleur et l'électricité ne sont, en effet, que des cas particuliers d'un phénomène plus général, le

mouvement vibratoire de la matière. Sans doute, la solution précise n'est pas donnée par Descartes, mais il présente une explication vraie dans ses linéaments généraux, et il commence à serrer le problème de plus près, ce qui est un progrès réel. Ainsi va l'esprit humain, avançant peu à peu; et les derniers venus, s'ils veulent être justes, ne doivent pas oublier qu'ils ont été mis sur la voie par leurs devanciers.

Il entrevit aussi alors l'explication de l'origine et des effets des éclairs et des tourbillons. Ses explications, souvent erronées dans le détail, sont toujours vraies au fond, car elles s'inspirent déjà de l'idée mécanique.

Rentré en France, vers le mois de juin, il se rendit en Poitou pour la vente de ce qui lui restait de biens dans cette province. On l'engagea alors à acheter une charge de lieutenant général (président d'un tribunal de sénéchaussée ou de bailliage), qui pouvait coûter cinquante mille livres. Il refusa, en disant qu'il n'avait à sa disposition qu'une trentaine de mille francs. Ses amis lui offrirent de l'argent sans intérêt; il demanda avant d'accepter à avoir l'agrément de son père qui était alors à Paris. Il lui écrivit pour lui dire qu'il allait s'entendre avec lui sur ce sujet de vive voix;

mais il prit si bien son temps, qu'il arriva dans la capitale juste au moment où son père venait d'en partir pour retourner en Bretagne. Dès lors, on paraît ne plus l'avoir tourmenté pour lui faire prendre un emploi ; on comprit, en effet, que c'était peine perdue de vouloir retenir dans l'orbite des destinées communes un homme épris à ce point de science et de liberté. Descartes resta donc à Paris, libre d'étudier et de travailler comme il l'entendait. L'honnête Baillet, néanmoins, persiste à croire que Descartes voulut être juge et fut sur le point de l'être. Il était cependant facile de voir que pour un esprit de cette trempe il n'y avait qu'une occupation possible, la recherche et la poursuite opiniâtre de la vérité. On peut être magistrat et mathématicien, comme le fut Fermat; on ne saurait être à la fois magistrat et philosophe : La philosophie réclame l'homme tout entier.

CHAPITRE V.

Le Gentilhomme et le Savant. — Travaux et découvertes en Optique et en Géométrie, pendant un séjour de trois ans à Paris. — Les Cours publics au XVIIe siècle; une leçon improvisée de Descartes. — Le Logicien ; les Règles pour la direction de l'esprit.

(1625-1629.)

A Paris, Descartes prit son logement chez Levasseur d'Etioles, ami de son père et le sien. Là il eut le train de vie le plus simple qu'il pût, et, en même temps, le plus conforme aux habitudes des *honnêtes gens*. Son meuble et sa table, dit Baillet, étaient toujours très-propres, mais sans superflu ; il était servi d'un petit nombre de valets et marchait sans suite dans les rues; il était vêtu d'un simple taffetas vert, selon la mode du temps ; mais il portait la plume et l'épée comme marques de sa qualité.

Descartes songea-t-il à se marier ?

Selon Baillet, il rechercha alors une jeune demoiselle de naissance et de beaucoup de mérite, qui fut fort connue ensuite dans le monde, sous le nom de Mme du Rosay. Si le fait était vrai, Descartes aurait manqué à la première de ses règles de *morale par provision*, qui place au nombre des excès à éviter toute promesse par laquelle on engage sa liberté (1), et, par conséquent, le mariage. Je n'examine pas ici la valeur du principe ; il s'agit simplement de savoir si Descartes y fut fidèle. Je crois pouvoir l'affirmer. Ce que Baillet qualifie de recherche en mariage ne dépasse pas les limites de la galanterie : et les beaux yeux de Mme du Rosay n'ont pu vaincre les charmes de la philosophie. Je n'en veux pour preuve que ce que cette dame racontait elle-même. Descartes lui avait dit un jour qu'il ne connaissait pas de beauté comparable à celle de la vérité. Ceci ne sent guère l'épouseur. Il avait ajouté, une autre fois, que sa propre expérience lui faisait mettre une belle femme, un bon livre et un parfait prédicateur au nombre des choses les plus difficiles à rencontrer. Le trait est heureux et probablement encore vrai ; mais il ne prouve rien en faveur de l'inclination au mariage. Voici le fait le plus grave :

Revenant un jour de Paris où il l'avait accom-

---

(1) V. Discours de la Méth., part. III.

pagnée avec d'autres dames, il fut attaqué par un rival sur le chemin d'Orléans, le désarma, lui rendit son épée, et lui dit qu'il devait la vie à cette dame pour laquelle il venait lui-même d'exposer la sienne. Mais, quoi qu'en pense Baillet, je ne vois rien en tout cela qui dépasse la mesure de ce que peut dire et faire un savant voué au célibat, qui n'est pas seulement philosophe, mais qui sait encore se montrer à l'occasion homme du monde spirituel, et parfait gentilhomme.

Nous n'avons pas le droit de nous plaindre de cette passion pour la philosophie qui empêcha Descartes de prendre un emploi, et de se marier. Il est des vocations exceptionnelles qui autorisent le célibat. Descartes a mieux servi ainsi l'humanité, il est permis de le croire, qu'en prenant la voie commune. La morale du reste n'a à lui reprocher qu'une de ces fautes pour lesquelles le monde est indulgent, surtout quand elles sont rachetées par le repentir et réparées par le dévouement le plus complet et le plus passionné pour l'enfant né d'une telle union, quand on élève cet enfant à son foyer, et qu'on pleure sa mort avec les larmes d'une douleur vive et inconsolable.

Mais nous parlerons plus tard de ces évènements de la vie intime de Descartes ; pour le moment, nous devons revenir à ses travaux et à ses découvertes.

L'optique et l'analyse l'occupèrent tour à tour d'une manière toute particulière pendant le séjour de trois ans qu'il fit alors à Paris. En consultant les lettres qu'il écrivit de Hollande, en 1629, à Ferrier (1), ouvrier qu'il avait formé lui-même dans l'art de la taille des verres, et à Mersenne, son ami, on voit que presque toutes, pour ne pas dire toutes ses découvertes en optique, ont été faites à Paris, et que Leibnitz et Huyghens ont fait une supposition aussi fausse que malveillante en imaginant qu'il avait emprunté à un manuscrit de Snellius l'idée d'exprimer la loi de la réfraction par la comparaison des sinus des angles d'incidence et de réfraction (2). Ses grandes découvertes en Analyse sont aussi de cette époque. Ces trois années ont été admirablement fécondes pour Descartes dans les différentes branches des mathématiques pures et appliquées.

---

(1) V. aussi Borel et Baillet, sur une lunette merveilleuse qu'il aurait fait construire à cette époque. Cf. ce que dit Desc. d'une de ses expériences, VI, 326, 327. Borel, *Vit. Cart. Compend.*, p. 34. Baillet, I.

(2) V. OEuvres de Desc., VI, les prem. lettres, et pp. 225 326, 327.

— 143 —

Si l'air de Paris, comme il le disait, était peu favorable aux conceptions métaphysiques, il est juste de remarquer qu'il fit dans cette ville de très-belles découvertes en mathématiques et en physique.

En lisant le traité des *Règles pour la direction de l'esprit* (1), on se convainc qu'il était alors en possession, non-seulement des plus utiles conquêtes de son Analyse, de la notation des exposants, et de la théorie des fonctions variables, mais de certaines découvertes particulières, fruit de ces belles conceptions (2).

Ainsi, il est certain qu'il avait alors déterminé d'une manière générale une courbe qui avait arrêté Képler et tous les mathématiciens antérieurs ou contemporains, l'anaclastique (3), et qu'il avait déjà appliqué son Analyse à la recherche des courbes qu'il appelle *ovales* et qui sont connues dans la science sous le nom d'ovales de Descartes (4).

(1) V. les dernières règles. V. aussi le *de Solidorum Elementis*, qu'on peut rapporter à cette époque et qui faisait sans doute partie du Traité de Math. pures dont parle Baillet (II, 404, 407).

(2) V. le témoignage de l'admiration de La Place, Introd. à la théorie analytique des probabilités, XLIV et XLV.

(3) V. XI, p. 242.

(4) L'endroit de sa Géométrie, dit Montucla (II, p. 125, 130),

Ainsi Descartes (avant 1628) avait dépassé toute la science antique et toute celle de son temps; il avait de nouveau porté l'esprit humain en avant, et il pouvait jouir du plaisir divin d'avoir, le premier, contemplé des vérités sublimes qui devaient ensuite, grâce à lui, devenir le patrimoine de l'humanité.

Nul avant lui n'a ainsi fécondé la physique par les mathématiques, la méthode expérimentale par la méthode *à priori* ; nul n'a fait faire à la science des pas aussi rapides, un mouvement aussi brusque en avant par une suite continue de

où il expose la théorie de ces courbes est l'un des plus ingénieux et des plus profonds : « Les ovales sont décrites à l'imitation de l'ellipse
» et de l'hyperbole rapportées à leurs foyers. Mais tandis que dans
» ces sections coniques, les lignes tirées d'un point quelconque de
» la courbe aux deux foyers sont toujours telles qu'elles croissent
» ou décroissent également ensemble, ou que l'une croît autant que
» l'autre décroît, ce qui est le cas de l'ellipse; dans les ovales
» de Descartes, ces diminutions ou accroissements respectifs sont
» seulement en raison donnée. Ainsi les sections coniques sont con-
» tenues dans cet ordre de courbes et n'en sont qu'une espèce par-
» ticulière. Descartes se sert de ces ovales pour la résolution d'un
» problème d'optique, aussi curieux que difficile. Il consiste à déter-
» miner quelle forme doit avoir la surface qui sépare deux milieux
» de différentes densités, pour que tous les rayons qui partent d'un
» même point, ou qui convergent vers un même, soient renvoyés
» par la réfraction dans un autre, ou rendus parallèles, etc. »

méditations profondes, de recherches persévérantes et de brillantes découvertes. Ce qui frappe surtout quand on étudie de près cet admirable génie, c'est l'enchaînement logique de ses recherches qui partent des premières notions simples et claires de la géométrie et de la science du calcul, pour aboutir peu à peu aux plus hautes conceptions de l'Analyse et aux plus belles découvertes de la Physique mathématique et de la Philosophie naturelle. Descartes a véritablement suivi la méthode dont il donne l'idée dans le *Discours* ; il a recommencé la science, et on se prend à croire par moments qu'il eût été capable de l'inventer tout entière, et de la porter par ses seuls efforts au degré d'élévation où il l'a laissée. Tous ceux qui peuvent l'approcher à cette époque et jouir de sa conversation sont tellement frappés de sa haute intelligence et de la puissance de ses facultés, qu'ils voient en lui comme un être supérieur à l'humanité, chargé par Dieu même d'annoncer aux hommes des vérités nouvelles. Mersenne, de Beaune, des Argues, Balzac, le cardinal de Bérulle subissent la fascination de son génie, et saluent en lui, non-seulement l'esprit le plus transcendant qu'on ait vu en mathématiques, mais le futur rénovateur des sciences et de la philosophie.

Pour méditer et travailler plus à son aise, il s'était retiré dans une maison de la rue du Four, dans le faubourg Saint-Germain. Cédant aux sollicitations de ses amis, il revint chez M. Levasseur d'Etioles dont la maison fut alors le rendez-vous d'une véritable Académie.

Mais comme tous les esprits profonds, livrés aux recherches scientifiques et philosophiques, Descartes avait d'impérieux besoins de retraite et de solitude. Vers le mois de juin 1628, obsédé de visites et fatigué de conversations qui devenaient parfois mondaines, il disparaît tout à coup de la maison de Levasseur d'Etioles.

Son ami fut dans une grande inquiétude, et demanda inutilement de ses nouvelles partout où il pouvait espérer qu'on lui en donnerait. Enfin, au bout de six semaines, il rencontra dans la rue le valet de chambre du fugitif et le força, après une longue résistance de sa part, à lui découvrir la demeure de son maître. Ils s'y rendirent ensemble. Chemin faisant, le domestique lui dit (1), « qu'il avait coutume de » laisser son maître au lit tous les matins lors-

---

(1) V. Baillet, I, p. 155, d'après une relation manuscrite de M. Levasseur.

» qu'il sortait pour exécuter ses commissions, et
» qu'il espérait de l'y retrouver encore à son re-
» tour. Il était près de onze heures..... Ils con-
» vinrent qu'ils entreraient sans bruit, et le com-
» plaisant conducteur, ayant ouvert doucement
» l'antichambre à M. Levasseur, le quitta aus-
» sitôt pour aller donner ordre au dîner. M. Le-
» vasseur s'étant glissé contre la porte de la
» chambre de M. Descartes, se mit à regarder
» par le trou de la serrure et l'aperçut dans son
» lit, les fenêtres de la chambre ouvertes, le ri-
» deau levé, et le guéridon avec quelques pa-
» piers près du chevet. Il eut la patience » (nous
emploierions aujourd'hui un autre mot) « de le
» considérer pendant un temps considérable, et
» il vit qu'il se levait à mi-corps, de temps en
» temps, pour écrire, et se recouchait ensuite pour
» méditer. L'alternative de ces postures dura près
» d'une demi-heure à la vue de M. Levasseur.
» M. Descartes s'étant levé ensuite pour s'ha-
» biller, M. Levasseur frappa à la porte de la
» chambre comme un homme qui ne faisait que
» d'arriver et de monter l'escalier. Le valet, qui
» était entré par une autre porte, vint ouvrir,
» et affecta d'être surpris. M. Descartes le fut
» tout de bon, quand il aperçut la personne qu'il

» attendait le moins. M. Levasseur lui fit quel-
» ques reproches de Mme Levasseur, qui s'était
» crue méprisée dans la manière dont il avait
» quitté sa maison. Pour lui, il se contenta de
» lui demander à dîner, afin de se raccommo-
» der ensemble. Après midi, ils sortirent tous
» deux pour aller trouver Mme Levasseur à qui
» M. Descartes fit toute la satisfaction qu'elle
» pouvait attendre, non d'un philosophe, dit naï-
» vement Baillet, mais d'un galant homme qui
» savait l'art de vivre avec tout le monde. »

Revenu chez son ami, il y retrouva les inconvénients qu'il avait fuis. Voyant qu'il ne pouvait travailler à sa guise, et curieux d'étudier de près les grands événements et les grands hommes, il partit pour la Rochelle assiégée par Richelieu.

Là, il put admirer la belle ordonnance du camp. Il visita surtout la digue et les travaux gigantesques, exécutés par les ordres du cardinal, et s'entretint beaucoup avec les ingénieurs, particulièrement avec des Argues, son ami, qui avait pris part à ces travaux. Lorsque les Anglais firent une menace de débarquement, il s'engagea dans le corps des Nobles volontaires, qui étaient venus d'abord comme curieux, et qui se mirent alors à la disposition du roi pour les cas imprévus. Quand les habitants se rendirent, il entra dans la ville, où il fut témoin du spectacle navrant de squelettes affamés qui erraient dans les rues, et se jetaient sur le pain qu'on leur offrait, avec une avidité qui arrachait des larmes aux plus insensibles. Il revint à Paris au commencement de novembre, date d'une fatalité heureuse pour lui (1). Quelques jours après, il fut invité à une réunion de savants chez le nonce, M. de Bagné, où se trouvèrent, entre autres, Villebressieux, Mersenne et le cardinal de Bérulle.

Le xviie siècle avait trouvé et pratiquait, sous une forme simple et naturelle, qui montre chez lui la supériorité de l'esprit de société, ce que nous croyons avoir inventé et pratiquons de nos jours, non sans quelque bruit, sous le nom de cours publics libres. Il est vrai que tout le monde n'était pas admis à ces réunions; et ici notre époque démocratique reprend l'avantage sur le xviie siècle, en distribuant l'enseignement, sans distinction de personnes, à la foule avide de le recevoir. Au xviie siècle, il fallait du savoir vivre, de la réputation ou de la naissance pour être invité à ces fêtes de l'esprit. Les *honnêtes gens* se réu-

---

(1) V. plus haut, séjour en Allemagne.

nissaient dans un salon pour causer de science ou de littérature. On priait les personnes instruites, et qui avaient quelque chose à dire, de vouloir bien parler ; on leur répondait, s'il y avait lieu, avec une politesse parfaite ; les auditeurs se communiquaient leurs impressions, et chacun sortait de ces libres entretiens avec des connaissances nouvelles et des idées plus justes ; et aussi avec le désir de retrouver et d'écouter encore des personnes à la fois aussi savantes et aussi polies. Il était rare qu'un personnage comme Roberval vînt faire, au milieu de cette société raffinée, l'effet d'une dissonance au milieu d'un concert.

Dans la réunion qui eut lieu chez M. de Bagné, au mois de novembre 1628, un certain Chandoux parla de la réforme de la philosophie, et proposa des principes nouveaux. Chandoux, esprit inquiet et hardi, mais sans étendue ni profondeur, était un de ces hommes remuants à qui déplaît la doctrine dominante, mais qui n'ont ni assez de force pour l'ébranler, ni assez de génie pour la remplacer. Beau diseur, du reste, il séduisit l'assemsemblée tout entière, à l'exception de Descartes.

Au milieu des applaudissements et de la joie de tous, le cardinal de Bérulle remarqua la réserve silencieuse du jeune savant, et lui demanda ce qu'il pensait d'un discours qui avait paru si beau à tout le monde. Descartes répondit qu'après l'approbation de tant d'illustres personnages qu'il estimait plus capables que lui d'en juger, il ne pouvait que se ranger à l'avis général (1). Le ton dont cette défaite était accompagnée, faisait bien voir que son jugement n'était pas favorable à Chandoux. Le cardinal et le nonce le pressèrent si vivement alors de donner son avis, que la civilité ne lui laissa plus le refuge du silence.

Il commença par dire qu'il n'avait jamais entendu personne qui pût se vanter de parler mieux que M. Chandoux, loua son éloquence, et approuva surtout ce généreux esprit de liberté qui le portait à délivrer la philosophie du joug d'Aristote et de la scolastique.

Mais il fit observer combien, devant un auditoire bienveillant et disposé, comme celui devant lequel il avait l'honneur de parler, à se contenter de ce qui était probable, il était facile à la vraisemblance de se faire accepter pour la vérité, combien même il était aisé de faire passer le faux pour le vrai et le vrai pour le faux. Afin d'en faire l'épreuve, il demanda que quelqu'un de la com-

---

(1) V. Baillet, I, 165, d'après les Mémoires mss. de Clerselier.

pagnie voulût bien prendre la peine de lui proposer telle vérité qu'il lui plairait, et, qui fût du nombre de celles qui paraissent le plus incontestables. On satisfit à sa demande; et avec douze arguments dont la vraisemblance allait croissant, il montra que la proposition était fausse. Il demanda ensuite l'épreuve contraire, et établit victorieusement la vérité d'une proposition manifestement fausse. L'assemblée confondue lui demanda s'il ne connaissait point de moyen infaillible pour éviter les erreurs de raisonnement. Descartes n'était pas un sophiste vulgaire, et on sentait bien qu'il n'avait parlé ainsi que pour montrer combien la vérité est difficile à trouver, et pour préparer les esprits à la mieux chercher. Il répondit qu'il ne connaissait pas de voie plus infaillible pour éviter l'erreur que la méthode qu'il avait tirée du fond même des Mathématiques, et qu'il ne croyait pas qu'il y eût de vérité qu'on ne pût démontrer en la suivant. Il l'appela : « La Méthode natu-
». relle. »

Tout en ménageant avec une politesse parfaite l'amour-propre de Chandaux, il montra que la Philosophie, que celui-ci proposait, ne différait pas au fond de celle de l'école, dont les principes contestés et obscurs ne pouvaient servir à résoudre aucune difficulté. Il ajouta qu'il ne regardait pas comme impossible d'établir en Philosophie des principes plus clairs et plus certains par lesquels il fût aisé de rendre raison de tous les effets de la nature. Tout ce qu'il ajouta fit une telle impression sur l'assemblée et en particulier sur le cardinal de Bérulle, que celui-ci exprima le désir de l'entendre une seconde fois.

Descartes, quelques jours après, fit visite au cardinal, lui exposa ses idées et lui montra l'utilité que ses principes pourraient procurer au public, si on les appliquait à la médecine et à la mécanique pour la santé des hommes et le soulagement de leurs travaux.

Le cardinal l'engagea à entreprendre le grand ouvrage de la rénovation de la Philosophie et des sciences, et à faire part de ses travaux au public; il lui en fit même un devoir et lui dit qu'ayant reçu de Dieu une force et une pénétration d'esprit et des lumières qui n'avaient point été accordées à d'autres, il lui rendrait un compte exact de l'emploi de ses talents, et serait responsable, devant ce Juge souverain des hommes, du tort qu'il ferait au genre humain en le privant du fruit de ses méditations. Il termina en osant l'assurer que Dieu couronnerait ses travaux de succès et de gloire.

Soutenu par l'autorité d'un tel homme, excité par cette parole convaincue et généreuse, Descartes résolut de chercher dès-lors, et plus tôt qu'il ne l'eût fait sans cela, « les fondements d'une » Philosophie plus certaine que la vulgaire (1). »

Jusqu'alors, il avait surtout cultivé les Mathématiques pour s'exercer à la Méthode et développer la puissance et la fécondité de celle-ci; il allait maintenant essayer cette Méthode sur les difficultés de la Métaphysique, c'est-à-dire de la science qui contient les fondements de toutes les autres. Mais, avant, il voulut préciser, développer et coordonner les règles qu'il avait trouvées, pour bien s'en pénétrer dans le présent, et pour les retrouver au besoin *à l'époque où la mémoire s'affaiblit* (2). Il sentait qu'on ne se rend bien compte de sa propre pensée qu'autant qu'on l'a mise par écrit et qu'on en a trouvé l'expression exacte et adæquate. Il composa donc alors les *Règles pour la direction de l'esprit* (3). Je crois qu'il écrivit cet ouvrage hors de Paris : il se retira, en effet, alors à la campagne (4), car il voulait

---

(1) V. Disc. de la Méth., partie III, à la fin.
(2) V. vol. XI. V. aussi plus bas.
(3) Regulæ ad directionem ingenii. V. vol. XI de ses OEuvr.
(4) V. Baillet, et *Lettres*.

s'habituer au froid et ne pas passer brusquement, à l'entrée de l'hiver, du climat relativement doux de Paris au climat plus rude de la Hollande. C'est dans cette retraite isolée, et qui est toujours restée inconnue, qu'il composa, si mes conjectures sont justes, l'ouvrage dont il est ici question (1).

Comme l'époque de la composition de cet écrit n'a jamais été déterminée, comme on a même douté qu'il fût de Descartes, j'ai à en démontrer l'authenticité et à justifier la date que je lui assigne.

M. Cousin (2) lui-même voudrait plus de détails et des renseignements plus précis sur l'authenticité de cet ouvrage. Voici ceux que j'ai recueillis.

Baillet le cite à plusieurs reprises comme un ouvrage de Descartes dont il a le manuscrit sous les yeux, il en donne même l'ana'yse : l'analyse et les citations sont parfaitement conformes au texte imprimé que nous possédons depuis l'édition des *Posthuma* d'Amsterdam, 1701 (3). Le manuscrit autographe avait été com-

---

(1) V. éd. des *Posthuma* d'Amsterdam, 1701, et le vol. XI de l'éd. Cous.

(2) V. Préf. du vol. XI des OEuvr. de Desc.

(3) V. Baillet, Vie de Desc., I, p. 112 sqq., 182; II, p. 405 sq. Cf. *Posthuma*.

muniqué à Baillet par Legrand qui préparait à cette époque une édition complète des œuvres de Descartes, et Legrand le tenait de Clerselier, possesseur de tous les papiers du philosophe (1).

Antérieurement, Clerselier l'avait fait voir à plusieurs personnes, entre autres, aux auteurs de la Logique de Port-Royal, en 1661, et à Leibnitz, en 1676. Arnaud, après avoir donné des préceptes relatifs aux Questions à résoudre, dit dans une note : « La plus grande partie de ce que l'on dit » ici des *Questions*, a été tiré d'un manuscrit de » Descartes que M. Clerselier a eu la bonté de » prêter. » La collation faite, on voit que c'est bien le manuscrit des *Regulæ ad directionem ingenii* qu'il a eu sous les yeux et qu'il a mis à contribution (2).

Leibnitz a fait faire sous ses yeux une copie de l'ouvrage chez Clerselier, en 1676 (3), et cette copie se trouve aujourd'hui à la Bibliothèque royale

---

(1) V. Baillet, Préf., et Nouvelles de la République des lettres, de juin 1705. — I, 182, Baillet dit : « C'est un ms. latin non achevé » qui est entre nos mains. »

(2) V. Logique de P.-R., p. 274-277, et notes 157 et 158 (éd. Jourdain).

(3) V. Préf. des Inédits de Desc., par Foucher de Careil, et la copie des *Regulæ*. Ms. de la Biblioth. royale de Hanovre.

de Hanovre. Le texte est identique à celui des *Posthuma;* il n'y a de différence que dans le titre. La copie hanovrienne porte : *R. Cartesii de inquirenda veritate;* c'était peut-être un sous-titre qui se trouvait aussi sur le manuscrit de Descartes (1), ou Leibnitz a écrit de mémoire un titre inexact; mais ceci importe peu dès que l'ouvrage est le même.

Voilà certainement, si nous ne nous trompons, plus de preuves qu'il n'en faut pour établir l'au-

(1) Grâce à la bienveillance de M. Ernest Dörrien, érudit de Hanovre, j'ai pu faire, à distance, la collation de la copie de Leibnitz et de l'édition d'Amsterdam.

Disons ici en passant que l'exact M. Dörrien a corrigé une faute assez grave commise par M. Foucher de Careil. L'éditeur des Inédits faisait dire à Descartes : « Legi Arithmeticam Vietæ et Geome- » triam Pothini. » Cette phrase n'était pas conforme au texte des *Posthuma.* C'est alors que j'ai fait faire la comparaison des deux textes et reconnu leur identité. Je me demandais d'ailleurs ce que c'était que *Pothinus;* et quant à Viète, Descartes déclare *n'avoir jamais seulement vu la couverture* d'un de ses livres avant 1639. L'ouvrage, me disais-je, n'est donc pas de Descartes, puisque l'auteur qui l'a écrit déclare avoir étudié Viète dans sa jeunesse. La phrase lue par M. Ernest Dörrien fait disparaître toutes les difficultés; il faut lire en effet : « Cum primum ad mathematicas disciplinas » animum applicui, legi protinus pleraque ex iis quæ ab illarum » authoribus tradi solent, Arithmeticam vero et Geometriam po- » tissimum excolui. » M. Foucher de Careil fait de *vero et* VIETÆ et de *potissimum* POTHINI.

thenticité de cet écrit. L'analyse que nous en donnerons confirmera ces preuves elles-mêmes, et montrera que Descartes seul a pu écrire une œuvre d'une telle force et d'une telle profondeur.

Arrivons maintenant à la date. Baillet, sans rien affirmer de positif du reste, semble rapporter la composition des *Règles* à l'année 1623 (1), puisqu'il en donne l'analyse à cette date.

L'ouvrage aurait alors été écrit avant ou pendant le voyage d'Italie ; mais il est peu probable que Descartes ait composé un ouvrage aussi régulier, aussi profond et d'aussi longue haleine, pendant les agitations des voyages ou pendant le peu de temps qu'il se reposa à Paris en 1625. D'ailleurs, quand l'ouvrage fut commencé, l'auteur cultivait déjà depuis assez longtemps (2) la science mathématique universelle qu'il avait inventée en 1619 ; et 1623 est bien rapproché de 1619. De plus, c'est au moment où « il abandonne les mathématiques » pour se livrer à l'avenir à des sciences plus » élevées (3), » qu'il compose cet écrit, et cette indication convient, *au plus tôt*, à la fin de l'année 1628 ou au commencement de 1629.

(1) V. Baillet, I, p. 112 sqq.
(2) V. plus bas l'analyse des *Règles*.
(3) V. XI, p. 222-224.

Comme il revint encore plus tard par intervalles à ses travaux mathématiques, on pourrait dire que les *Règles* ont été écrites après ces travaux et avant la publication des grandes œuvres métaphysiques, les *Méditations* et les *Principes*, c'est-à-dire une dizaine d'années au moins après l'époque que nous fixons. Nous répondrons d'abord que cela est impossible ; nous avons suivi Descartes pas à pas, à partir de 1629, et nous pouvons affirmer que les *Règles* ne sont pas postérieures à cette date. Mais comme cette raison vaut surtout pour nous et n'est qu'une preuve extrinsèque qu'il serait trop long de développer en détail, il faut chercher dans l'œuvre elle-même des preuves intrinsèques qui la confirment. Le style et les idées nous fourniront ces preuves.

Le style sent encore le jeune homme qui n'a pas arrêté sa manière d'écrire. Ainsi la cinquième Règle est comparée *au fil de Thésée qui permet de pénétrer dans le labyrinthe de la science* (1); les philosophes qui négligent l'expérience sont assimilés à des hommes qui croient que *la vérité sortira de leur cerveau comme Minerve du front*

---

(1) XI, p. 225.

de Jupiter (1); il parle plus loin de l'énigme du Sphinx, de celle des pêcheurs, du vase de Tantale. A partir de 1629, on trouve dans ses lettres et dans ses écrits un style sobre et nerveux qui exclut de pareils ornements. Il cite dans les *Règles* Socrate, Platon, Aristote, Diophante, Pappus, Gilbert, etc. C'est encore là un trait des écrits de sa jeunesse, du Parnassus, des Olympiques. Plus tard, sauf de rares exceptions, il se fait un principe de ne citer personne dans ses ouvrages.

Mais ce sont surtout les idées qu'il exprime sur la Philosophie de l'école qui confirment la date que nous donnons. *Il ne condamne pas, en effet, la manière de philosopher à laquelle on s'est arrêté jusqu'à ce jour, ni les syllogismes probables; et il se félicite d'avoir reçu autrefois l'éducation de l'école* (2). Avant 1629, il n'a pas encore trouvé les fondements de la Philosophie nouvelle, et il ne peut traiter la Philosophie ancienne et celle du moyen âge avec cette hauteur dédaigneuse qu'il affecta dans la suite.

Mais pourtant son âge est devenu assez mûr,

---

(1) XI, p. 225.
(2) V. XI, 206 et 207.

il est délié du serment de fidélité qui l'enchaînait à la parole du maître, et il a soustrait sa main à la férule (1). Evidemment, on ne peut placer de telles paroles dans la bouche de Descartes après la trente-deuxième année. Elles sembleraient plutôt nous ramener en arrière. Voici maintenant un passage qui fixe la date de l'œuvre à l'époque que nous indiquons, avec autant de clarté et de précision que si Descartes l'avait donnée et signée lui-même.

« J'ai cultivé jusqu'à ce jour, autant que je l'ai
» pu, *cette science mathématique universelle*,
» de sorte que je crois pouvoir me livrer à l'ave-
» nir à des sciences plus élevées, sans craindre
» que mes efforts soient prématurés. Mais, avant
» d'en sortir, je chercherai à rassembler et à
» mettre en ordre ce que j'ai recueilli de plus digne
» de remarque *dans mes études précédentes,*
» *tant pour pouvoir les retrouver au besoin,*
« *dans ce livre, à l'âge où la mémoire s'af-*
» *faiblit,* que pour en décharger ma mémoire
» elle-même, et porter dans d'autres études un
» esprit plus libre. »

Descartes n'a rien produit de plus beau que ce

---

(1) XI, 206 et 207.

morceau, écrit à l'âge de trente-deux ans (1). C'est le plus profond et le plus admirable traité de Logique qui existe, sans en excepter l'*Organon* d'Aristote et la Logique de Hegel ; et les jeunes étudiants en Philosophie en tireraient un tout autre profit que celui qu'on peut demander à l'étude de la Logique surannée de Port-Royal (2). Il est le guide des grands géomètres. On a rejeté, on pourra rejeter encore la Métaphysique de Descartes et sa Philosophie naturelle. Ce traité de Logique est éternel comme sa Géométrie, et comme elle son plus solide titre de gloire. L'analyse que nous allons en donner justifiera cet éloge.

ANALYSE DES RÈGLES POUR LA DIRECTION DE L'ESPRIT.

L'ouvrage entier n'a peut-être jamais été achevé (3), du moins d'après le plan primitif.

Il devait se diviser en trois parties, comprenant chacune douze Règles, en tout trente-six. Nous possédons les vingt-et-une premières. La 19e, la 20e et la 21e sont sans développements.

---

(1) Cf. Cousin, préface du vol. XI des OEuvres de Desc.

(2) Cf. Duhamel, des Méthodes dans les sc. du Raisonnement, partie I, Paris, 1866.

(3) Le Ms. de Hanovre ne contient rien de plus que les *Posthuma*.

La première partie contient des considérations générales sur l'unité de la science, sur la nécessité de la méthode, et donne des règles relatives aux propositions simples, axiomes et premiers principes qui sont l'objet de l'intuition rationnelle et les matériaux de la synthèse *à priori*.

Dans la seconde partie se trouvent des règles relatives aux propositions complexes ou questions, que l'on peut décomposer, par l'analyse *à priori*, en propositions simples, de manière à en donner ensuite la démonstration par une synthèse qui suit en sens inverse le chemin indiqué d'avance et éclairé par l'analyse. Les mathématiques servent particulièrement à Descartes pour donner des exemples de ces règles; mais celles-ci peuvent s'appliquer à toutes les questions de ce genre (1), à quelque science qu'elles appartiennent (2).

Ces douze règles (il n'en reste que neuf) étaient donc une préparation aux douze suivantes qui devaient s'appliquer aux questions difficiles que l'expérience nous pose dans leur complexité, aux problèmes de la nature physique et de la nature

---

(1) Celles qu'on peut résoudre *à priori*.
(2) Cf. Duhamel, ouvr. cité, partie I.

morale, que nous ne pouvons encore résoudre par l'analyse et la synthèse *à priori*. On ne peut aborder la solution de ces questions complexes qu'après avoir consulté l'observation et l'expérimentation, 1°. parce qu'elles sont trop complexes pour être décomposées *à priori*; 2°. parce que la synthèse rationnelle est plus riche que la nature connue expérimentalement, et que pour savoir, parmi les choses qui auraient pu exister, celles qui existent réellement autour de nous, il faut s'adresser à l'expérience (1).

Ces Règles sont dominées par une idée élevée et féconde qu'il faut d'abord exposer pour les bien faire comprendre. De ce point culminant nous descendrons à l'examen des règles particulières qui n'en sont que les conséquences, et qu'on pourrait comparer à des ondulations lumineuses parties d'un même centre d'ébranlement et venant

---

(1) Descartes fait sans doute allusion à cet ouvrage lorsqu'il dit plus tard à Mersenne qu'il n'a pas achevé certains traités qu'il avait commencés, parce qu'à mesure qu'il faisait des progrès dans les sciences, il se trouvait dans la situation d'un homme qui, après avoir commencé à bâtir une maison, verrait sa fortune s'accroître et continuerait à construire sur un plan nouveau et plus vaste. Les découvertes postérieures de Descartes en mathématiques et surtout en physique brisèrent les cadres un peu artificiels et trop étroits du plan primitif.

éclairer successivement toutes les parties de la science.

Cette idée, indiquée dès le commencement du traité, est que la science est *une*, qu'elle n'est que l'esprit humain lui-même, et par conséquent un enchaînement de principes *à priori* tirés des profondeurs mêmes de l'intelligence. Il n'y a de science, en effet, comme nous l'avons déjà vu, que celle du nécessaire et de l'absolu. Les sciences expérimentales ne servent qu'à fournir des matériaux à la science véritable. La Physique et les sciences morales ne méritent le nom de sciences que lorsque les faits et les lois qu'elles ont recueillis, se laissent ramener à des théorèmes nécessaires et à des principes *à priori*. Il n'y a donc qu'une méthode scientifique, la méthode déductive *à priori* dont celle des mathématiques est l'enveloppe. Cette méthode a deux procédés, l'analyse et la synthèse. La méthode expérimentale tout entière, celle de Galilée et de ses disciples, n'est qu'un moyen d'analyse, un secours nécessaire, dont l'esprit humain, à cause de sa faiblesse, ne peut se passer, et qui l'aide à remonter, par des éliminations successives, du composé au simple, du fait à son déterminisme et à sa loi, de la loi elle-même à une loi plus générale, et finale-

— 166 —

ment aux théorèmes nécessaires et aux principes *à priori* (1). Un fait n'est qu'une superposition de lois, une loi une superposition de théorèmes rationnels. La vraie science est le résultat de la synthèse *à priori*, l'enchaînement des principes de la raison, *la raison elle-même*.

« RÈGLE I. — Le but des études doit être de
» diriger l'esprit de manière à ce qu'il porte des
» jugements solides et vrais sur tout ce qui se
» présente à lui. »

La plupart des hommes croient qu'il faut séparer les sciences l'une de l'autre et qu'il est nécessaire de n'en étudier qu'une ou quelques-unes pour y exceller. « Or, c'est là une grande erreur;
» car comme les sciences toutes ensemble ne sont
» rien autre chose que l'intelligence humaine qui
» reste une et toujours la même, quelle que soit

---

(1) Cf. Newton, Optices, libr. III, p. 328, éd. 1740. Quemadmodum in mathematica, ita etiam in physica investigatio rerum difficilium ea methodo, quæ vocatur analytica, semper antecedere debet eam quæ appellatur synthetica. Methodus analytica est experimenta capere, phænomena observare, indeque conclusiones generales inductione inferre....... Hac analysi licebit ex rebus compositis ratiocinatione colligere simplices, ex motibus vires moventes et in universum ex effectis causas, ex causisque particularibus generales, donec ad generalissimas tandem sit deventum.

» la variété des objets auxquels elle s'applique (1),
» sans que cette variété apporte à sa nature plus
» de changements que la diversité des objets n'en
» apporte à la nature du soleil qui les éclaire, il
» n'est pas besoin de circonscrire l'esprit humain
» dans aucune limite. En effet, il n'en est pas de
» la connaissance de la vérité comme de la pra-
» tique d'un art. Une vérité découverte nous aide
» à en découvrir une autre bien loin de nous
» faire obstacle. » Il faut donc cultiver la science universelle dans le but de développer et de fortifier l'esprit lui-même, ce qui est le vrai but de toute éducation libérale, et on pourrait dire sa fin unique, si la science ne devait conduire à la vertu.

« Il faut d'abord reconnaître que les sciences
» sont tellement liées ensemble, qu'il est plus fa-
» cile de les apprendre toutes à la fois que d'en
» détacher une seule des autres. Si donc on veut
» sérieusement chercher la vérité, il ne faut pas
» s'appliquer à une seule science... Il faut son-
» ger à augmenter ses lumières naturelles, non
» pour pouvoir résoudre telle ou telle difficulté
» de l'école, mais pour que l'intelligence puisse
» montrer à la volonté le parti qu'elle doit prendre

(1) XI, 202.

» dans chaque situation de la vie. » Ici se montre le but moral de la science.

« Règle II. — Il ne faut nous occuper que
» des objets dont notre esprit paraît capable d'ac-
» quérir une connaissance certaine et indubi-
» table. »

« Toute science est une connaissance certaine
» et évidente ; aussi vaut-il mieux ne jamais étu-
» dier que de s'occuper d'objets tellement diffi-
» ciles que, dans l'impossibilité de distinguer le
» vrai du faux, on soit obligé d'admettre comme
» certain ce qui est douteux. » Ces connaissances certaines sont plus nombreuses que les savants ordinaires ne le pensent, et avec elles on peut en démontrer un nombre indéfini d'autres.

« Si nous voulons sérieusement nous proposer
» des règles à l'aide desquelles nous puissions
» parvenir au faîte de la connaissance humaine,
» mettons au premier rang celle que nous venons
» d'énoncer, et gardons-nous d'abuser de notre
» loisir, négligeant, comme font beaucoup de
» gens, les études aisées et ne nous appliquant
» qu'aux choses difficiles. Ils pourront, il est vrai,
» former sur ces choses des conjectures subtiles
» et des systèmes probables ; mais, après beau-

» coup de travaux, ils finiront par s'apercevoir
» qu'ils ont augmenté la somme des doutes sans
» avoir jamais appris aucune science... »

» ... Nous arrivons à la connaissance des
» choses par deux voies, l'expérience et la dé-
» duction. L'expérience est souvent trompeuse. »
La déduction, au contraire, ne demande qu'un
peu d'attention pour être bien faite et n'a nul
besoin de toutes les règles de la dialectique.

« Ceci démontre comment il se fait que l'arith-
» métique et la géométrie sont de beaucoup plus
» certaines que les autres sciences, puisque leur
» objet à elles seules est si clair et si simple
» qu'elles n'ont besoin de rien supposer que l'ex-
» périence puisse révoquer en doute, et que toutes
» deux procèdent par un enchaînement de consé-
» quences que la raison déduit l'une de l'autre. »

« Règle III. — Il faut chercher sur l'objet de
» notre étude, non pas ce qu'en ont pensé les
» autres, ni ce que nous soupçonnons nous-
» mêmes, mais ce que nous pouvons voir claire-
» ment et avec évidence, ou déduire d'une ma-
» nière certaine ; c'est le seul moyen d'arriver à
» la science. »

C'est un avantage de pouvoir lire les ouvrages

des anciens et profiter de leurs travaux ; mais il ne faut pas s'en rapporter aveuglément à eux. Il y a deux moyens, et il n'y en a que deux par lesquels « l'entendement puisse s'élever à la connais-
» sance sans crainte de se tromper... l'intuition
» et la déduction. L'intuition n'est pas le témoi-
» gnage variable des sens, ni le jugement trom-
» peur de l'imagination...., mais la conception
» d'un esprit attentif, si distincte et si claire qu'il
» ne lui reste aucun doute sur ce qu'il com-
» prend..., conception qui naît de la seule lumière
» de la raison, et est plus sûre, parce qu'elle est
» plus simple que la déduction elle-même. »

La déduction s'appuie sur l'intuition. « Il est
» un grand nombre de choses qui, sans être évi-
» dentes par elles-mêmes, portent cependant le
» caractère de la certitude, pourvu qu'elles soient
» déduites de principes vrais et incontestés par un
» mouvement continu et non interrompu de la
» pensée, avec une intuition distincte de chaque
» chose. » Les vérités simples sont connues par intuition ; les conséquences éloignées par démonstration ou déduction ; les conséquences premières peuvent être regardées indifféremment comme connues par déduction ou par intuition.

« Ce sont là les deux voies les plus sûres pour

» arriver à la science ; l'esprit ne doit pas en ad-
» mettre davantage ; il doit rejeter toutes les au-
» tres comme suspectes et sujettes à l'erreur.

« RÈGLE IV. — Nécessité de la méthode dans
» la recherche de la vérité. »

« Il vaut mieux ne songer jamais à chercher
» la vérité que de le tenter sans méthode, car il
» est certain que les études sans ordre et les mé-
» ditations confuses obscurcissent les lumières
» naturelles et aveuglent l'esprit. Aussi nous
» voyons des hommes, qui jamais ne se sont oc-
» cupés de lettres, juger d'une manière plus saine
» et plus sûre de ce qui se présente que ceux qui
» ont passé leur vie dans les écoles.

» Il faut bien noter ces deux points : *Ne pas*
» *supposer vrai ce qui est faux, et tâcher d'ar-*
» *river à la connaissance de toutes choses en*
» *augmentant graduellement sa science et en ne*
» *se servant pour cela que des règles de l'intui-*
» *tion et de la déduction* (1).

» Comme l'utilité de cette méthode est telle,
» que se livrer sans elle à l'étude des lettres
» (sciences) soit plutôt une chose nuisible qu'u-

(1) Cf. Disc. de la Méthode, partie II, p. 217.

» tile, j'aime à penser que depuis longtemps les
» esprits supérieurs abandonnés à leur direction
» naturelle l'ont en quelque sorte entrevue. En
» effet, l'âme humaine possède je ne sais quoi
» de divin, où sont déposés les premiers germes
» des connaissances utiles, qui, malgré la négli-
» gence et la gêne des études mal faites, y por-
» tent des fruits spontanés. Nous en avons une
» preuve dans les plus faciles de toutes les scien-
» ces, l'Arithmétique et la Géométrie. On a re-
» marqué, en effet, que les anciens géomètres se
» servaient d'une espèce d'analyse qu'ils éten-
» daient à la solution des problèmes, encore bien
» qu'ils en aient envié la connaissance à la pos-
» térité. »

Le but que Descartes se propose est de généraliser cette analyse et le procédé inverse et complémentaire, *la synthèse,* et d'en étendre l'application à *toutes les sciences.*

« En effet, dit-il, je ne ferais pas grand cas de
» ces règles, si elles ne servaient qu'à résoudre
» certains problèmes dont les calculateurs et les
» géomètres amusent leurs loisirs. Dans ce cas,
» que ferais-je autre chose que de m'occuper de
» bagatelles, avec plus de subtilité peut-être que
» d'autres? Aussi, quoique dans ce traité je parle

» souvent de figures et de nombres, parce qu'il
» n'est aucune science à laquelle on puisse em-
» prunter des exemples plus évidents et plus cer-
» tains, celui qui suivra attentivement ma pensée,
» verra que je n'embrasse ici rien moins que les
» mathématiques ordinaires, mais que j'expose
» une autre méthode dont elles sont plutôt l'en-
» veloppe que le fond. En effet, elle doit contenir
» les premiers rudiments de la raison humaine,
» et aider à faire sortir de tout sujet les vérités
» qu'il renferme; et, pour parler librement, je
» suis convaincu qu'elle est supérieure à tout au-
» tre moyen humain de connaître, parce qu'elle
» est l'origine et la source de toutes les vérités.
» Or, je dis que les mathématiques sont l'enve-
» loppe de cette méthode, non que je veuille la
» cacher et l'envelopper pour en éloigner le vul-
» gaire; au contraire, je veux la vêtir et l'orner
» de manière qu'elle soit plus à la portée de l'es-
» prit....

» Quand je me demandai pourquoi les pre-
» miers inventeurs de la philosophie voulaient
» n'admettre à l'étude de la sagesse que ceux qui
» avaient étudié les mathématiques, comme si
» cette science eût été la plus facile de toutes et
» la plus nécessaire pour préparer et dresser l'es-

» prit à en comprendre de plus élevées, j'ai
» soupçonné qu'ils reconnaissaient une certaine
» science mathématique différente de celle de
» notre âge... Or je crois rencontrer quelques
» traces de ces mathématiques véritables dans
» Pappus et Diophante, qui, sans être de la plus
» haute antiquité, vivaient cependant bien des
» siècles avant nous. Mais je croirais volontiers
» que les écrivains eux-mêmes en ont, par une
» ruse coupable, supprimé la connaissance (1).

» Enfin, quelques hommes d'un grand esprit
» ont, dans ce siècle, essayé de relever cette mé-
» thode, car elle ne paraît autre que ce qu'on ap-
» pelle du nom barbare d'algèbre, pourvu qu'on
» la dégage assez de cette multiplicité de chiffres
» et de ces figures inexplicables qui l'écrasent,
» pour lui donner cette clarté et cette facilité su-
» prême qui, selon nous, doit se trouver dans les
» mathématiques.

» Pour moi qui ai conscience de ma faiblesse,
» *j'ai résolu d'observer constamment dans la*
» *recherche des connaissances un tel ordre que,*
» *commençant toujours par les plus simples et*

---

(1) Ce que dit ici Descartes est exagéré. Cf. Diophante, Proclus, Théon, Archimède, etc.

» *les plus faciles, je ne fisse jamais un pas en*
» *avant pour passer à d'autres, que je ne crusse*
» *n'avoir plus rien à désirer sur les pre-*
» *mières* (1). C'est pourquoi j'ai cultivé jusqu'à
» ce jour, autant que je l'ai pu, cette science ma-
» thématique universelle ; de sorte que je crois
» pouvoir me livrer à l'avenir à des sciences plus
» élevées, sans craindre que mes efforts soient
» prématurés. »

« RÈGLE V. — Ramener graduellement les
» propositions embarrassées et obscures à de plus
» simples, et ensuite partir de l'intuition de ces
» dernières pour arriver par les mêmes degrés à
» la connaissance des autres. »

« Beaucoup de gens ne réfléchissent pas à ce
» qu'elle enseigne, ou présument qu'ils n'en au-
» ront pas besoin. Elle est cependant de la plus
» haute importance..... Mais, comme on pour-
» rait s'égarer dans la recherche de l'ordre à sui-
» vre, il faudra observer soigneusement ce qui
» sera exposé dans la règle suivante. »

« RÈGLE VI. — Pour distinguer les choses les
» plus simples de celles qui sont enveloppées, et

(1) Cf. Disc. de la Méthod., partie II.

» suivre cette recherche avec ordre, il faut dans
» chaque série d'objets où de quelques vérités
» nous avons déduit d'autres vérités, reconnaître
» quelle est la chose la plus simple, et comment
» toutes les autres s'en éloignent plus ou moins,
» ou également. »

« Il n'est pas de règle plus utile, elle nous ap-
» prend que toutes les choses peuvent se classer
» en diverses séries, non en tant qu'elles se rap-
» portent à quelque espèce d'êtres (division qui
» rentrerait dans les catégories des philosophes),
» mais en tant qu'elles peuvent être connues
» l'une par l'autre..... Les choses peuvent être
» appelées absolues ou relatives. J'appelle absolu
» tout ce qui est l'élément simple et indécompo-
» sable de la chose en question, comme, par
» exemple, tout ce qu'on regarde comme *indé-*
» *pendant*, *cause*, *simple*, *universel*, *un*, *égal*,
» *semblable*, *droit*, etc.; et je dis que ce qu'il y
» a de plus simple est ce qu'il y a de plus facile,
» et ce dont nous devons nous servir pour arriver
» à la solution des questions.

» J'appelle relatif ce qui est de la même nature
» ou du moins y tient par un côté par où l'on peut
» le rattacher à l'absolu et l'en déduire. Mais ce

» mot renferme encore certaines autres choses
» que j'appelle des rapports, tel est tout ce qu'on
» nomme *dépendant*, *effet composé*, *particu-*
» *lier*, *multiple*, *inégal*, *dissemblable*, *obli-*
» *que*, etc. Ces rapports s'éloignent d'autant plus
» de l'absolu qu'ils contiennent un plus grand
» nombre de rapports qui leur sont subordonnés,
» rapports que notre règle recommande de dis-
» tinguer les uns des autres, et d'observer dans
» leur connexion et leur ordre mutuel, de ma-
» nière que, passant par tous les degrés, nous
» puissions arriver à ce qu'il y a de plus absolu.
» Or, tout l'art consiste à chercher toujours ce
» qu'il y a de plus absolu..... Dans les corps me-
» surables, l'absolu, c'est l'étendue ; mais dans
» l'étendue, c'est la longueur, etc. Enfin, pour
» mieux faire comprendre que nous considérons
» ici les choses, non quant à leur nature indivi-
» duelle, mais quant aux séries dans lesquelles
» nous les ordonnons pour les connaître l'une
» par l'autre. C'est à dessein que nous avons mis
» au nombre des choses absolues la cause et l'é-
» gal, quoique de leur nature elles soient rela-
» tives ; car, dans le langage des philosophes,
» cause et effet sont deux termes corrélatifs. Ce-
» pendant si nous voulons trouver ce que c'est

» que l'effet, il faut d'abord connaître la cause
» et non pas l'effet avant la cause. Ainsi les
» choses égales se correspondent entre elles; mais
» pour connaître l'inégal, il faut le comparer à
» l'égal.

» Il faut noter, en second lieu, qu'il y a peu
» d'éléments simples et indispensables que nous
» puissions voir en eux-mêmes, indépendamment
» de tous autres, je ne dis pas seulement de
» prime-abord, mais même par des expériences
» et à l'aide de la lumière qui est en nous. Aussi
» je dis qu'il faut les observer avec soin; car ce
» sont là ceux que nous avons appelés les plus
» simples de chaque série. Tous les autres ne
» peuvent être perçus qu'en les déduisant de
» ceux-ci, soit immédiatement et prochainement,
» soit après une ou deux conclusions, ou un plus
» grand nombre, conclusions dont il faut encore
» noter le nombre pour reconnaître si elles sont
» éloignées par plus ou moins de degrés de la
» première et de la plus simple proposition. »

« Règle VII.— Pour compléter la science, il
» faut que la pensée parcoure, d'un mouvement
» non interrompu et suivi, tous les objets qui ap-
» partiennent au but qu'elle veut atteindre, et

» qu'ensuite elle les résume dans une énuméra-
» tion méthodique et suffisante. »

Ainsi étant donnée une série de déductions enchaînées les unes aux autres, jusqu'à une dernière proposition qu'elles servent à prouver. « J'en
» parcourrai la suite de manière que l'imagina-
» tion à la fois en voie une et passe à une autre,
» jusqu'à ce que je puisse aller de la première à
» la dernière avec une telle rapidité que, presque
» sans le secours de la mémoire, je saisisse l'en-
» semble d'un coup d'œil. Cette méthode, tout
» en soulageant la mémoire, corrige la lenteur
» de l'esprit et lui donne de l'étendue.

Cette belle règle recommande encore « l'énu-
» mération ou recherche attentive et exacte de
» tout ce qui a rapport à la question proposée.
» Mais cette recherche doit être telle que nous
» puissions conclure avec certitude que nous n'a-
» vons rien omis à tort.

» Les trois dernières règles ne doivent pas se
» séparer; il faut les avoir toutes trois présentes
» ensemble à l'esprit, parce qu'elles concourent
» également à la perfection de la méthode.

» ... Dans tout le reste de ce traité, nous
» n'aurons presque autre chose à faire que de les

» expliquer en montrant l'application particulière
» des principes généraux que nous venons d'ex-
» poser. »

Ces trois règles comprennent et développent les quatre préceptes donnés dans la seconde partie du Discours de la Méthode (1).

« Règle VIII. — Si dans la série des ques-
» tions il s'en présente une que notre esprit ne
» peut comprendre parfaitement, il faut s'arrêter
» là, ne pas examiner ce qui suit, mais s'épar-
» gner un travail superflu. »

Il prend pour exemple la recherche de l'anaclastique (2), puis ajoute ce qui suit :

« Or, pour ne pas rester dans une incertitude
» continuelle sur ce que peut notre esprit, et ne
» pas nous consumer en efforts stériles et mal-
» heureux, avant d'aborder la connaissance de
» chaque chose en particulier, il faut une fois en
» sa vie s'être demandé quelles sont les connais-
» sances que peut atteindre la raison humaine...
» Or, ici, il n'est aucune question plus impor-
» tante à résoudre que celle de savoir ce que c'est

---

(1) Cf. Disc. de la Méthod., partie II.
(2) V. plus haut, p. 143 sq.

» que la connaissance humaine, et jusqu'où
» elle s'étend... Et d'abord nous remarquons
» qu'en nous l'intelligence seule est capable de
» connaître, mais qu'elle peut être empêchée ou
» aidée par trois autres facultés, à savoir, l'ima-
» gination, les sens, la mémoire. Il faut donc
» voir successivement en quoi ces facultés peu-
» vent nous nuire pour l'éviter, ou nous servir
» pour en profiter...

» Or, dans tout ce traité, nous tâcherons de
» suivre avec exactitude et d'aplanir les voies qui
» peuvent conduire l'homme à la découverte de
» la vérité dans tout ce qui ne surpasse pas les
» efforts de l'esprit humain. »

« Règle IX. — Il faut diriger toutes les forces
» de son esprit sur les choses les plus faciles et de
» la moindre importance, et s'y arrêter longtemps,
» jusqu'à ce qu'on ait pris l'habitude de voir la
» vérité clairement et distinctement. »

En suivant cette règle, on s'habituera à ne se repaître que de bonnes raisons, on fortifiera et on développera par l'exercice et l'habitude les facultés d'intuition et de déduction, on accroîtra la perspicacité et la sagacité de l'esprit.

« Règle X. — Pour que l'esprit acquière de
» la facilité, il faut l'exercer à trouver les choses
» que d'autres ont déjà découvertes, et à par-
» courir, avec méthode, même les arts les plus
» communs, surtout ceux qui expliquent l'ordre
» ou qui le supposent. »

Et ici il conseille de commencer par les arts les
moins importants, « ceux surtout où l'ordre règne,
» comme sont les métiers du tisserand, du tapis-
» sier, des femmes qui brodent ou qui font de la
» dentelle, etc.

» J'avoue, dit-il, en faisant un retour sur lui-
» même, que je suis né avec un esprit tel que le
» plus grand bonheur de l'étude consiste pour
» moi, non pas à entendre les raisons des autres,
» mais à les trouver moi-même. Cette disposition
» seule m'excita jeune encore à l'étude des
» sciences ; aussi toutes les fois qu'un livre quel-
» conque me promettait par son titre une décou-
» verte nouvelle, avant d'en pousser plus loin la
» lecture, j'essayais si ma sagacité naturelle pou-
» vait me conduire à quelque chose de sem-
» blable, et je prenais grand soin qu'une lecture
» empressée ne m'enlevât pas cet innocent plai-
» sir. Cela me réussit tant de fois que je m'aper-

» çus enfin que j'arrivais à la vérité, non plus
» comme les autres hommes, après des recherches
» aveugles et incertaines, par un coup de for-
» tune plutôt que par art, mais qu'une longue
» expérience m'avait appris des règles fixes qui
» m'aidaient merveilleusement, et dont je me
» suis servi dans la suite pour trouver plusieurs
» vérités. »

Ainsi Descartes a d'abord trouvé et pratiqué d'instinct ces règles, avant de les remarquer et d'en faire l'objet d'un code de Logique. L'histoire de son esprit est celle de l'esprit humain, et il était doublement intéressant de recueillir ici ce témoignage précieux de Descartes sur la suite de ses pensées et sur l'évolution de son esprit. Nous avons dit plus haut qu'il semble que Descartes aurait pu inventer toute la science de son temps. On voit combien notre hypothèse se rapprochait de la vérité.

Comme le syllogisme ne sert à rien découvrir, Descartes en fait peu de cas. Il peut servir à démasquer les sophismes, dira-t-on. « Les so-
» phismes les plus subtils, répond Descartes, qui
» ne craint pas d'exprimer franchement ici sa
» pensée, les sophismes les plus subtils ne trom-

» pent que les sophistes, et non ceux qui se ser-
» vent de leur seule raison (1)...

» Cet art syllogistique ne sert en rien à la dé-
» couverte de la vérité..., seulement il peut ser-
» vir à exposer plus facilement aux autres les vé-
» rités déjà connues ; et ainsi il faut le renvoyer
» de la Philosophie à la Rhétorique. » On ne peut
penser plus juste, ni s'exprimer plus finement.

« Règle XI. — Après avoir aperçu par l'in-
» tuition quelques propositions simples, si nous
» en concluons quelque autre, il est utile de les
» suivre sans interrompre un seul instant le mou-
» vement de la pensée, de réfléchir à leurs rap-
» ports mutuels, et d'en concevoir distinctement
» à la fois le plus grand nombre possible; c'est le
» moyen de donner à notre science plus de certi-
» tude et à notre esprit plus d'étendue. »

Cette règle développe certaines parties de la règle VII. « L'utilité de cette règle consiste surtout
» en ce que, accoutumés à réfléchir à la dépen-
» dance mutuelle des propositions simples, nous
» acquérons l'habitude de distinguer d'un seul

---

(1) Cf. Duhamel, ouvr. cit., partie I, au commencement.

» coup celles qui sont plus ou moins relatives, et
» par quels degrés il faut passer pour les ramener
» à l'absolu... L'homme accoutumé à réfléchir
» à ce procédé, chaque fois qu'il examinera une
» question nouvelle, reconnaîtra aussitôt la cause
» de la difficulté et en même temps le mode de
» solution le plus simple de tous, ce qui est le
» plus puissant secours pour la connaissance de
» la vérité. »

« Règle XII. — Enfin, il faut se servir de
» toutes les ressources de l'intelligence, de l'ima-
» gination, des sens, de la mémoire, pour avoir
» une intuition distincte des propositions sim-
» ples, pour comparer convenablement ce qu'on
» cherche avec ce qu'on connaît, et pour trouver
» les choses qui doivent être comparées entre
» elles; en un mot, on ne doit négliger aucun des
» moyens dont l'homme est pourvu. »

« Cette règle renferme tout ce qui a été dit plus
» haut, et montre en général ce qu'il fallait ex-
» pliquer en particulier. »

Elle fait voir comment on peut remonter aux propositions simples et aux axiomes, et, de là, descendre aux propositions complexes dans les sciences de la matière et dans les sciences de l'esprit. Et ici se trouvent plusieurs paragraphes qui, touchant à la fois à la psychologie et à la physiologie, sont extrêmement curieux à étudier en eux-mêmes et au point de vue de l'histoire des idées de l'auteur.

Descartes y considère l'âme et le corps comme distincts, quoique *substantiellement unis* (1), et refuse déjà toute pensée aux animaux (2). Il y donne les fondements de sa théorie de la perception extérieure. Pour lui, la sensation est une simple modification du moi, un fait purement subjectif, comme nous dirions aujourd'hui; en dehors de nous, objectivement, il n'y a ni *odeur*, ni *saveur*, ni *couleur*, ni *son*, il n'y a qu'*étendue*, *figure* et *mouvement*. Ces idées cependant sont présentées, je dois le dire, sous une forme hypothétique et dubitative par l'auteur qui n'a pas l'intention, dans le présent ouvrage, d'engager de discussion sur ces points épineux; mais il ne faut pas s'y tromper, ce sont bien là chez lui des idées arrêtées et sur lesquelles il ne variera plus. Il en est de même des deux preuves qu'il donne en passant de la distinction de l'âme et du corps et de l'existence de Dieu. « Je comprends, donc j'ai

---

(1) Cf. Médit., rép. aux object. d'Arnauld.
(2) V. p. 266 sqq. vol. XI des OEuvr.

» une âme distincte de mon corps; je suis, donc
» Dieu est (1). »

Les préceptes logiques qui accompagnent ces théories psychologiques et métaphysiques résument et quelquefois développent les règles qui précèdent, et par conséquent on en trouve plus haut la substance. Nous ne les analyserons donc pas, mais nous engageons le lecteur philosophe à méditer tous les développements de cette 12ᵉ règle. Il n'y a pas de lecture plus intéressante et plus profitable pour celui qui est curieux de s'instruire des voies par lesquelles l'esprit humain est arrivé à la connaissance de la vérité. On ne se trouve pas ici en présence d'un esprit stérile, d'un pur et simple logicien, à qui les sciences ne doivent ni une découverte positive, ni un principe fécond, mais en face d'un génie puissant et créateur qui a enrichi toutes les sciences humaines et leur a fait accomplir la plus grande et la plus admirable révolution dont elles aient gardé le souvenir. Descartes livre ici le secret de ses grandes et immortelles découvertes, et nous laisse voir la fécondité des idées métaphysiques et de la méthode *à priori* auxquelles il les doit. L'esprit humain, en effet,

---

(1) P. 274. Cf. plus bas l'analyse des Médit.

n'avance dans la connaissance des choses qu'autant qu'il développe, étend et affermit les procédés de la méthode *à priori*. La méthode expérimentale ne peut que suivre les progrès de celle-ci. L'ouvrage profond de Descartes, cependant, n'a guère été consulté que par quelques géomètres (1). Les philosophes (2) et les logiciens de profession l'ont laissé dormir dans la poussière depuis deux siècles, et les idées qu'il renferme sont encore aujourd'hui aussi neuves que profondes.

« Règle XIII. — Quand nous comprenons
» parfaitement une question, il faut la dégager
» de toute conception superflue, la réduire au
» plus simple, la subdiviser le plus possible au
» moyen de l'énumération... »

» Voici le seul point sur lequel nous imitions
» les dialecticiens ; c'est que, comme pour ap-
» prendre les formes du syllogisme ils supposent
» que les termes ou la matière en est connue, de

---

(1) V. Chasles, Disc. d'introd. au cours de géom. sup.; Cournot, Essai. On s'étonne que M. Duhamel ne l'ait pas cité dans son beau traité : *Des méthodes dans les sciences de raisonnement*.

(2) J'excepte Cousin, préf. du XIe vol. Bouillier, Hist. de la phil. cart., chap. II et *passim*.; Janet, art. de la Rev. des Deux-Mondes sur le dernier ouvr. de Claude Bernard, 1866.

» même nous exigeons au préalable que la ques-
» tion soit parfaitement comprise. Mais nous ne
» distinguons pas comme eux deux extrêmes et
» un moyen ; nous considérons la chose toute en-
» tière de cette façon. D'abord, dans toute ques-
» tion, il est nécessaire qu'il y ait quelque chose
» d'inconnu, sans quoi il n'y aurait pas de ques-
» tion. Secondement, ce quelque chose doit être
» désigné d'une manière quelconque, autrement
» il n'y aurait pas de raison pour chercher telle
» chose plutôt que telle autre. Troisièmement, l'in-
» connu ne peut être désigné que par quelque
» chose qui soit connu.

» Mais de plus, pour que la question soit par-
» faite, nous voulons qu'elle soit entièrement dé-
» terminée, tellement qu'on ne cherche rien de
» plus que ce qui peut se déduire des données... Et
» notre règle commande de dégager de toute con-
» ception superflue la difficulté bien comprise. »

Descartes applique ce qu'il dit, non-seulement aux mathématiques, mais à la physique. Avec Galilée et les grands génies de l'antiquité, il fonde la physique sur la mesure et la comparaison des grandeurs (1).

(1) P. 286.

C'est ici que se trouvent les développements sur les questions, reproduits dans la Logique de Port-Royal (1). Descartes ramène tous ses préceptes de détail à un seul : ne pas prendre pour déterminer la question plus qu'il n'est donné, et ne rien omettre de ce qui est donné (2).

« RÈGLE XIV. — La même règle doit s'appli-
» quer à l'étendue réelle des corps, et il faut la
» représenter tout entière à l'imagination au
» moyen de figures nues. »

Descartes, nous l'avons vu, ramène toutes les questions de physique à la mesure et à la comparaison des grandeurs ou quantités. Toute difficulté bien comprise et examinée d'après la règle précédente, ne roule plus que sur des grandeurs en général.

Mais ce qu'on dit des grandeurs en général peut se rapporter à chacune d'elles en particulier, aux mouvements, aux poids, aux forces, à l'étendue, etc. Or, l'étendue étant ce qui se peint le mieux dans l'imagination, ce qui se représente le plus facilement et le plus distinctement à l'es-

---

(1) Partie IV, chap. 2.
(2) P. 290.

prit, il sera avantageux de prendre l'étendue comme sujet de nos études et de nos méditations sur les grandeurs, et de ramener à des questions de *figure*, de *dimension* et de *position relative* toutes les questions entre les grandeurs.

« Jusqu'à la règle 25, dit Descartes, je ne
» traiterai pas d'autre chose. »

Il ajoute : « Je désirerais ici un lecteur qui
» n'eût de goût que pour les études mathémati-
» ques et géométriques, quoique j'aimasse mieux
» qu'il n'y fût pas versé du tout qu'instruit d'a-
» près la méthode vulgaire. En effet, l'usage des
» règles que je donnerai ici, et qui suffit pour les
» apprendre, est bien plus facile que dans toute
» autre espèce de question, *et leur utilité est si*
» *grande pour acquérir une science plus haute,*
» *que je ne crains pas de dire que cette partie*
» *de notre méthode n'a pas été inventée pour*
» *résoudre des problèmes mathématiques, mais*
» *plutôt que les mathématiques ne doivent être*
» *apprises que pour s'exercer à la pratique de*
» *cette méthode.* »

Descartes en revient donc à la prescription de Platon : « Que nul n'entre ici s'il n'est géomètre », ou du moins s'il n'a le goût de la géométrie ; car il va enseigner cette science par une méthode plus simple et plus féconde qu'il a inventée.

Il commence par analyser avec une profondeur admirable les idées premières et simples qui se trouvent à la base des mathématiques, l'étendue, la dimension, le nombre, la figure, l'unité, etc. Les mathématiques ont pour objet, dit-il, l'*ordre* et la *mesure* (1), et il explique comment les figures géométriques peuvent aider à étudier l'un et l'autre (2).

« Règle XV. — Souvent il est bon de tracer
» ces figures et de les montrer aux sens externes,
» pour tenir plus facilement notre esprit attentif. »

Ceci n'offre aucune difficulté.

« Règle XVI. — Quant à ce qui n'exige pas
» l'attention de l'esprit, quoique nécessaire pour
» la conclusion, il vaut mieux le désigner par de
» courtes notes que par des figures entières. Par
» ce moyen, la mémoire ne pourra nous faire dé-
» faut, et cependant la pensée ne sera pas dis-
» traite pour le retenir des autres opérations aux-
» quelles elle est occupée. »

---

(1) P. 505.
(2) Cf. Disc. de la Méthode, partie II.

On peut étudier dans le développement de cette règle par quelle suite d'idées nettes, profondes et logiquement enchaînées, Descartes est arrivé à donner à l'algèbre cette clarté et cette facilité suprêmes qui la caractérisent depuis lors, et qu'elle était loin de posséder avant lui, et comment il a fait avancer peu à peu l'Application de l'Algèbre à la Géométrie.

Nous en détachons le passage suivant, intéressant au double point de vue de l'histoire des idées de Descartes, et de l'histoire de l'esprit humain.

« Au reste (1), comme parmi les innombrables
» dimensions (le poids, la durée, le mouvement,
» etc.) qui peuvent se figurer dans notre ima-
» gination, nous avons dit qu'on ne pouvait
» en embrasser plus de deux à la fois, d'un seul
» et même regard, soit des yeux, soit de l'esprit,
» il est bon de retenir toutes les autres assez
» exactement pour qu'elles puissent se présen-
» ter à nous toutes les fois que nous en aurons
» besoin. C'est dans ce but que la nature nous
» paraît avoir donné la mémoire ; mais comme
» elle est souvent sujette à faillir, et pour ne
» pas être obligés de donner une partie de no-

---

(1) P. 313 sqq.

» tre attention à la renouveler, pendant que nous
» sommes occupés à d'autres pensées, l'art a fort
» à propos inventé l'écriture, à l'aide de laquelle,
» sans rien remettre à notre mémoire, et aban-
» donnant notre imagination librement et sans
» partage aux idées qui l'occupent, nous confions
» au papier ce que nous voulons retenir, et cela
» au moyen de courtes notes, de manière qu'a-
» près avoir examiné chaque chose séparément,
» d'après la règle IX, nous puissions, d'après la
» règle XI, les parcourir toutes par le mouvement
» rapide de la pensée, et en embrasser à la fois le
» plus grand nombre possible.

» Ainsi tout ce qu'il faudra considérer comme
» l'unité, pour la solution de la question, nous le
» désignerons par une note unique, que l'on peut
» prendre arbitrairement. Mais pour plus de fa-
» cilité, nous nous servirons des caractères a, b, c,
» etc., pour exprimer les grandeurs déjà connues,
» et A, B, C, pour les grandeurs inconnues, que
» nous ferons précéder des chiffres 1, 2, 3, 4,
» etc., pour en indiquer le nombre, et suivre des
» mêmes chiffres pour exprimer le nombre des
» relations qu'elles contiennent (ou puissances).
» Par exemple, si j'écris $2\,a^3$, c'est comme si je
» disais le double de la grandeur représentée

» par a, laquelle contient trois rapports (est à la
» troisième puissance). »

C'est là cette invention des exposants qui a révolutionné l'Algèbre, et a été admirée de tous les grands mathématiciens (1).

« Par ce moyen, non-seulement nous écono-
» miserons les mots, mais encore, ce qui est ca-
» pital, nous présenterons les termes de la diffi-
» culté tellement nus et tellement dégagés, qu'en
» n'oubliant rien d'utile, nous n'y laisserons rien
» qui soit superflu, et qui occupe en vain la ca-
» pacité de notre esprit, quand il lui faudra em-
» brasser plusieurs choses à la fois.

» Pour rendre tout ceci plus clair, remarquez
» d'abord que les calculateurs ont coutume de
» désigner chaque grandeur par plusieurs unités,
» ou par un nombre quelconque, tandis que nous,
» nous ne faisons ici pas moins abstraction des
» nombres que tout à l'heure des figures de géo-
» métrie ou de toute autre chose que ce soit. Nous
» le faisons dans le dessein et d'éviter l'ennui
» d'un calcul long et superflu, et principalement
» de laisser toujours distinctes les parties du sujet
» dans lesquelles consiste la difficulté sans les

(1) V. Laplace, Introd. au calcul des probabilités.

» envelopper dans des nombres inutiles... Ainsi,
» soit cherchée la base d'un triangle rectangle
» dont les côtés donnés sont 9 et 12, un calcula-
» teur dira que c'est $\sqrt{225}$ ou 15. Pour nous, à
» la place de 9 et 12, nous mettrons a et b, et
» nous trouverons que la base est $\sqrt{a^2 + b^2}$;
» ainsi resteront distinctes ces deux parties a et b
» qui dans le nombre sont confuses. »

Il rejette tous les termes capables de troubler la conception nette des choses, et les remplace par des expressions à la fois très-claires, très-simples et très-générales, de la nature de celles qu'on vient de voir.

« Enfin, il faut observer qu'il ne faut confier
» à sa mémoire rien de ce qui n'exige pas une
» attention perpétuelle, si l'on peut le déposer
» sur le papier, de peur que ce souvenir superflu
» ne dérobe une partie de notre esprit à la pensée
» de l'objet présent; et qu'il faut dresser une
» table pour y écrire les termes de la question
» telle qu'elle aura été proposée d'abord. »

« Règle XVII. — Il faut parcourir directe-
» ment la difficulté proposée, en faisant abstrac-
» tion de ce que quelques-uns de ses termes sont
» connus et les autres inconnus, et en suivant,

» par la marche véritable, la mutuelle dépen-
» dance des uns et des autres (1). »

En effet, les termes inconnus sont déterminés par ceux qui sont connus. « Si donc nous réflé-
» chissons aux choses qui se présentent d'abord
» aussitôt que nous reconnaissons cette détermi-
» nation, et que nous les mettions, quoique in-
» connues, au nombre des choses connues, pour
» en déduire graduellement, et par la vraie route,
» le connu même, comme s'il était inconnu, nous
» remplirons tout ce que cette règle exige. Nous
» en remettons les exemples à la 24ᵉ règle. »

Malheureusement cette règle manque, puisque l'ouvrage tel qu'il a été retrouvé se termine à la 21ᵉ.

La 18ᵉ n'offre aucune difficulté ; elle est la continuation de la 17ᵉ, et concerne la mise en équation ; les trois autres sont sans développement. Les voici toutes quatre :

« Règle XVIIIᵉ. — Pour cela, il n'est besoin
» que de quatre opérations, l'addition, la sous-
» traction, la multiplication et la division ; même
» les deux dernières n'ont souvent pas besoin

---

(1) Cf. Duhamel, ouvr. cité, partie I.

» d'être faites, tant pour ne rien embrasser inu-
» tilement, que parce qu'elles peuvent, par la
» suite, être plus facilement exécutées.

» Règle XIX. — C'est par cette méthode qu'il
» faut chercher autant de grandeurs exprimées
» de deux manières différentes que nous suppo-
» sons connues de termes inconnus, pour parcou-
» rir directement la difficulté, car, par ce moyen,
» nous aurons autant de comparaisons entre deux
» choses égales.

» Règle XX. — Après avoir trouvé les équa-
» tions, il faut achever les opérations que nous
» avons omises, sans jamais employer la multi-
» plication, toutes les fois qu'il y aura lieu à di-
» vision.

» Règle XXI. — S'il y a plusieurs équations
» de cette espèce, il faudra les réduire toutes à
» une seule, savoir, à celle dont les termes occu-
» peront le plus petit nombre de degrés dans la
» série des grandeurs en proportion continue,
» selon laquelle ces termes eux-mêmes doivent
» être disposés. »

Ici se termine l'ouvrage. On voit qu'il devait
se continuer par l'exposition des règles les plus

fécondes de Descartes et de ses plus belles inventions en Analyse. La Géométrie peut donc être considérée comme l'achèvement de la seconde partie. D'un autre côté, les considérations logiques de la *Dioptrique* et des *Météores* peuvent suppléer à la troisième partie. Nous pourrons donc, quand le moment sera venu, compléter l'analyse que nous venons de donner et achever, dans la pensée du lecteur, l'édifice commencé de la Logique cartésienne. Tel que nous l'avons, l'ouvrage est tellement plein d'idées neuves, originales et profondes qu'on ne peut trop en recommander l'étude aux géomètres, aux logiciens et aux philosophes.

Descartes avait sans doute achevé au moins l'esquisse de la troisième partie, lorsqu'il quitta sa retraite ignorée pour se rendre en Hollande.

Nous allons le suivre dans ce pays, où, sauf de rares et rapides excursions en France et dans les pays voisins, il séjourna jusqu'au moment où il se rendit en Suède, c'est-à-dire jusqu'en 1649.

Il laissait en France l'abbé Picot comme agent de ses affaires domestiques, et régisseur de sa fortune, et le P. Mersenne comme son correspondant général et son représentant auprès du monde savant. Descartes en Hollande changea fréquemment de demeure, pour éviter les visites importunes, ou pour se rapprocher de ses disciples ; Mersenne et Picot seuls, et plus tard de Carcavi, furent toujours au courant de ces changements de résidence.

Mersenne et de Carcavi lui faisaient parvenir les lettres des savants de France qui étaient en correspondance avec lui, et de son côté, il se servait de leur intermédiaire pour faire arriver ses réponses à leur adresse.

CHAPITRE VI.

Le Métaphysicien. — Les neuf premiers mois de son séjour en Hollande. — Le château de Franeker.— Les Méditations.

1629.

Il se rendit donc en Hollande, au printemps de 1629, et s'arrêta d'abord quelque temps à Amsterdam, avant de se rendre à Franeker en Frise. Là, il reçut un paquet de lettres de Mersenne, et eut à essuyer les reproches et les murmures de ses amis qui se plaignaient d'être abandonnés, l'accusaient de misanthropie ou d'impuissance à remplir les espérances qu'il avait fait naître, et auraient voulu, par tous les moyens possibles, le faire revenir au milieu d'eux. Mais il s'était fortifié d'avance contre ces plaintes et armé contre toute faiblesse. En se donnant à la science et à la philosophie, il s'était donné tout entier, et fidèle à l'un de ses préceptes de morale qui lui défendait les hésitations tardives, les regrets inutiles et les retours intempestifs, il s'en remettait à l'action bienfaisante du temps du soin de guérir les blessures nécessaires qu'il avait dû faire à ses amis et celles qu'il s'était faites à lui-même en s'exilant.

Il avait choisi le nord de la Hollande, parce qu'il y connaissait peu de monde, parce que la coutume du pays n'était pas de se faire des visites comme en France, parce que la paix y régnait, et surtout parce que le climat de ces contrées lui paraissait favorable à ses méditations métaphysiques autant qu'à sa santé. Il disait que l'air d'Italie était empesté, et que le climat de Paris ne lui faisait enfanter que des chimères en philosophie.

Au bout de quelques jours, il partit donc pour la Frise, et s'établit au château de Franeker où il loua un appartement. Le château habité par Descartes est le fameux château de la famille noble de Sjaerdama; le Sjaerdamahuis, qui alors appartenait, par succession, à Gerralt Van Juckema. Toute cette famille était restée catholique. Gerralt Van Juckema, habitant alors un autre château près de Leeuwarden, loua celui qui était près de Franeker et qui n'était séparé de la ville que par un fossé. On y disait la messe, et cette particularité paraît avoir déterminé le choix de Descartes.

Mais le philosophe ne voulait pas seulement assister aux offices, il voulait aussi fréquenter les cours de l'université de Franeker. Il se fit donc inscrire, dès le 16 avril, sur l'album des étudiants; et on peut encore y lire aujourd'hui cette inscription : *Renatus Descartes, gallus philosophus*, 16 *apr.* 1629 (1).

C'est au château de Franeker qu'il composa ses Méditations métaphysiques (publiées seulement en 1640) et qu'il jeta les fondements de la philosophie nouvelle. Il écrit, en effet, au P. Mersenne en avril 1630 (2) : « Je pense avoir trouvé
» comment on peut démontrer les vérités méta-
» physiques d'une façon qui est plus évidente que
» les démonstrations de géométrie. Les neuf pre-
» miers mois que j'ai été en ce pays, je n'ai tra-
» vaillé à autre chose. » Au milieu même de ce travail (3), il écrit au révérend P. Ollier, qu'il a « commencé son petit Traité », et il lui rappelle « la promesse qu'il lui a faite de le corriger et d'y

---

(1) Je dois ces renseignements à M. Eekhoff, archiviste de Leeuwarden, qui a bien voulu écrire pour moi le résultat de ses recherches savantes sur le séjour de Descartes en Frise.

(2) V. OEuvr., VI, 109.

(3) Juillet 1629. V. Inédits, II, p. 3.

» ajouter la dernière main. » Mais ouvrons le *Discours de la Méthode*, cette autobiographie dont les renseignements sont si exacts et les dates si précises. Le Discours de la Méthode a été écrit en Frise, à Leeuwarden, en 1636, et parut en 1637. On y lit : « Il y a justement huit ans que ce
» désir (le désir de remplir les espérances qu'on
» concevait de lui comme futur réformateur de la
» philosophie) me fit résoudre à m'éloigner de tous
» les lieux où je pouvais avoir des connaissances,
» et à me retirer ici. » (Il désigne la Frise.) « Je
» ne sais si je dois vous entretenir *des premières*
» *méditations que j'y ai faites*, car elles sont
» si métaphysiques et si peu communes, qu'elles
» ne seront peut-être pas au goût de tout le
» monde. » Et il donne l'analyse succincte de ces *Méditations*. Sans doute, l'ouvrage sera retouché et complété plus tard, mais le fond restera le même, comme on peut le voir en comparant le Discours, les Méditations et les Lettres. Il dit à Mersenne que « les points principaux de ce petit
» Traité de Métaphysique sont de prouver l'exis-
» tence de Dieu et celle de nos âmes, » et qu'il s'est « satisfait » lui-même sur ces points. D'autres lettres, dont on verra l'analyse et des citations plus loin, le *Discours* lui-même, nous permettent de

voir que les preuves fondamentales n'ont pas changé.

Ainsi nous connaissons le lieu et la date de la naissance de la Métaphysique cartésienne. Il faut retenir ce lieu désormais sacré pour tout homme qui pense, et cette date, l'une des plus grandes de l'histoire de l'esprit humain : *château de Franeker, en Frise,* 1629.

Puisque nous voulons être l'historien fidèle des pensées de Descartes, c'est ici le moment d'exposer les idées fondamentales des *Méditations*. Plus tard, quand l'ouvrage verra le jour (en 1640), nous discuterons en détail les *Objections et les Réponses*, et nous nous replacerons au milieu de ces débats solennels et de ces plaidoiries sublimes dont les avocats sont Gassendi, Hobbes, Arnauld, Descartes et les plus grands penseurs de l'époque. Actuellement, nous avons à exposer et à apprécier sommairement les trois ou quatre idées fondamentales dont Descartes était certainement en possession en 1629.

Rappelons d'abord que dès 1628, dans sa retraite ignorée, il avait découvert, on pourrait presque dire d'une manière inconsciente, les fondements de sa Métaphysique. On lit, en effet,

dans les *Règles* (1) : « Chacun peut voir intuiti-
» vement qu'il existe, qu'il pense. « — « Je com-
» prends; donc j'ai une âme distincte du corps. »
— « Je suis, donc Dieu est. »

Que lui manque-t-il donc dès-lors pour trouver le roc et l'argile qu'il cherche depuis si longtemps, en écartant la terre mouvante et le sable? Il lui manque de rapprocher ces idées et de les appuyer l'une sur l'autre. Il faut d'abord qu'il aperçoive intuitivement, non-seulement qu'il pense et qu'il existe, mais qu'il existe parce qu'il pense. C'est ce qu'il vit, avec une clarté parfaite, en 1629. « Je
» me résolus de feindre, dit-il (2), que toutes les
» choses qui m'étaient jamais entrées en l'esprit
» n'étaient non plus vraies que les illusions de
» mes songes. Mais aussitôt après, je pris garde
» que, pendant que je voulais ainsi penser que
» tout était faux, il fallait nécessairement que
» moi, qui le pensais, fusse quelque chose; et,
» remarquant que cette vérité, *je pense, donc je*
» *suis*, était si ferme et si assurée, que toutes les
» plus extravagantes suppositions des sceptiques

---

(1) V. OEuvr., XI, pp. 212 et 274.
(2) V. Disc., partie IV, OEuvr., I, 157, sq. Cf. les 2 prem. médit.

» n'étaient pas capables de l'ébranler, je jugeai
» que je pouvais la recevoir sans scrupule pour le
» premier principe de la Philosophie que je cher-
» chais (1). »

Essayons de nous faire une idée exacte de l'origine et de la valeur de ce principe. Et, d'abord, il a été découvert analytiquement. Le doute méthodique, en effet, n'est qu'une forme de l'analyse qui écarte momentanément du champ de la croyance tout ce qui est complexe et n'est pas évident de soi, pour le décomposer ensuite et le ramener, s'il est possible, aux idées claires et évidentes par elles-mêmes.

En second lieu, ce principe n'est pas une simple aperception de conscience, car il renferme une notion rationnelle et implique un principe *à priori* dont il n'est que la conséquence. La notion d'existence, remarquons-le bien, est une catégorie de la raison, un cadre *à priori* dans lequel les per-

---

(1) Sans que Descartes le sût, S. Augustin et Campanella l'avaient précédé sur ce point. Mais ce qui fait l'originalité de Descartes, c'est que ce principe est le premier anneau d'une chaîne immense et solide. Il y a loin d'un principe entrevu par hasard, et isolé, à ce même principe découvert méthodiquement, fécondé par le génie et servant de base à tout un système.

V. Object. et lettr. d'Arnauld, et Mamiani, ouvr. cit., p. 59.

ceptions de conscience viennent se ranger pour donner lieu à ce premier jugement : *Je suis, car je pense;* puis à cet autre, d'où il dépend logiquement : *Ce qui pense, est;* ou, *le néant ne peut penser.* L'analyse nous montre que ce second principe est le fondement du premier.

Dans la synthèse qui suit la voie inverse de l'analyse, Descartes a donc dit : *Le néant ne peut penser, or je pense, donc je suis;* ou, en abrégeant : *Je pense, donc je suis.* La certitude de l'existence personnelle n'est perçue qu'à la lumière du principe universel, nécessaire et absolu : *Le néant ne peut penser.* Qu'on voie cette lumière ou non, peu importe. Comme la lumière du soleil, elle nous éclaire sans qu'on ait conscience de la sentir. La raison consciente prononce donc d'abord un jugement particulier, puis, en second lieu, le jugement universel dont il n'est qu'une application particulière. Dans l'ordre inconscient, le second jugement précède le premier. Aristote dirait que ce second jugement est en nous comme une habitude prochaine qui n'est séparée de l'acte que par un obstacle extérieur et qui passe à l'acte dès que l'obstacle est levé (1).

(1) Cf. Ravaisson, Essai.

Dans les deux cas, c'est toujours la raison qui prononce, puisque sans la notion *à priori* de l'existence et de l'être, les deux jugements seraient impossibles. La conscience, faculté expérimentale, ne peut donner que la matière et non la forme du jugement, et par conséquent ne peut prononcer le jugement lui-même. Les psychologues modernes ont eu le tort de voir dans le *Cogito, ergo sum,* comme ils disent, une simple aperception de conscience. C'est là enlever au principe de Descartes toute valeur absolue.

Mais, objectera-t-on immédiatement, ce principe, *Le néant ne peut penser,* comme tous les principes rationnels (1), n'est absolu qu'au regard de notre esprit, c'est-à-dire qu'il n'est pas absolu du tout. Il n'échappe pas plus que les autres au naufrage universel dans lequel le subjectivisme de Kant entraîne tous les principes de la raison et la raison elle-même. Pascal n'a pas attendu Kant pour faire cette objection terrible. « Contre les » principes naturels, dit-il, les pyrrhoniens op-» posent l'incertitude de notre origine qui en-» ferme celle de notre nature, à quoi les dogma-

---

(1) Le XVIIe siècle disait *les principes naturels.*

» tistes sont encore à répondre depuis que le
» monde dure (1). »

Descartes se fait donc illusion, ajoutera-t-on, s'il croit avoir échappé aux plus extravagantes suppositions des sceptiques. Que serait-ce donc si nous le mettions en face de l'unité absolue et immuable de l'Ecole d'Elée, et de la Philosophie Vedanta, qui anéantit l'univers et le *moi* lui-même (2). L'univers, selon les grands penseurs de l'Inde, ressemble au mirage dans les déserts de sable; l'*Un* seul existe dans son immobilité absolue, Brahma seul est. « Brahma ne ressemble point au
» monde, et hors Brahma il n'y a rien. Tout ce
» qui semble exister en dehors de lui est une illu-
» sion comme le mirage dans le désert de Maroû.

» De tout ce qui est vu, de tout ce qui est en-
» tendu, rien n'existe que Brahma. Et, par la
» connaissance du principe, Brahma est contem-
« plé comme l'être véritable, vivant, heureux,
» sans dualité.

---

(1) Pascal, OEuvr., édit. Lahure, I, 292.

(2) V. Colebrooke. Essai sur la philosophie des Hindous, trad. Pauthier, extrait d'un ouvrage de S'ankara Atcharya, p. 276 et *passim*. — V. les Frag. de Parménide et de Xenophane, éd. Mullach. Paris, Firmin-Didot, 1860, p. 101, 109 sqq. — V. Pascal, éd. Lahure, I, 294-293.

» L'œil de la connaissance contemple l'être vé-
» ritable... Mais l'œil de l'ignorance ne le dé-
» couvre pas.

» La nature (1) se délivre elle-même dans une
» *forme* qui est la *science*.

» Par l'étude des principes, on acquiert cette
» science absolue, incontestable, compréhensible
» à la seule intelligence, consistant à savoir que
» ni *le Moi*, ni *rien qui soit mien*, ni *moi-
» même n'existent.* »

Eh quoi! dira-t-on à Descartes, tu ne peux
douter que tu doutes. Pénètre plus avant dans la
science vraie, qui est la délivrance de l'âme, tu
douteras de ton doute et de ta pensée, tu douteras de toi-même. Encore un pas! et tu n'auras
plus conscience de toi, et tu ne seras plus! Le
doute vrai, sincère, profond, le doute véritablement scientifique, est une prison dont on ne
peut plus sortir. Tu veux t'en échapper par l'observation de la conscience, l'intuition et le raisonnement; tu crois donc encore à l'observation, à
la raison et au raisonnement? Douteur de peu de
doute, tu avais gardé avec toi la clé de la prison
pour en sortir à ta guise et à ton heure!

(1) Colebrooke, p. 114, trad. de Kapila et d'Is'vara Krichn'a.

Selon Pascal, qui est descendu aussi à ces profondeurs, l'homme devrait aller jusqu'à *douter qu'il doute*, jusqu'à *douter qu'il est*. La nature seule l'empêche d'aller jusque-là. Mais la nature peut nous tromper, et l'instinct ne constitue pas une preuve, puisque nous ne savons si nous sommes formés par un Dieu bon, par un démon méchant, ou à l'aventure. Donc le doute est invincible.

Je réponds pour Descartes : Si le *moi* se perd dans la vie divine, Dieu existe; l'existence de Dieu sort triomphante de l'anéantissement du *moi*. Et c'est là, en effet, qu'aboutissent l'Inde et l'Ecole d'Elée; c'est là aussi que la logique conduisait Pascal, et non au Nihilisme, qui ne peut être qu'une contradiction absurde de la pensée avec elle-même. Mais aussitôt je retourne la conclusion contre les prémisses, et je soutiens que l'existence du *moi* ne peut être douteuse, puisque c'est Dieu qui dit *moi*. Voici donc l'existence de Dieu et l'existence du *moi* prouvées par l'objection panthéiste elle-même.

Arrivons à l'objection de Kant et du subjectivisme.

Descartes a été au devant de l'attaque. Elle s'appuie sur l'incertitude de notre origine et de notre nature; il prouve d'une manière irréfutable que Dieu existe et que nous tenons de lui tout le positif de notre être.

En effet, nous avons l'idée de l'être parfait, c'est-à-dire de l'être infini, éternel, nécessaire, existant de soi, tout intelligent, tout puissant, etc.; il est bien certain, d'autre part, que jamais l'expérience ne nous a montré un être parfait, ni rien qui soit absolument parfait; cette idée est donc *à priori* et vient de la raison : si elle était un produit de l'imagination, elle se décomposerait en éléments qu'on pourrait rapporter à l'expérience, ce qui n'est pas; l'idée de l'être parfait est donc la vue même de Dieu par la raison; ou, si l'on veut, elle est comme un reflet ou une marque, Platon dirait un souvenir, de Dieu même en nous. D'où nous viendrait l'idée de l'être parfait, si l'être parfait n'existait pas? Par là même que Dieu est pensé, il faut qu'il soit.

En second lieu, pourquoi y a-t-il de l'être à un certain degré? un être imparfait que j'appelle *moi?* Pourquoi pas le néant éternel? Suspendu pour ainsi dire sur un abîme entre le néant et l'être véritable, infini, absolu, cet être incomplet et inachevé n'a pas en lui-même sa raison d'être. Le néant éternel et absolu s'expliquerait de soi;

l'être dont l'essence serait l'être même dans toute sa plénitude, s'expliquerait aussi de lui-même. L'être imparfait est et ne s'explique pas seul ; donc l'être parfait existe.

Mais, en troisième lieu, si la réalité de l'être fini prouve, avec une évidence invincible, l'existence de l'être infini et parfait, elle ne nous en donne pas la raison. Pourquoi l'être parfait existe-t-il? Telle est la dernière question qu'il faut résoudre et qui s'impose à l'examen de tout esprit philosophique. Jusqu'ici nous n'avons qu'une preuve à moitié rationnelle et à moitié empirique de l'existence de Dieu. La vérité de l'existence de l'être parfait nécessaire dépend de la réalité de l'être imparfait et contingent. Il nous faut une preuve indépendante de la réalité de l'être qui pourrait ne pas être, il nous faut une raison absolue de l'existence de Dieu. Nous avons déjà entrevu cette preuve ; au point où nous sommes parvenus et où nous a conduits la marche analytique de la pensée, nous pouvons la voir dans toute sa clarté. L'existence de Dieu est déterminée par son Essence ou par son Idée (j'entends l'Idée en soi et non celle qui est dans notre esprit et n'en est que le reflet). L'Essence de Dieu, en effet, est la Perfection absolue de l'être ;

son Idée est l'Idée du Parfait, l'Idée du Bien, comme disait Platon; et cette Idée renferme et comprend celle de l'Être. Dieu existe, parce qu'il est parfait, parce qu'il est le Bien ; il est, parce que l'Être est compris dans son Idée, et, si l'on veut, dans l'idée que j'en ai, en tant qu'elle est l'image de celle-ci.

« Revenant à examiner l'idée que j'avais d'un
» être parfait, je trouvais que l'existence y était
» comprise en même façon qu'il est compris en
» celle d'un triangle que ses trois angles sont égaux
» à deux droits, ou en celle d'une sphère que
» toutes ses parties sont également distantes de
» son centre, ou même encore plus évidemment;
» et que, par conséquent, il est pour le moins
» aussi certain que Dieu qui est cet Être si par-
» fait est ou existe, qu'aucune démonstration de
» géométrie le saurait être. »

Ainsi le premier pas de l'analyse nous a fait apercevoir une preuve de l'existence de Dieu dans l'idée même de Dieu qui est en nous ; le second pas nous a fait trouver la preuve qui s'appuie sur l'existence de l'être imparfait; le troisième pas seul nous a conduits à l'explication dernière et à la raison suprême de l'existence de Dieu. Arrivés en effet au sommet dernier de l'analyse et de la dialectique, nous trouvons un Être dont l'essence est la perfection absolue de l'Etre.

M. Saisset a confondu le dernier terme de cette marche analytique et dialectique avec la preuve vide et sophistique de saint Anselme, qui ressemble à la preuve de Descartes comme l'ombre ressemble à la lumière. Il ajoute (1): « Cette preuve se montre à peine dans le Discours, » et elle est reléguée au dernier rang, *et introduite* » *par hasard* dans les Méditations. » Cette preuve se montre en pleine lumière dans le *Discours*; et si elle est au dernier rang dans les *Méditations* aussi bien que dans le *Discours de la Méthode*, elle y est à sa place; c'est cette place en effet que lui assigne la marche de l'analyse; elle est la dernière, parce qu'elle est la troisième, et qu'il n'y en a que trois.

Si dans les *Principes* cette preuve est au premier rang, c'est que Descartes a préféré ici l'exposition synthétique à l'exposition analytique; et la nature de l'ouvrage l'y engageait, puisque les *Principes* sont la synthèse de sa Philosophie. Ce simple changement d'exposition, si familier aux géomètres qui font part de leurs découvertes au pu-

---

(1) V. Essai de Phil. relig., I, p. 67-69.

blic, et si naturel chez un mathématicien philosophe, est devenu, aux yeux de M. Saisset, la preuve d'un changement de méthode et d'esprit dans Descartes, la preuve de la substitution de la méthode et de l'esprit géométrique à la méthode et à l'esprit d'observation. Malheureusement pour M. Saisset, Descartes n'a jamais eu d'autre méthode que celle dont les mathématiques sont l'enveloppe.

Il est fâcheux que les spiritualistes eux-mêmes aient si souvent méconnu celui dont ils déclarent relever et s'inspirer.

Quant aux sensualistes et aux positivistes, on ne peut leur demander de comprendre Descartes.

Mais on peut s'étonner que l'école écossaise soit restée ici au niveau des sensualistes. Tous les représentants de la Philosophie écossaise, à commencer par Reid et à finir par William Hamilton, voient dans ces trois preuves successives, autant de tours de passe-passe, et soupçonnent fort que Descartes ne s'est pas compris lui-même. Il leur paraît avoir fait comme un sorcier qui prononce *Abracadabra Parafaragaramus*, ou toute autre formule cabalistique qu'il a apprise par cœur, sans savoir ce qu'elle signifie.

Sir William Hamilton déclare même que tout

cela ne peut ni se concevoir ni se penser. La notion de l'inconditionnel, selon lui, c'est-à-dire de l'infini et de l'absolu, est une notion négative et vide de tout contenu ; elle est suggérée par une notion positive, car nous avons la faculté de concevoir les contradictoires ; mais elle ne correspond à rien de réel, ni même à rien qui soit pensé ; elle n'est qu'un mot, identique à celui d'inconcevable (1). C'est ainsi qu'il prétend exorciser le fantôme de l'absolu. Mais, s'il ne le *pense* pas, comment en parle-t-il ? et comment veut-il l'exorciser ? Il oublie de nous le dire. Dans le fait, l'absolu et l'infini se pensent très-nettement et très-clairement, et sont l'objet de notions très-positives. Sir William Hamilton se laisse tromper par la forme des mots *infini, absolu, inconditionnel,* qui est négative ; mais cette forme n'emporte nullement une pensée négative (2); et, d'ailleurs, les termes *parfait, éternel, nécessaire* ne sont pas formés par négation, et correspondent, selon sir William lui-même, à des notions réelles et positives, ce qui détruit son raisonnement (3). L'exor-

---

(1) V. Frag. de S. W. H., trad. Peisse, p. 24. — Cf. Réfut. par P. Janet, introd. à la dialectiq. de Platon et de Hegel, p. XLV sqq.

(2) V. Max Muller, lect. on the scienc. of lang.

(3) V. P. Janet, *ibid.*

cisme n'a pas réussi, et l'opération de sir William Hamilton est à recommencer.

La Philosophie écossaise a été moins profonde que le sens commun qu'elle fait pourtant sonner si haut. La preuve fondamentale de l'existence de Dieu, en effet, n'a pas été inventée par Descartes. Descartes n'a fait que reproduire ici, avec une précision géométrique, le mouvement naturel et spontané de la pensée humaine, qui, de l'être imparfait, misérable, éphémère, s'élève nécessairement à l'Être parfait, Tout-Puissant, Éternel, comme à l'explication dernière et à la raison suprême de l'existence de toutes choses (1).

Des trois preuves de Descartes, en effet, ou plutôt des trois pas successifs de la même preuve, le pas décisif est le second, qui peut à la rigueur se passer du premier, et embrasse le troisième : et c'est cette preuve fondamentale, tirée de l'imperfection de notre être, que l'esprit humain a trouvée d'instinct.

Rejetant donc loin de nous les imprécations impuissantes des exorcistes, répétons avec Descartes et le genre humain tout entier, que nous

---

(1) V. Max Muller, série II, lectur. IX et X : the mythology of the greeks, and Jupiter, the supreme Aryan God.

pensons Dieu, que Dieu existe, — sans quoi nous ne le penserions pas, — et que rien n'est sans lui. Et nous recueillant dans la pensée de notre néant, et surtout dans la pensée de la grandeur de Dieu, répétons ces belles paroles qui terminent la troisième méditation, dans lesquelles le penseur sévère, ému malgré lui, laisse échapper un cri d'amour et d'adoration : « Placet hic aliquandiu in
» ipsius Dei contemplatione immorari, ejus attri-
» buta apud me expendere, et immensi hujus lu-
» minis pulchritudinem, quantum caligantis inge-
» nii mei acies ferre potest, intueri, admirari,
» adorare. »

Comment arrivons-nous à cette vérité de l'existence de Dieu ? Par intuition, ou par déduction ? Comme toutes les premières conséquences (1), on peut dire qu'elle est connue de l'une et de l'autre manière. Puisque nous existons, il est évident que l'Être parfait existe. C'est là si l'on veut une première conséquence, mais c'est là aussi une vérité intuitive. Nous saisissons en même temps, d'un même regard de l'esprit, que nous sommes, que Dieu est, et que nous tenons de lui tout

(1) V. règle III et l'analyse de cette règle au chap. précéd.

le positif de notre être. Dès lors, si notre esprit, cultivé comme le veut Descartes, a gagné en étendue, nous n'avons pas de peine à embrasser, dans le champ de la même vue intuitive, ce rapport nouveau : *Notre raison étant un degré positif d'être ne peut par elle-même nous tromper;* sans cela Dieu nous tromperait lui-même et ne serait plus parfait, ce qui est contradictoire (1). Nous voyons donc d'un même regard que Dieu est, que nous sommes par lui, et que la raison est infaillible. Ainsi tombe l'objection fondamentale du subjectivisme.

Deux objections de détail cependant se présentent encore. Et d'abord, pourquoi nous trompons-nous? Nous nous trompons, dit en substance Descartes (2), parce que nous sommes bornés et imparfaits. Limités en quelque sorte par le néant, nous voulons franchir les bornes de notre être, et, ne nous appuyant plus sur rien, nous tombons dans l'erreur. L'aspiration vers le vrai est infinie et dépasse les forces de l'entendement; c'est à ce défaut d'équilibre que sont dues nos

---

(1) V. Discours, Œuvr., I, p. 165, et Réponses, *ibid.*, p. 452.
(2) Nous réservons pour un autre chapitre la question de la volonté.

méprises. Dans notre empressement à saisir la vérité, nous nous contentons d'idées vagues et confuses, et nous n'embrassons que son ombre. En contenant notre désir, en n'accordant jamais notre assentiment qu'aux idées parfaitement claires, nous éviterons l'erreur et saisirons la portion de vérité qui est de notre *gibier* (1).

En second lieu, on lui dit : Vous prouvez Dieu par la lumière naturelle, puis vous prétendez prouver que la lumière naturelle n'est un guide sûr que parce que Dieu existe : vous faites un cercle.

Ceux qui font cette objection sont dupes des apparences extérieures du langage. Le langage ne peut exprimer que successivement ce qui se passe simultanément dans l'esprit. La raison, nous l'avons vu, saisit d'un même regard que Dieu est, que nous sommes par lui, et que la raison est infaillible. Dès lors, il n'y a plus de raisonnement et partant plus de cercle possible (2). Descartes soutient, avec raison, qu'il n'a pas commis de paralogisme. La raison, en remontant jusqu'à Dieu,

---

(1) V. Montaigne; Cf. Médit., IV.

(2) Cf. Discours, I, 165 et Réponse aux quatrièmes object., II, p. 74 et 75 et *passim*.

s'est ressaisie elle-même dans sa source divine, et s'est assurée de ses forces et de son infaillibilité.

C'est à cette hauteur seulement que se montre à nu le roc véritablement fondamental de l'édifice cartésien : c'est sur l'existence et sur la perfection de Dieu que tout s'appuie. C'est pourquoi nous avons laissé de côté, pour un moment, dans notre exposition, la preuve de la distinction de l'âme et du corps, pour monter en ligne droite à la source de toute certitude et de toute vérité (1).

Voyons maintenant ce qu'il dit de la distinction des deux substances.

« Examinant avec attention ce que j'étais, dit-
» il, et voyant que je pouvais feindre que je
» n'avais aucun corps, et qu'il n'y avait aucun
» monde, ni aucun lieu où je fusse, mais que
» je ne pouvais pas feindre pour cela que je n'é-
» tais point; et qu'au contraire de cela même que
» je pensais à douter de la vérité des autres choses,
» il suivait très-évidemment et très-certainement
» que j'étais, au lieu que si j'eusse seulement
» cessé de penser, encore que tout le reste de ce
» que j'avais imaginé eût été vrai, je n'avais au-
» cune raison de croire que j'eusse été, je con-

(1) V. fin de la Médit. V, p. 318, 319, 320, vol. I.

» nus de là que j'étais une substance dont toute
» l'essence ou la nature n'est que de penser, et
» qui, pour être, n'a besoin d'aucun lieu, ni ne
» dépend d'aucune chose matérielle; en sorte que
» ce *moi*, c'est-à-dire l'âme par laquelle je suis
» ce que je suis, est entièrement distincte du
» corps, et même qu'elle est plus aisée à con-
» naître que lui, et qu'encore qu'il ne fût point,
» elle ne lairrait pas d'être tout ce qu'elle est. »

Et, en effet, ce que nous appelons *matière*, ou *corps*, peut évidemment exister sans pensée : le corps a pour essence l'étendue, dont le mouvement et la figure sont des modes. De plus, jamais l'étendue, la figure et le mouvement ne deviendront de la pensée. Lors donc que la pensée apparaît dans un corps, c'est que quelque chose (*res*) qu'on ne peut tirer des propriétés et puissances de la matière, lui est ajouté et uni d'une certaine manière; d'un autre côté, jamais la pensée et ses modes ne deviendront de l'étendue : la chose étendue et la chose pensante, *res extensa* et *res cogitans*, sont donc bien distinctes; elles sont irréductibles l'une à l'autre, elles ne peuvent s'engendrer l'une l'autre, elles sont donc bien deux substances ou deux sujets distincts. Puisque le moi se connaît uniquement comme chose pensante, puisqu'il n'est que parce qu'il pense, il s'ensuit qu'il est une substance dont toute l'essence ou la nature n'est que de penser, et qu'il est entièrement distinct du corps.

J'ai essayé de faire bien comprendre le raisonnement de Descartes, et je crois l'avoir mis dans tout son jour. Ce raisonnement est-il valable? Je réponds que non.

De l'idée de *chose* à l'idée de substance, il y a loin. Descartes passe de l'une à l'autre sans justifier ce passage. Pour que ce raisonnement fût concluant, il faudrait d'abord prouver que la matière conçue uniquement comme étendue, et indépendamment de toute pensée et de toute activité pensante, est autre chose qu'une abstraction; que le moi conçu uniquement comme chose pensante indépendamment de toute condition matérielle et organique, est aussi autre chose qu'une abstraction : Descartes ne l'établit nulle part; il s'ensuit qu'il prouve très-bien que ces choses sont distinctes, mais non que ce soient des *substances* différentes et séparables : en effet, ces *choses* peuvent être des attributs distincts d'une même substance à la fois étendue et pensante (1).

---

(1) V. Spinoza; Cf. Leibnitz.

Il n'a donc pas prouvé ce qu'il voulait prouver.

Descartes s'est-il fait illusion sur la portée de sa preuve, et a-t-il cru sincèrement avoir démontré que l'âme est une substance entièrement distincte de la substance matérielle ? ou bien sentant la faiblesse de cette preuve, l'a-t-il soutenue, quand même, pour donner un appui aux croyances chrétiennes, et aussi pour ne pas exciter les fanatiques contre lui.

Je crois qu'il s'est trompé de bonne foi ; mais l'illusion n'a pas duré toujours. En 1629, il croit avoir prouvé l'existence de nos âmes séparées du corps ; il l'écrit à Mersenne, en 1630. Il répète, en 1636, au moment où il résume les Méditations dans le *Discours*, qu'il « tâche à démon- » trer l'existence de Dieu et de l'âme séparée du » corps (1), » et il ne doute pas plus du succès de ses efforts sur ce point que de ses découvertes en Géométrie.

En 1640, quand il revoit et retouche ses Méditations, il ne paraît pas encore avoir de doutes ; mais les objections que lui envoient ceux qui ont lu son ouvrage manuscrit, paraissent avoir ébranlé sa conviction et modifié peu à peu ses idées. On

---

(1) V. VI, p. 277.

peut lire, dans la première édition (latine) qu'il donne à Paris en 1641, des passages où il admet l'union substantielle du corps et de l'âme (1). Néanmoins, il laisse encore dans le titre de son ouvrage ces mots : *De animæ immortalitate*, qui sont significatifs, qui montrent qu'il regarde l'âme et le corps comme séparables, au moins par la toute puissance de Dieu, et même comme réellement séparés après la mort.

Dans la seconde édition (chez Elzevier, Amsterdam 1642), aux termes *immortalité de l'âme*, il substitue *distinction de l'âme d'avec le corps*; il trouve donc cette distinction moins solide, et il ne croit plus que « l'âme ne laisserait pas d'être tout ce qu'elle est, quand même le corps ne serait plus. »

En 1643, les explications qu'il donne à la prin-

---

(1) V. Méd. VI et Rép. aux quatrièmes object. «Je suis tellement
» uni et conjoint au corps et tellement confondu et mêlé, que je
» compose comme un seul tout avec lui. » OEuvr., I, p. 336.

« Même dans cette sixième méditation, où j'ai parlé de la distinc-
» tion de l'âme d'avec le corps, j'ai aussi montré qu'il lui est subs-
» tantiellement uni. » Rép. aux quatrièmes objections, vol. II. Il
dit encore dans ce même passage qu'il a « pris garde assez soigneu-
» sement à ce que personne ne pût penser que l'homme n'est rien
» qu'un esprit usant ou se servant de son corps. »

cesse Elisabeth sur sa manière de concevoir la distinction et l'union du corps et de l'âme, ne laissent subsister cette distinction que comme une conception subjective et abstraite (1). Car il affirme que le corps et l'âme sont une seule chose, et que, pour bien comprendre leur union, il faut « les concevoir comme une seule chose ; » il dit encore que « l'homme est une seule personne » ayant ensemble un corps et une pensée. »

Il se défie souvent du public et ne lui livre qu'à demi sa pensée ; dans sa correspondance, il est plus libre.

Son élève de prédilection est la princesse Elisabeth ; il n'a pas de secrets pour elle ; il lui écrit, en 1646 : « Pour ce qui est de l'état de l'âme
» après cette vie, j'en ai bien moins de connais-
» sance que M. d'Igby (2) ; car laissant à part ce
» que la foi nous en enseigne, je confesse que,
» par la seule raison naturelle, nous pouvons
» bien faire beaucoup de conjectures à notre
» avantage et avoir de belles espérances, *mais
» non point aucune assurance.* » Il y a loin de

---

(1) V. IX, p. 125 sqq.
(2) Seigneur anglais qui avait écrit un ouvrage sur l'immortalité de l'âme.

ces paroles aux convictions de 1629, et à cette affirmation tranchante du *Discours*, « encore » qu'il (1) ne fût point, elle (2) ne lairrait pas » d'être tout ce qu'elle est (3). »

Il écrit à Morus, en 1649 (4) :

« Nulles substances incorporelles ne sauraient » être proprement étendues, et on ne peut les » concevoir que comme *une certaine vertu ou* » *force* qui, bien qu'appliquée à des choses éten- » dues, ne sont pas pour cela étendues, comme le » feu est dans le fer rouge, sans qu'on puisse » dire pour cela que le feu est fer. »

On lit dans le *Traité des Passions*, publié la même année : « Il est besoin de savoir que » l'âme est véritablement jointe à tout le corps, » et qu'on ne peut pas proprement dire qu'elle » soit en quelqu'une de ses parties à l'exclusion » des autres, à cause qu'il est uni et en quelque » sorte indivisible à raison de la disposition de ses » organes. »

Si la substance spirituelle doit être conçue

---

(1) Le corps.
(2) L'âme.
(3) V. I, p. 159.
(4) V. X, p. 196, 197.

comme une vertu ou force, comme une qualité (1), elle n'est plus une véritable substance, elle est la force, la vertu, la qualité de quelque chose; elle a un substratum sans lequel elle n'est plus qu'une abstraction, et ce substratum Descartes lui-même l'indique; c'est la matière organisée. Encore une fois, la *distinction* n'est donc qu'un résultat de l'analyse et de l'abstraction à la recherche des idées claires et distinctes; l'union est et demeure réelle et substantielle. Telle est la conclusion dernière à laquelle est conduit Descartes. S'il ne l'exprime pas aussi nettement qu'on le voudrait, il l'aperçoit très-bien, elle s'impose à lui, et Spinoza la dégagera en méditant le *Traité des Passions*. Voilà, en peu de mots, l'histoire des variations de la pensée de Descartes sur ce point important (2).

---

(1) V. Lettre à la princesse Elizabeth, citée plus haut.

(2) Il faut remarquer ici que certains cartésiens se sont donné inutilement toutes les peines du monde pour concevoir et expliquer l'union du corps et de l'âme après avoir admis que c'étaient deux substances réelles. Pour Descartes (à partir de 1640), rien n'est plus aisé à concevoir que cette union, parce que l'âme n'est plus véritablement une substance, mais une vertu; et que le sens intime nous donne de de cette union une notion très-nette et très-distincte. (V. lettre à la princesse Elizabeth déjà citée, et la suivante. V. aussi méditation VI et Rép. aux quatrièmes objections.

Après cette excursion, qui m'a paru nécessaire, je reviens aux *Méditations*. Jusqu'ici Descartes s'est donc assuré de l'existence du *moi*, a prouvé l'existence de Dieu, et trouvé en Dieu le dernier fondement de la certitude; il a cru enfin démontrer la distinction substantielle du corps et de l'âme. Nous arrivons maintenant à l'existence des corps et de la matière. Voici comme il la démontre (nous le laissons parler lui-même) :

« Or, Dieu n'étant point trompeur, il est très-
» manifeste qu'il ne m'envoie pas ces idées im-
» médiatement par lui-même (les idées des corps),
» ni aussi par l'entremise de quelque créature
» dans laquelle leur réalité ne soit pas contenue
» formellement, mais seulement éminemment;
» car ne m'ayant donné aucune faculté pour con-
» naître que cela soit, mais au contraire une
» très-grande inclination à croire qu'elles partent
» des choses corporelles, je ne vois pas comment
» on pourrait l'excuser de tromperie, si, en effet,
» ces idées partaient d'ailleurs, ou étaient pro-
» duites par d'autres causes que par des choses
» corporelles; et, partant, il faut conclure qu'il
» y a des choses corporelles qui existent (1). »

(1) Médit. VI.

Cette preuve excellente va au fond des choses et réfute l'idée mystique et excessive des panthéistes de l'Inde et de la Grande-Grèce qui fait de l'univers un mirage.

Descartes, cependant, ajoute avec raison :

« Toutefois, elles (les choses corporelles) ne
» sont peut-être pas entièrement telles que nous
» les apercevons par les sens, car il y a bien des
» choses qui rendent cette perception des sens fort
» obscure et confuse ; mais au moins faut-il
» avouer que toutes les choses que j'y conçois
» clairement et distinctement, c'est-à-dire toutes
» les choses généralement parlant qui sont com-
» prises dans l'objet de la géométrie spéculative
» s'y rencontrent véritablement. » Les sens, en effet, nous trompent, mais la raison ne nous trompe pas, et il n'y a de réel dans les corps que les propriétés mathématiques.

« Je suis loin de vouloir affirmer, dit M. Ja-
» net (1), qui a examiné ces mêmes questions à
» propos du livre de Buchner, *Force et Ma-*
» *tière*, qu'il n'y a rien d'extérieur et comme
» on dit d'objectif dans nos perceptions, et que
» tout se réduit aux divers états du sujet sentant.

---

(1) V. Revue des Deux-Mondes du 15 août 1863, p. 900.

» Rien de plus éloigné de ma pensée qu'une telle
» supposition. On peut donner d'excellentes rai-
» sons pour établir la réalité du monde extérieur,
» et la meilleure sans doute est que nous ne pou-
» vons pas nous empêcher de l'admettre. Il n'y a
» donc pas lieu de douter de la réalité des choses
» extérieures, et un pareil doute sera toujours
» frivole. Mais ce qui n'est pas frivole, c'est la
» difficulté où nous sommes de déterminer avec
» précision ce qui est extérieur et ce qui ne l'est
» pas... »

Pour Descartes, la difficulté se résout facilement. Ce qu'il y a d'extérieur, ce qui subsiste de la matière en l'absence de tout sujet sentant et pensant, c'est ce qui est l'objet des mathématiques, l'étendue, la forme et le mouvement (1) ; le *mouvement* surtout, essentiel à presque toutes les manifestations de la matière, et auquel se ramènent déjà le son, la lumière, les couleurs et la chaleur.

Je n'hésite pas à affirmer que cette dernière idée est à la fois la plus profonde et la plus fé-

---

(1) Nous avons déjà vu qu'il néglige l'idée du nombre si féconde pour Képler, et à laquelle la chimie devait nous ramener.

conde de Descartes, et que si les sciences expérimentales modernes veulent s'en inspirer de nouveau, elles lui devront, comme au xviie siècle, quelques-unes de ces conquêtes immortelles qui renouvellent et transforment les idées de l'homme sur la nature.

Telles sont avec leurs lacunes et leurs profondeurs les idées métaphysiques auxquelles Descartes s'arrête en 1629, et que, sauf une exception, il ne changera plus dans la suite.

C'est en Frise, au château de Franeker, comme nous l'avons dit, qu'il parvint à fixer et à coordonner ces idées, ce qu'il n'avait pu faire ni en France ni en Italie. Le climat moins chaud de la Frise, son ciel vaporeux, ses plaines uniformes et paisibles, ses calmes horizons, étaient plus favorables à l'éclosion de sa pensée ; et c'est dans cette même province, la plus septentrionale de la Hollande, qu'il se rendra encore en 1635 pour écrire le *Discours de la Méthode* et revoir les Essais qui le suivent. Ce pays lui offrait un calme et tranquille asile ; il est venu deux fois lui demander la paix de la retraite et l'inspiration féconde de la solitude, loin du tumulte des armes et des bruits

du monde. « Le repos dont il jouit, nous dit le
» savant M. Eekhoff (1), ne fut pas perdu; il
» vécut ici pour ainsi dire séparé du monde, et il
» travailla à perfectionner les sciences dont il est
» devenu le réformateur, et à éclairer l'esprit
» humain dont il est le guide... Les idées de Des-
» cartes ont illuminé le monde : nous nous ré-
» jouissons que quelques-uns des rayons, lancés
» par cet astre brillant sur l'humanité, soient
» partis d'ici. »

La Hollande, au XVIIe siècle, a servi à abriter la pensée libre et indépendante; elle est digne encore aujourd'hui, par ses lumières et par son ardeur scientifique, d'un passé si noble et si glorieux.

Des hauteurs de la Métaphysique nous allons voir Descartes descendre dans les domaines des sciences inférieures et les féconder par de nouveaux germes de vie.

---

(1) Recherches inédites sur le séjour de Descartes en Frise.

CHAPITRE VII.

Le Savant universel.

(1629-1633.)

Sauf l'exception capitale de l'année 1629, Descartes ne donnait que « fort peu d'heures par an » à la psychologie et à la métaphysique (1). D'ailleurs, quand même il aurait eu le goût exclusif de ces deux sciences, il n'aurait pas eu le temps de s'abandonner aux douceurs de la contemplation intérieure, si chère à Jouffroy et aux Ecossais; ni à la recherche passionnée des idées pures. Le P. Mersenne ne lui laisse pas de relâche; il l'accable de questions sur les mathématiques, la physique générale, l'optique, l'acoustique, la chimie, la physiologie, la linguistique; il le met en relation avec les savants de France et de l'étranger, et lui

---

(1) V. IX, p. 125 sqq.

communique les observations qu'ils ont faites et les questions qu'ils ont proposées. Comme Peiresc, Mersenne est, au xviie siècle, l'un des centres de la république savante ; il excite partout les géomètres, les physiciens et les philosophes à des recherches nouvelles : il excelle lui-même à former des questions et à trouver des problèmes nouveaux qu'il leur propose, et il provoque entre eux une émulation et même des luttes qui tournent au profit de la science. Descartes répond à toutes les questions avec une justesse, une clarté et une pénétration admirables. Pour comprendre la vaste et infatigable activité de ce grand génie, il faut lire sa correspondance, et songer qu'en même temps il expérimentait, observait, prenait des notes pour la *Dioptrique*, les *Météores*, le *Monde*, la *Géométrie*, et commençait déjà à rédiger ces grandes et belles œuvres qui ont renouvelé les sciences et la philosophie.

A partir de 1629, Descartes embrasse le domaine entier de la *science*. Il mène de front toutes les sciences particulières, celles du moins qui étaient nées de son temps et auxquelles il était possible de faire faire des progrès. On pourrait aujourd'hui lui reprocher plus d'une exclusion : celle des sciences historiques et de la politique, par exemple, qu'il n'ignorait pas cependant; mais cette exception alors était nécessaire, et elle fut utile. Sauf ces exclusions naturelles, Descartes est, à cette époque, le modèle du vrai philosophe; son système d'études et de recherches embrasse l'ensemble des choses, l'universalité des êtres, la Nature, l'Homme et Dieu. Comme un conducteur de quadrige, habile et audacieux, il monte sur le char brillant de la science au moment critique où nul n'est capable de le faire avancer d'une manière décisive, et ramenant tout l'attelage sous sa main, il lui imprime un élan vigoureux qui le fait sortir pour jamais de l'ornière profonde de la scolastique. Nous allons donc étudier dans Descartes le savant universel et le suivre, de 1629 à 1633, dans les travaux qui aboutissent à la vaste synthèse du *Monde*. Pour cela nous distribuerons ses idées et ses découvertes dans les cadres qu'il a tracés lui-même (1).

Mais avant, nous ferons remarquer qu'à partir de ce moment Descartes écrit en français; la période de ses ouvrages latins (les Principes exceptés) est terminée. Le révolutionnaire a conscience de

(1) V. chap. suiv., Analyse du Monde.

lui-même et confiance en ses forces, et il emploie la langue vulgaire pour se faire entendre de tous ceux qui ont seulement du bon sens.

Maintenant voici le tableau général des sciences, d'après Descartes :

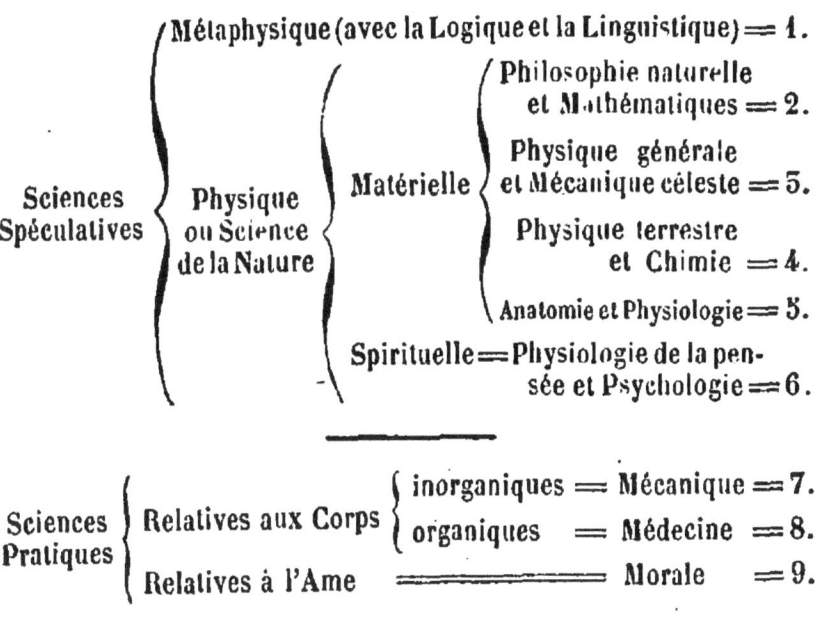

I.

MÉTAPHYSIQUE ET SES DÉPENDANCES :

A. MÉTAPHYSIQUE. — *B.* LOGIQUE. — *C.* LINGUISTIQUE.

I. — *A.* Métaphysique.

La Métaphysique est établie en dominatrice souveraine à la source de toutes les sciences. Elle seule remonte jusqu'à Dieu, et c'est de Dieu que toutes les vérités découlent. C'est Dieu qui a établi les principes universels et absolus, comme un roi établit des lois dans son empire, par un acte absolument libre; et ces principes ne sont vrais que parce qu'ils sont des décrets immuables de sa volonté indépendante (1). Il n'y a pas en dehors de lui un Bien qu'il conçoive et qui l'attire, ni une Vérité sur laquelle il fixe les regards pour savoir ce qu'il peut faire et qui limite sa puissance. Il détermine, sans y être lui-même déterminé par rien, ce qui est vrai et bien. S'il est vrai que les trois angles d'un triangle valent deux droits, s'il est vrai que deux et deux font quatre, c'est parce qu'il l'a voulu. C'est parler de Dieu, l'Être Infini et Absolu, comme d'un Jupiter et d'un Saturne soumis au Styx, que de subordonner ses décisions à un bien extérieur et sa puissance à une vérité indépendante de lui et supérieure à lui. Et en effet, étant l'Être Infini, Indépendant, Absolu, il est la source de toute vérité et de tout bien, il est le Bien même et la Vérité même. S'il n'avait point une volonté absolument libre, il ne serait point parfait; rien n'est sans lui, et par conséquent ce qui est vrai et bon est ce qu'il a voulu établir comme tel. Ces principes qui ont paru étranges

---

(1) V. Lettres, vol. VI, p. 109.

à plus d'un philosophe et à plus d'un théologien, et à M. Renan lui-même (1), sont cependant parfaitement incontestables : toute parole sur Dieu est nécessairement entachée d'anthropomorphisme, et celle-ci l'est comme les autres; mais pour qui sait voir au delà des mots, elle exprime la vérité la plus indubitable, à savoir la souveraine indépendance de Dieu. Quand on veut soumettre Dieu aux vérités absolues et éternelles, on ne réfléchit pas que ces vérités sont l'expression de sa perfection infinie, qu'elles sont par lui et en lui, qu'elles sont lui-même. Nos idées absolues ne sont que des reflets des Idées absolues, des Idées en soi, qui sont Dieu (2). Dire que Dieu est soumis à ces vérités, c'est dire qu'il n'est soumis qu'à lui-même, ce qui nous ramène à l'affirmation de Descartes.

Aussi notre philosophe raille avec une amère pitié ceux qui sont satisfaits, quand ils savent que « Dieu est ce qui s'appelle *Deus* en latin, et qui » est adoré par les hommes. » — « Ceux qui n'ont » pas de plus hautes pensées que cela, dit-il à » Mersenne, peuvent aisément devenir athées (3). » Et, en effet, qu'est-ce que cela ?

(1) V. Averrhoès et l'Averrhoïsme, p. 125.
(2) Cf. Fénelon. Traité de l'Exit. de Dieu.
(3) V. VI, p. 132 ; v. aussi VI, 507 sqq.

I. — B. Logique (1).

« La première des vérités, dit avec raison Des-
» cartes, est celle de l'existence de Dieu. » L'Idée suprême est celle de Dieu. Toutes les autres Idées sont des déterminations de celle-là : Toute vérité dépend donc de Dieu.

Pour saisir la vérité, il faut donc nous élever jusqu'à Dieu, et tâcher de lire les décrets souverains, éternels, immuables, auxquels tout est suspendu, de contempler les Idées en elles-mêmes, comme disait Platon, $εἴδη\ αὐτὰ\ καθ'\ αὐτα$. Mais la raison ne peut pas toujours s'élever si haut ni conserver à ces hauteurs un regard qui ne se trouble jamais. Cependant cette raison vient de Dieu, et elle est un rayon de son intelligence divine. Cette lumière, quelque éloignée qu'elle soit de sa source primitive, porte la trace de son origine, et elle peut faire connaître à l'analyse la nature du foyer d'où elle émane. Nous trouvons en nous, en effet, certaines traces de cette volonté première qui a déterminé le vrai et le bien; elles sont comme

---

(1) V. Lettres, VI, 67, 72, 89, 104, 109, 110, 182, 183; Cf. partie 5e du Discours, et le Monde. Cf. Ravaisson, Essai, vol. I, et Stuart Mill., vol. I, p. 554.

la marque de l'ouvrier sur son ouvrage. En consultant ces caractères gravés dans nos âmes, ces notions premières, reflets des Idées ou Déterminations divines, nous pouvons remonter à la source même de toute vérité et de tout être, au décret souverain auquel est suspendue la nature entière, et qui a fixé ce qui est vrai et ce qui est bien. Il est donc absolument possible de reconstruire par la science le monde *à priori*, comme Dieu lui-même le construit. Mais la plupart de ces traces des Idées divines, sont plus qu'à demi-effacées et difficiles à lire, et pour les bien reconnaître et les bien déchiffrer, il faut le secours et l'excitation de la sensation. Si les objets *extérieurs* ne viennent nous offrir comme l'image imparfaite des idées divines, les marques *intérieures* de ces idées restent ensevelies et cachées au fond de nous-mêmes. D'où il suit que pour arriver à la science, il ne faut pas seulement consulter la raison, mais l'expérience. Celle-ci est comme un instrument qui nous aide à mieux lire en nous-mêmes, en ravivant l'éclat pur et divin de la lumière primitive. Mais l'expérience elle-même doit être guidée et dirigée par la raison.

Il faut donc interroger la nature par la méthode expérimentale, c'est-à-dire par l'observation aidée de l'analyse *à priori*, qui cherche à dégager la cause de l'effet, la loi des phénomènes, le simple du complexe, et nous permet de remonter ainsi jusqu'aux principes premiers. La nature est une synthèse toute faite ou en train de se faire. La science expérimentale, préparation à la vraie science, analyse cette synthèse et marche en sens inverse de la nature : la science vraie suit la marche même de la nature.

Quand on emploiera la méthode expérimentale, il sera mieux d'observer d'abord les phénomènes les plus communs et les plus simples, car plus ils seront simples, plus il sera facile d'en dégager les principes premiers qui serviront ensuite à expliquer tout le reste. Descartes observera donc et observera beaucoup, il emploiera même l'expérimentation pour forcer la nature à lui révéler ses lois, mais ce sera toujours pour rattacher ces lois aux axiomes *à priori*, car la vraie science est celle qui se construit à la pure lumière de la raison, et elle est essentiellement une synthèse *à priori*. Cette synthèse, comme nous l'avons déjà vu, dépasse en richesse et en fécondité la nature elle-même, ou du moins la nature connue par l'expérience actuelle, et c'est là une seconde raison pour laquelle il est nécessaire d'aller au devant des principes et des causes par l'analyse des conséquences et des effets, afin de savoir quelles sont, entre les choses possibles, celles qui sont réelles.

I. — *C.* Linguistique (1).

Dans cette marche tour à tour analytique et synthétique, la raison s'appuie sur le langage. Qu'est-ce donc que le langage? quel secours en tire-t-on ? et quel secours peut-on en tirer?

Mersenne croit, comme M. Renan (2) et comme tous les adeptes, conscients ou inconscients, des écoles sensualistes, que les mots ont eu leur raison d'être dans l'impression des objets sur nos organes, et que le langage est l'écho de la nature en nous. Descartes repousse bien loin cette idée, et les dernières recherches de la linguiste contemporaine confirment la solution qu'il donne. Le langage est un instrument que la raison crée elle-même pour s'y appuyer, comme l'architecte construit un échafaudage. Le langage vient de la raison, et tout mot a pour origine, non une sensation,

---

(1) V. Lettres VI, 60-70, 87 et 88. Cf. les Olympiques; Cf. Max Müller, série I, lect. 7, 8 et 9; série II, lect. 2, 6 et 7. Vid. supra, p. 117 sqq.

(2) V. Renan, Orig. du lang.

mais une notion rationnelle et un jugement de la raison.

Il distingue la matière et la forme de la langue, c'est-à-dire le dictionnaire et la grammaire (1).

Il admet la création lente et progressive des langues par l'homme (2), et reconnaît, avec un sens divinatoire qui lui fait honneur, des différences originelles et génériques entre différents groupes de langues (3).

Il reconnaît enfin la possibilité d'une langue philosophique universelle.

Max Müller (4) ignore qu'avant Leibnitz et Wilkins, Descartes avait soutenu cette idée, qui est appelée, selon nous, à un grand avenir, et qu'il avait indiqué la marche à suivre pour la mettre à exécution.

Ici laissons la parole à Descartes lui-même.

Il expose ses idées à propos d'un projet de langue dont lui a parlé Mersenne.

« Cette proposition d'une nouvelle langue, dit-

---

(1) VI, p. 62.

(2) V. VI, 96, 97, 120.

(3) « Il est ridicule de dire que les Romains ont tiré le nom de
» Dieu d'un mot hébreu, et les Allemands d'un arabe. »

(4) Série II, leçon II.

» il (1), semble plus admirable à l'abord que je
» ne la trouve en y regardant de près ; car il n'y
» a que deux choses à apprendre en toutes lan-
» gues, à savoir : la signification des mots et la
« grammaire. » Il explique ensuite comment on peut inventer une langue nouvelle dont le mécanisme soit plus simple que celui de toutes les langues connues, en créant des règles générales et faciles à suivre pour les affixes qui viendraient modifier les radicaux ; mais, en même temps, il en signale les inconvénients, la dureté de certains mots, et peut-être de la plupart des mots, et la difficulté de faire apprendre une langue qui n'est pas en usage, et dans laquelle il n'y a pas encore de livres écrits.

Il ajoute, en parlant de l'auteur de l'invention :

« Toute l'utilité que je vois qui pourrait réussir
» de cette invention, c'est pour l'écriture, à sa-
» voir qu'il fît imprimer un gros dictionnaire en
» toutes les langues auxquelles il voudrait être
» entendu, et mît des caractères communs pour
» chaque mot primitif, qui répondissent au sens
» et non pas aux syllabes, comme un même ca-

---

(1) V. VI, 61 sqq.

» ractère pour aimer, *amare* et φιλεῖν ; et ceux
» qui auraient ce dictionnaire et sauraient sa
» grammaire, pourraient, en cherchant tous ces
» caractères l'un après l'autre, interpréter en leur
» langue tout ce qui serait écrit (1)...

» On pourrait ajouter à ceci une invention
» tant pour composer les mots primitifs de cette
» langue que pour leurs caractères ; en sorte
» qu'elle pourrait être enseignée en fort peu de
» temps, et ce, par le moyen de l'ordre, c'est-à-
» dire, établissant un ordre entre toutes les pen-
» sées qui peuvent entrer en l'esprit humain, de
» même qu'il y en a un naturellement établi entre
» les nombres ; et, comme on peut apprendre
» en un jour à nommer tous les nombres jus-
» qu'à l'infini et à les écrire en une langue in-
» connue, qui sont toutefois une infinité de mots
» différents, on pourrait faire le même de tous
» les autres mots nécessaires pour exprimer toutes
» les autres choses qui tombent en l'esprit des
» hommes. Si cela était trouvé, je ne doute point
» que cette langue n'eût bientôt cours parmi le
» monde, car il y a force de gens qui emploie-

(1) Cf. Idéographie..... par don Sinibaldo de Mas, envoyé ex-
traord. et min. plén. de S. M. C. en Chine. Paris, B. Duprat, 1863.

» raient volontiers cinq ou six jours de temps
» pour se pouvoir faire entendre par tous les
» hommes. Mais je ne crois pas que votre auteur
» ait pensé à cela... L'invention de cette langue
» dépend de la vraie philosophie ; car il est im-
» possible, autrement, de dénombrer toutes les
» pensées des hommes et de les mettre par ordre,
» ni seulement de les distinguer, en sorte qu'elles
» soient claires et simples, qui est, à mon avis,
» le plus grand secret qu'on puisse avoir pour ac-
» quérir la bonne science. Et si quelqu'un avait
» bien expliqué quelles sont les idées simples qui
» sont en l'imagination des hommes, desquelles
» se compose tout ce qu'ils pensent, et que cela fût
» reçu par tout le monde, j'oserais espérer en-
» suite une langue universelle fort aisée à ap-
» prendre, à prononcer et à écrire, et, ce qui est
» le principal, qui aiderait au jugement, lui re-
» présentant si distinctement toutes choses qu'il
» lui serait presque impossible de se tromper ; au
» lieu que tout au rebours les mots que nous
» avons n'ont quasi que des significations con-
» fuses auxquelles l'esprit des hommes, s'étant
» accoutumé de longue main, cela est cause qu'il
» n'entend presque rien parfaitement. Or, je
» tiens que cette langue est possible, et qu'on peut

» trouver la science de qui elle dépend, par le
» moyen de laquelle les paysans pourraient mieux
» juger de la vérité des choses que ne font main-
» tenant les philosophes. »

Leibnitz, dans une lettre écrite à Raymond de Montmort deux ans avant sa mort, s'exprime avec non moins de confiance que Descartes sur la possibilité d'une langue philosophique universelle, et il avait lui-même travaillé à l'exécution de ce projet (1). L'évêque Wilkins a donné un travail intéressant et digne d'être consulté sur cet objet ; mais il a pris, selon nous, le contrepied de la vraie solution ; au lieu de partir d'idées simples *à priori*, et de procéder dans la construction du langage par une synthèse rationnelle, il a appuyé tout son édifice sur un échafaudage purement logique et sur des classifications *à posteriori*. Ce n'est qu'en s'inspirant des idées profondes de Descartes et de Leibnitz qu'on pourra arriver à créer cette langue universelle dont les mathématiques et la chimie nous offrent déjà des modèles. Les vrais philosophes ne doivent pas laisser périr cette idée. L'exécution en est difficile,

---

(1) V. Guhrauer, Gottfried Wilhelm Freiherr von Leibnitz, I, p. 328, et OEuvr. Phil. de Leibnitz, éd. Erdman, p. 703.

et Descartes lui-même, à la fin de sa lettre, exagère plutôt qu'il n'atténue cette difficulté ; mais il faut en maintenir la possibilité : elle pourra tenter quelque grand esprit qui acquerra, en la réalisant, une gloire durable, et rendra le plus éminent service à l'esprit humain.

II.

PHILOSOPHIE NATURELLE ET MATHÉMATIQUES.

Nous résumons ici en deux mots la Philosophie naturelle de Descartes : *Tous les phénomènes de la nature et toutes les propriétés matérielles s'expliquent par l'étendue, la forme et le mouvement* (1) ; et nous passons à ses découvertes en mathématiques.

Nous avons déjà pu voir combien les idées de Descartes se rapprochent de celles de Platon en métaphysique et en logique. Il en est de même en mathématiques. Descartes est un Platon mûri par l'expérience des siècles. « On ne saurait donner » une idée plus juste, dit Montucla, de ce qu'a » été l'époque de Descartes dans la géométrie » moderne qu'en la comparant à celle de Platon

---

(1) V. chap. suiv.

» dans la géométrie ancienne. Celui-ci, en inven-
» tant l'analyse, a fait prendre à cette science
» une face nouvelle; l'autre, par la liaison qu'il
» établit entre elle et l'analyse algébrique, y a
» opéré de même une heureuse révolution. La
» découverte de l'analyse ancienne donna lieu à
» diverses théories sublimes; la géométrie a tiré
» les mêmes avantages, et de plus grands encore,
» de son alliance avec l'analyse algébrique; et,
» aidée de ce secours, elle s'est soumis une mul-
» titude d'objets auxquels elle n'avait encore pu
» atteindre. De même, enfin, que Platon prépara
» par sa découverte celles des Archimède et des
» Apollonius, on peut dire que Descartes a jeté
» les fondements de celles qui illustrent aujour-
» d'hui les Newton et les Leibnitz (1). »

Satisfait de ses découvertes précédentes et sentant qu'il a en main la clé de tous les problèmes qu'on peut lui proposer, Descartes laisse autant que possible les mathématiques de côté, et ne s'en occupe plus que lorsqu'il y est invité et presque forcé par ses amis.

« Pour les problèmes, dit-il à Mersenne (2), je

---

(1) V. Montucla, Hist. des sciences math., vol. II, p. 112 sqq.
(2) V. OEuvr., VI, p. 103, lettre du 15 avril 1630.

» vous en enverrais un million pour proposer aux
» autres, si vous le désiriez ; mais je suis si las
» des mathématiques, et en fais maintenant si
» peu d'état, que je ne saurais plus prendre la
» peine de les résoudre moi-même. »

Cependant, au commencement de l'année 1631 (1), son ami Gol ou Golius, savant orientaliste et mathématicien, professeur à Leyde, qui avait rapporté d'Orient le septième livre d'Apollonius, et était versé dans la géométrie profonde des anciens (2), lui proposa un problème qui avait arrêté toute l'antiquité. Euclide et Apollonius avaient bien vu la solution dans les cas les plus simples, mais la solution générale avait résisté à tous leurs efforts. C'est la célèbre question, connue sous le nom de *problème de Pappus*, du nom de l'auteur qui nous l'a conservé dans son ouvrage (3).

On en trouve l'énoncé dans les lettres de Descartes et dans sa Géométrie (4).

---

(1) V. OEuvr., VI, p. 247.

(2) Mais il fut toujours incapable de comprendre à fond celle de Descartes. V. Baillet, I, 253, II, 50-157. V. Domela Nieuwenhuis de Renati Cartesii commercio cum philosophis belgicis, p. 37 sq.

(3) Collections mathématiq.

(4) V. Géom., partie I. Cf. VI, 181, 217 sqq., 226.

Il mit six semaines à la résoudre, et il fit voir dès-lors à Golius et à ses amis, et plus tard à tous les savants de l'Europe, que sa méthode dépassait en puissance et en fécondité l'analyse la plus profonde des anciens et celle de tous les mathématiciens qui l'avaient précédé. Leibnitz dit avec un certain esprit de dénigrement que « M. Descartes » faisait sonner fort haut sa méthode (1). » On voit que ce n'était pas en vain. Golius avait proposé cette question à divers mathématiciens, parmi lesquels je crois pouvoir compter Mydorge et Fermat (2); personne n'avait pu la résoudre. Bayle s'étonne quelque part que Descartes ait pu se résoudre à employer six semaines à un seul problème. « Mais, observe Leibnitz (3), juste cette » fois envers Descartes, il faut considérer que » ce problème en contient une grande suite d'au-» tres. » « Si quelqu'autre en trouve la solution, » dit Descartes lui-même (4), je ne croirai pas » qu'il soit ignorant en Algèbre. »

Descartes rédigea à cette occasion un traité

---

(1) Remarques sur la vie de M. Descartes, Ms. de Hanovre.
(2) V. en effet OEuvr. de Desc., VI, p. 253 et 299.
(3) V. Leibnitz, *ibid.* Ms.
(4) VI, p. 226.

d'Analyse, premier essai de sa Géométrie, qu'il envoya à Golius (1).

III et IV.

PHYSIQUE GÉNÉRALE ET PHYSIQUE TERRESTRE.

Pesanteur.

Descartes, dès 1629 et même avant (2), proscrit les qualités occultes et ramène tous les phénomènes de la nature à des effets mécaniques régis par des lois mathématiques. « J'ai pris parti » là-dessus, dit-il à Mersenne (3), comme sur » presque tous les fondements de la physique. » Et les fondements de la physique sont empruntés à la métaphysique (4).

Mersenne lui fait une liste des *Qualités*, tirée d'Aristote; Descartes en a fait une autre plus étendue, tirée en partie de Verulam (Bacon), en partie de sa tête. « C'est une des premières choses qu'il se propose d'expliquer, » et cela sera facile ; « les fondements étant posés, les qualités suivent

---

(1) V. VI, p. 219 sq.
(2) V. en effet l'entretien chez le Nonce, chap. V.
(3) V. Lett. du 8 octobre 1629.
(4) V. VI, p. 108.

» d'elles-mêmes. » Elles s'expliquent, en effet, pour Descartes comme pour la science moderne, par la figure, l'étendue et le mouvement, auxquels il faut ajouter le nombre et la proportion. Ainsi la pesanteur pour lui n'est pas une qualité qui se trouve dans les corps, une sorte de vertu mystérieuse par laquelle ils tendent vers le centre de la terre ; elle est un effet mécanique. Il l'explique (1) par le tourbillon de matière subtile qui enveloppe la terre et qui repousse les matières grossières vers le centre, comme les liquides repoussent vers leur surface les corps plus légers qu'eux. Le premier il a l'honneur d'avoir donné de la pesanteur une explication mécanique qui, reprise et modifiée par la science moderne, en chassera bientôt, je l'espère, l'idée de l'attraction envisagée comme qualité occulte (2).

Il revient, à propos de la pesanteur, à la détermination de ses lois (3), et parle d'expériences à faire à la tour de Strasbourg. Il croit, avec raison, que ce n'est pas une force accélératrice constante,

---

(1) Cf. les Lettres et le Monde.
(2) V. plus bas, chap. VIII ; Analyse du Monde, à la fin.
(3) V. VI, p. 81.

et que son intensité varie avec la distance au centre de la terre (1). Sans doute, en partant de l'idée de ses tourbillons, il pense à tort que cette intensité diminue à mesure qu'on se rapproche de la terre; mais il a posé le problème; sa vue pénétrante s'est étendue au delà de l'horizon de Galilée lui-même; et il indique à ceux qui viendront après lui une question nouvelle à résoudre. Ainsi marche l'esprit humain, les erreurs mêmes du génie le font avancer !

Ici nous revendiquons pour Descartes une gloire qui lui a été jusqu'ici refusée, celle d'avoir découvert que la pression atmosphérique est la cause qui fait monter l'eau dans les corps de pompe et le mercure dans les tubes de verre. Cette découverte est une des conséquences heureuses de ses principes mécaniques. Dès le 2 juin 1631, dans une lettre à Renéri, son premier disciple en Hollande et le premier qui ait enseigné sa philosophie dans une chaire publique, il explique très-bien et très-clairement que c'est la pression atmosphérique, s'exerçant de bas en haut, qui empêche le mercure, contenu dans un tube capillaire ouvert par le bas de tomber, et que, s'il y avait

---

(1) V. VI, p. 216.

une colonne assez haute pour vaincre la pression atmosphérique, le surplus tomberait inévitablement. Il indique plus tard, en 1644, à Pascal, les expériences propres à mesurer la pression atmosphérique. La découverte de Torricelli est de 1646 ou 1647, les expériences de Pascal de 1648 et 1649 (1). Pascal croyait encore à l'horreur du vide après 1644. Descartes a devancé Torricelli et Pascal de 15 ans, puisque l'expérience qu'il explique à Renéri est de 1631. C'est donc avec raison qu'il se plaignit plus tard du silence de Pascal à son égard, puisque c'est lui qui, dès 1644, le poussa à faire ses belles expériences du Puy-de-Dôme et de la tour Saint-Jacques. Mais Pascal faisait partie d'une coterie ennemie de Descartes, dirigée par Roberval, et on s'y moqua des principes et des projets d'expériences du philosophe. Pascal ne dit pas un mot de celui-ci dans ses Traités du Vide et de la Pesanteur de l'air. Malgré ce silence ingrat et injurieux, Descartes, d'un caractère trop généreux et d'un esprit trop élevé pour s'abaisser aux misérables questions de priorité à propos d'une découverte scientifique, s'em-

---

(1) V. Traités du vide et de la pesanteur de l'air, de Pascal. Cf. Desc., lettres, et Baillet, II, 228, 155, 529, 155.

pressa, à peine arrivé en Suède, de faire des expériences sur les hauteurs barométriques, et d'envoyer les procès-verbaux des observations faites avec l'ambassadeur Chanut, au jeune et oublieux savant qui lui en sut à peine gré.

Montucla (1) donne à moitié gain de cause à Descartes dans cette question de priorité. Devant le tribunal de l'histoire, il n'est jamais trop tard pour se faire rendre justice : pièces en main, nous affirmons hardiment que l'histoire des sciences, après avoir attribué l'honneur de cette découverte à Torricelli et à Pascal, doit casser son arrêt et prononcer en faveur de Descartes.

En 1630 (2), notre philosophe et son ami Mersenne cherchent les poids spécifiques des métaux, et en même temps ceux de l'eau et de la vapeur d'eau. Descartes, dans une de ses lettres, remercie Mersenne du tableau des densités comparatives qu'il lui envoie, mais déclare qu'il n'en est pas content. Mersenne, en effet, lui donne des résultats inadmissibles. Il est curieux de voir combien les expériences qui nous paraissent si faciles aujourd'hui, étaient difficiles dans les commence

---

(1) Hist. des Sc. math., vol. II, 204 et 205.
(2) V. Lettres, VI, p. 114, 117.

ments, même pour des expérimentateurs exercés. Nous perfectionnons à mesure nos méthodes et nous arrivons avec le temps à des résultats de plus en plus exacts.

« Vous faites l'or plus léger que le plomb, dit
» Descartes à Mersenne, et je trouve évidemment
» le contraire. Vous faites l'argent pur aussi pe-
» sant en l'eau qu'en l'air, et l'airain plus pe-
» sant, ce que je crois plutôt être *lapsus calami*
» que fautes en l'expérience. »

Acoustique.

Descartes indique des expériences à faire pour déterminer les nombres de vibrations qui correspondent aux différents sons. Il voudrait aussi qu'on fît des expériences sur la vitesse du son; et ici nous noterons une erreur singulière dont il est dupe aussi bien que Mersenne : il admet que le son aigu se meut plus vite que le son grave. D'un autre côté, il trouve par le calcul le rapport exact des nombres de vibrations (1).

« Si vous prenez garde au calcul que je faisais;
» dit-il, des retours des sons pour faire des con-
» sonnances, vous trouverez que les sons qui font

---

(1) V. VI, p. 91, 15 janvier 1650.

» la quarte recommencent ensemble non pas
» *duodecimo quoque ictu*, mais *quarto quoque*
» *ictu* du son plus aigu et *tertio quoque ictu* du
» son plus grave. »

Il admet l'isochronisme parfait des vibrations (1).

C'est à cette époque qu'il redemanda à Beeckman son traité de Musique et un traité d'Algèbre que celui-ci voulait s'approprier. On peut voir dans les Lettres (2) quelle rude leçon reçut Isaac Beeckman pour avoir voulu s'attribuer le travail d'autrui. L'abeille à qui on enlève son miel sait faire usage, quand il lui plaît, de son redoutable aiguillon.

Optique.

Descartes avait quitté Franeker dans le courant d'octobre 1629. Avant son départ, au mois de juin, il écrivait de cette ville à Ferrier, ouvrier intelligent, qu'il avait formé lui-même à la théorie de son art et aidé de ses conseils :

« Depuis que je vous ai quitté, j'ai beaucoup
» appris touchant nos verres ; en sorte qu'il y a
» moyen de faire quelque chose qui passe ce qui

---

(1) VI, 82.
(2) Vol. VI.

» a jamais été vu ; et le tout semble si facile à
» exécuter, et est si certain, que je ne doute quasi
» plus de ce qui dépend de la main, comme je
» faisais auparavant ; mais c'est une chose que je
» ne saurais écrire ; car il arrive mille rencontres
» en travaillant qui ne se peuvent prévoir sur le
» papier et qui se corrigent souvent d'une parole
» lorsqu'on est présent ; c'est pourquoi il serait
» nécessaire que nous fussions ensemble. Je n'ose
» pourtant vous prier de venir ici ; mais je vous
» dirai bien que, si j'eusse pensé à cela lorsque
» j'étais à Paris, j'aurais tâché de vous amener ;
» et si vous étiez assez brave homme pour faire le
» voyage et venir passer quelque temps avec moi
» dans le désert, vous auriez tout loisir de vous
» exercer ; personne ne vous divertirait ; vous se-
» riez éloigné des objets qui vous peuvent donner
» de l'inquiétude ; bref, vous ne seriez en rien
» plus mal que moi, et nous vivrions comme
» frères. »

Mais Ferrier hésita, et les circonstances s'opposèrent ensuite à la réunion de ces deux hommes, dont l'un était le génie même de l'invention, et dont l'autre avait une habileté et une sûreté de main à qui rien n'était impossible dans l'exécution.

Descartes lui disait (1) : « Si vous aviez un an
» ou deux à vous ajuster de tout ce qui est néces-
» saire, j'oserais espérer que nous verrions des
» animaux dans la lune. »

On n'a pas encore fait de lunette ni de télescope d'une telle puissance, mais la faute en est à la pratique : la théorie n'indique aucune limite au pouvoir amplifiant de l'oculaire et de l'objectif réunis, surtout si on réussit à travailler parfaitement des verres hyperboliques comme le voulait et l'espérait Descartes.

Il avait prévu, dès cette époque, et même avant (2), et réalisa, un peu plus tard, les merveilles de nos *Dioramas* et de nos *Panoramas* modernes. « Il y a, dit-il, dans les mathéma-
» tiques une partie qui se nomme la science des
» miracles, pour ce qu'elle enseigne à se servir
» si à propos de l'air et de la lumière, qu'on peut
» faire voir, par son moyen, toutes les mêmes
» illusions qu'on dit que les magiciens font pa-
» raître par l'aide des démons. Cette science n'a
» jamais encore été pratiquée, que je sache, et

---

(1) VI, p. 44.
(2) Cf. Inédits, vol. 1, *Cogit. privat.*; Lettres, VI, p. 49 sq.
V. aussi Baillet.

» je ne connais personne que Ferrier qui en soit
» capable. Mais je tiens qu'il y pourrait faire de
» telles choses que, encore que je méprise fort
» de semblables niaiseries, je ne vous cèlerai
» pas toutefois que, si je l'avais pu tirer de
» Paris, je l'aurais tenu ici exprès pour l'y faire
» travailler, et employer avec lui les heures que
» je perdais dans le jeu et les conversations inu-
» tiles. »

Dès le mois de juin 1630 (1), sa *Dioptrique* est à peu près achevée, et il a dessein de la faire imprimer; mais il y veut insérer un discours sur la nature de la lumière et des couleurs qui l'a arrêté déjà depuis six mois.

Ce discours est le point de départ et le signal d'une révolution fondamentale dans la physique : la lumière y est ramenée à du *mouvement;* et c'est alors que Descartes inaugure pour la première fois, dans un de ses traités, la théorie mécanique de la lumière, bientôt suivie de celle de la chaleur et des autres phénomènes physiques. Puisqu'il a été écrit à cette époque, nous pourrions le citer ici; mais pour ne pas trop allonger notre analyse, nous renvoyons le lecteur au premier

(1) V. VI, 287 sqq.

discours de la Dioptrique (1). On pourra se faire, en le lisant, une idée de la manière dont Descartes savait dès lors penser et écrire. Laplace et Arago seuls ont eu, depuis Descartes, le don et l'art d'exposer leurs idées avec cette clarté parfaite (2).

Suite de l'Optique. — Les Météores.

Le 20 mars 1629, on avait vu à Rome et à Frascati quatre Parhélies; le P. Scheiner avait observé avec soin le phénomène (3), et le cardinal Barberini en avait envoyé une description à Peiresc. Celui-ci en avait fait faire plusieurs copies qu'il avait communiquées à tous les savants de sa connaissance, et, entre autres, à Gassendi qui

---

(1) V. vol. V, p. 6 sqq.

(2) V. dans M. Cousin (Souvenirs d'Allemagne), le témoignage de l'admiration de Hegel pour la clarté du style de Descartes.

(3) Ce phénomène est fort rare et on n'en cite que fort peu d'exemples; voici ceux que j'ai recueillis : Le 8 avril 1223 on avait vu en Angleterre quatre parhélies. (V. *Opera Gassendi*, tome III, infol. *ad calcem*, et Baillet, I, p. 159). — En 129 av. J.-C., pendant les féries latines, Scipion, le second Africain, et d'autres personnages illustres, avaient observé, probablement à Tivoli, un parhélie, dont l'apparition avait alors frappé tous les esprits d'étonnement. (V. Cicéron, *de Republicâ*, liv. I, chap. X). Descartes en cite deux autres; v. vol. V. p. 502.

faisait alors le voyage des Pays-Bas, et s'était mis en relation avec Wassenaer et Renéri, amis de Descartes. Celui-ci, par l'entremise de Renéri, reçut à Franeker une copie de la relation de Scheiner, qui fut bientôt suivie d'une autre envoyée par Mersenne. Descartes fit immédiatement des observations et des expériences pour se rendre compte du phénomène des parhélies, et se trouva bientôt en mesure, grâce à ses expérimentations aussi simples qu'ingénieuses, grâce surtout au secours qu'il trouva dans l'analyse géométrique et le calcul, de rendre compte, non-seulement des parhélies, mais de l'arc-en-ciel. A peine de retour à Amsterdam, le 8 octobre 1629, il écrit à Mersenne : « Comme je ne trouve jamais rien
» que par une longue traînée de diverses consi-
» dérations, il faut que je me donne tout à une
» matière, lorsque j'en veux examiner quelque
» partie, ce que j'ai éprouvé, depuis peu, pour
» trouver la cause de ce phénomène duquel vous
» m'écrivez, car il y a plus de trois mois qu'un
» de mes amis m'en a fait voir ici une descrip-
» tion assez ample; et m'en ayant demandé mon
» avis, il m'a fallu interrompre ce que j'avais en
» main, pour examiner par ordre tous les mé-
» téores auparavant que je m'y sois pu satisfaire.

» Mais je pense maintenant en pouvoir rendre
» quelque raison, et suis résolu d'en faire un
» petit traité qui contiendra l'explication des cou-
» leurs de l'arc-en-ciel, lesquelles m'ont donné
» plus de peine que tout le reste...... Je vous
» prie de n'en parler à personne du monde, car
» j'ai résolu de l'exposer en public, et *latere post*
» *tabellam*, afin de voir ce qu'on en dira. C'est
» une des plus belles matières que je saurais choi-
» sir, et je tâcherai de l'expliquer en sorte que
» tous ceux qui entendront seulement le fran-
» çais, puissent prendre plaisir à le lire (1). »

« Pour la façon de mesurer les réfractions de
» la lumière, écrit-il un peu plus tard, *Instituo*
» *comparationem inter sinus angulorum inci-*
» *dentiæ et angulorum refractorum*, mais je
» serais bien aise que cela ne fût point encore
» divulgué, parce que la première partie de ma
» dioptrique ne contiendra autre chose que cela
» seul. »

Ces paroles montrent que Descartes avait trouvé

---

(1) V. VI, p. 55. Cf. Météores, Discours, VIII, IX, X, p. 265 sqq.
— Ce Traité des Météores l'occupa particulièrement pendant l'hiver
de 1630-1631, mais il ne fut définitivement mis au net qu'en 1635.

alors la loi de la réfraction, et qu'il tenait particulièrement à cette découverte, puisque, d'ordinaire si généreux des miettes de son génie (1), il ne veut pas encore la faire connaître à tout le monde : elle lui appartient donc bien, il n'y a pas à en douter. Cependant Huyghens et Leibnitz (2), inspirés par je ne sais quelle basse jalousie, veulent ravir à Descartes cette gloire, et prétendent qu'il a pris l'idée première de la comparaison des sinus des angles dans un manuscrit de Snellius qui n'a jamais été publié, que Huyghens seul déclare avoir vu et dans lequel, en tout cas, la découverte ne se trouve pas : en effet, Snellius établit la comparaison entres les sécantes. Ainsi il suffit à Huyghens et à Leibnitz, — à l'époque de la réaction contre Descartes, — d'une pure supposition appuyée sur une simple possibilité pour charger la mémoire de Descartes d'un plagiat honteux. Descartes était assez bon philosophe, assez grand mathématicien et assez ingénieux expérimentateur pour avoir cette idée de la comparaison des sinus ; il suffit d'ailleurs de lire, dans la Dioptrique et les

(1) V. chap. VI; V. aussi plus haut, de la Pesanteur de l'air; et plus bas, chap. IX, Descartes, professeur.
(2) V. Notes sur la vie de Desc., par Huyghens, dans les Fragm. de Phil. moderne de Cousin, et les notes Mss. de Leibnitz.

Météores, les considérations philosophiques qui l'y ont conduit, pour voir qu'il y a bien là une découverte originale; mais Huyghens et Leibnitz, aveuglés par la passion du moment, veulent faire, contre toute vraisemblance, de Descartes un élève de Snellius, bien plus un malhonnête homme, car un plagiaire n'est pas autre chose. Descartes, qui cite Metius, Képler et Vitellion, aurait certainement cité Snellius, s'il lui avait dû quelque chose. Notons en terminant cette discussion, que la loi qu'il a découverte est supérieure en simplicité et en utilité pratique à celle du rival qu'on lui oppose, qu'elle se prête mieux à l'application du calcul, et que les physiciens et les géomètres ont adopté unanimement l'expression de la loi de la réfraction donnée par Descartes.

Un double mérite d'ailleurs qu'aucun de ses détracteurs n'a pu essayer de lui ravir, c'est celui d'avoir donné à cette loi des fondements philosophiques, et ensuite d'avoir établi sur elle les recherches géométriques les plus curieuses et les plus profondes (1).

Sa gloire n'est pas moins grande en ce qui

---

(1) V. ce que nous disons plus haut de la découverte de l'anaclastique, et Cf. la Dioptrique et les Météores.

concerne l'explication de l'arc-en-ciel, et nous dirons avec Montucla : « Ceux qui ont contesté
» au philosophe français la découverte de la plus
» grande partie de ce qu'il y a d'exact dans l'expli-
» cation de l'arc-en-ciel, étaient ou des ennemis
» de Descartes, ou des personnes mal instruites. »

Chimie.

Nous avons peu de chose à dire des recherches chimiques de Descartes ; elles ne furent pas poussées fort loin. En 1629 cependant, ou au commencement de 1630, il écrit à Mersenne : « J'étu-
» die en chimie et en anatomie tout ensemble,
» et apprends tous les jours quelque chose que
» je ne trouve pas dans les livres. » C'est à cette époque qu'il fait sur la rouille « plus lourde que
» le fer, » une série d'expérimentations semblables à celles de Jean Rey sur l'étain calciné (1).

V.

ANATOMIE ET PHYSIOLOGIE.

Dès cette époque, Descartes a l'ambition d'expliquer mécaniquement tous les phénomènes phy-

---

(1) V. Introd.

siques, même ceux de la vie, non-seulement dans leur *esse*, mais dans leur *fieri*; il étudie dans cette intention des fœtus de veaux et d'oiseaux arrivés à différents degrés de développement, et crée l'Embryogénie (1).

Les procès verbaux de ses dissections sont très-curieux à consulter et montrent avec quel soin et quelle bonne foi il savait observer. Descartes est certainement le plus patient et le plus persévérant observateur, et on peut ajouter le plus habile expérimentateur de la première moitié du XVIIe siècle.

Comme conséquence, non de ses observations mais de sa théorie mécanique, il admet les générations spontanées et exclut les causes finales.

(1) V. les Inédits, le mot et la chose s'y trouvent. V. aussi OEuvr., t. XI, p. 379 sqq. Premières Pensées sur la génération des animaux. — M. Cousin (avant-propos du vol. XI, p. VI), n'hésite pas à rejeter l'authenticité de ces Premières Pensées sur la génération, qu'il qualifie de « fragment plus que médiocre, où les idées les plus com-
» munes et souvent les plus fausses se font à peine jour à travers
» un style sans clarté et sans grandeur. L'obscurité et l'absurdité
» de l'original (en latin) le rendent indigne d'être attribué à Des-
» cartes. » Le fait est que cet écrit est de Descartes lui-même. Il suffit, pour s'en assurer, de le comparer aux fragments des Inédits qui portent la date de 1631 et 1637 et aux Traités de l'homme et de la formation du fœtus. On y retrouve les mêmes idées et les mêmes expressions. On verra en même temps que ces Premières Pensées ont dû être jetées sur le papier vers 1633 ou 1634.

« Quelqu'un dira avec dédain, s'objecte-t-il à
» lui-même (1), qu'il est ridicule d'attribuer un
» phénomène aussi important que la formation
« de l'homme à de si petites causes. Mais quelles
» plus grandes causes faut-il donc que les lois
» éternelles de la nature? Veut-on l'intervention
» immédiate d'une intelligence? De quelle intel-
» ligence? de Dieu lui-même? Pourquoi donc
» naît-il des monstres? »

Certes, voilà une pensée claire, profonde, audacieuse et digne du génie de Descartes! Je trouve dans les *Premières pensées sur la génération* et dans la *Physiologica* recueillies par Leibnitz et édités par M. Foucher de Careil (2), des observations attentives et des vues de génie, entre autres, l'idée féconde de la correspondance des parties. Citons encore une pensée tout à fait d'accord avec le mécanisme et avec l'exclusion des causes finales·
« Non mirum est quod omnia fere animalia ge-
» nerent; quæ enim generare non possunt, non
» etiam generantur, nec proinde reperiuntur in
» mundo (3). »

---

(1) V. XI, p. 404.
(2) V. Inédits de Desc., vol. II.
(3) V. Inéd., *Partes similares et excrementa*.

Telles sont dès lors, telles ont toujours été depuis les idées fondamentales de Descartes sur la formation de l'animal : les seules lois de la mécanique expliquent tout, et il n'y a pas plus lieu de rechercher des traces d'intention et de finalité dans l'organisation des animaux que dans la formation de la grêle, de la neige ou des sels.

Mais en même temps il ne faut pas oublier que, selon Descartes, les lois mécaniques sont des décrets de l'Être parfait, et l'expression de sa perfection, en sorte que si la question des causes finales est supprimée, on trouve à la place la conviction raisonnée de la perfection organique du monde et de tous les êtres qu'il contient, et cette certitude vraiment philosophique, que tout est le produit d'une *cause efficiente* parfaite, et qu'on peut admirer l'œuvre sans être obligé de s'enquérir des *intentions* de son auteur.

Il y a en même temps, dans ces premiers essais, bien des suppositions gratuites et erronées et bien des explications inadmissibles. Le mécanisme a inspiré et inspirera encore heureusement la science, mais pour expliquer par lui tous les détails de l'organisation, il faudra encore bien des générations de savants : *multi pertransibunt et augebitur scientia*. Descartes, dévoré de l'impatience du génie, veut devancer l'œuvre des siècles, et tombe dans les erreurs les plus graves. Mais en reconnaissant et en déplorant ses chutes, il ne faut pas oublier qu'il a allumé sur une hauteur le phare qui éclaire la science de la nature.

VI.

PSYCHOLOGIE.

Nous n'avons rien à ajouter ici à ce que nous avons dit sur ce sujet à propos des Méditations. En 1629, et pendant les sept ou huit années qui suivent, on n'aperçoit pas de traces de variations dans la pensée de Descartes; il paraît persuadé que l'âme et le corps sont deux substances distinctes et séparables (1). Les raisons qu'il en donne sont insuffisantes : il le sentira lui-même plus tard.

SCIENCES PRATIQUES.

VII.

MÉCANIQUE.

Depuis sa sortie du collége, Descartes songeait à appliquer les sciences mathématiques au soulagement de l'homme dans ses travaux (1). Il s'était

---

(1) V. chap. VII.

particulièrement occupé de cette application, étant à Paris, avec Ferrier et Villebressieux. Une fois en Hollande, bien qu'adonné particulièrement aux sciences spéculatives, il ne négligea pas ce soin, et nous verrons, au chapitre suivant, les machines qu'il inventa ou dont il inspira l'idée à Villebressieux. Nous pouvons déjà ici noter qu'il avait imaginé, étant à Franeker, une nouvelle machine pour la taille des verres (2). Il ne veut pas que l'on dise de sa philosophie, comme de celle des scolastiques, qu'elle est stérile et inutile dans la pratique; en confirmation de sa vérité, il veut qu'elle se fasse connaître aux hommes par ses bienfaits. En attendant d'autres résultats pratiques plus précieux, les progrès qu'il fait faire aux mathématiques préparent des inventions nouvelles en mécanique.

VIII.

MÉDECINE.

C'est surtout en médecine que cette philosophie doit faire sentir son influence heureuse : il ne

---

(1) V. Discours de la Méthode, part. I.

(2) V. Lettres à Ferrier, au commenc. du vol. VI des OEuvr. de Desc.

désespère pas, grâce à ses principes, d'affranchir l'homme des maladies, et de prolonger indéfiniment la vie humaine (1). On peut dire que ses travaux persévérants en physiologie et en anatomie, sont soutenus par cette espérance. Tous ceux qui, à l'école de Descartes, ont appris à proscrire les entités et les finalités imaginaires, pour rechercher les causes efficientes et le déterminisme des faits, ne désespéreront jamais de modifier sur ce point la condition humaine.

IX.

MORALE.

Quoiqu'il n'ait jamais écrit un traité de morale complet et régulier, Descartes n'a jamais cessé de s'occuper de cette science. « J'ai plus de soin
» et crois qu'il est plus important, dit-il (2), que
» j'apprenne ce qui m'est nécessaire pour la con-
» duite de ma vie, que non pas que je m'amuse à
» publier le peu que j'ai appris. »

Nous avons déjà vu (3) quelles sont ses Règles

---

(1) V. VI, 88, Let. à Mersenne, et *ibid*, Let. à Huyghens. Cf. Disc. de la Méth., part. V et VI.

(2) Let. à Mersenne, du 15 avril 1630, v. VI, 101.

(3) V. chap. IV et V.

de morale provisoire, qui sont restées au fond les règles de sa vie entière. Il n'aime pas à écrire sur la morale, parce qu'il n'y a pas de science à propos de laquelle on puisse s'exposer autant à la calomnie. Mais il a sur ce sujet les idées les plus justes, et en même temps les plus étendues et les plus hautes. Nous remarquons qu'il ne veut pas séparer l'étude de la Morale de celle de la Physique et de la Physiologie, attendu que l'homme doit se connaître lui-même et connaître cet univers pour savoir quels sont ses devoirs et quels sont les moyens qu'il a à sa disposition pour devenir plus sage et plus sensé. Quelques années plus tard, c'est surtout dans la médecine que Descartes cherchera ces moyens (1).

Le couronnement des idées et des travaux que nous venons d'analyser a été un Traité de Philosophie naturelle. Ce Traité est le *Monde*. Son importance demande que nous lui consacrions un chapitre spécial.

(1) V. Disc., partie VI.

CHAPITRE VIII.

Le Monde.

HISTORIQUE DU TRAITÉ DU MONDE.

Le 18 décembre 1629, dès qu'il a terminé la première rédaction de ses Méditations et arrêté ses principes métaphysiques, il s'occupe de ce Traité qui est une suite naturelle de la Métaphysique et qui embrasse presque tout entier le vaste ensemble des sciences spéculatives (1). A cette date, il écrit à Mersenne de lui communiquer « toutes les observations qui seront faites, princi- » palement les remarques universelles et que tout » le monde peut expérimenter. » Il lui enverra l'ouvrage qu'il commence, quand il sera achevé, pour qu'il l'examine et le fasse examiner par les

---

(1) V. Discours, partie V.

plus habiles hommes, « principalement à cause
» de la théologie, laquelle on a tellement assu-
» jettie à Aristote, qu'il est impossible d'expliquer
» une autre philosophie, qu'il ne semble d'abord
» qu'elle soit contre la foi. Et, à propos de ceci,
» je vous prie de me mander s'il n'y a rien de
» déterminé en la foi touchant l'étendue du
» Monde; savoir s'il est fini, ou plutôt infini, et
» si tout ce qu'on appelle espaces imaginaires
» soient des corps créés et véritables, car encore
» que je n'eusse pas envie de mouvoir cette ques-
» tion, je crois toutefois qu'il faudra malgré moi
» que je la prouve. » Du reste, il va commencer
à étudier en médecine et n'écrit encore presque
rien (1).

Au printemps suivant, à la date du 15 avril
1630 (2), le Traité du Monde avance un peu,
mais il y travaille fort lentement. « J'étudie main-
» tenant, dit-il, en chimie et en anatomie tout
» ensemble, et apprends tous les jours quelque
» chose que je ne trouve pas dans les livres.....
» Au reste, je passe si doucement le temps en
» m'instruisant moi-même, que je ne me mets ja-

---

(1) V. VI, 87.
(2) *Ibid.*, p. 101.

» mais à écrire en mon Traité que par contrainte,
» et pour m'acquitter de la résolution que j'ai
» prise, qui est, si je ne meurs, de le mettre en
» état de vous l'envoyer au commencement de
» l'année 1633. Je vous détermine le temps pour
» m'y obliger davantage, et afin que vous m'en
» puissiez faire reproche si j'y manque. »

Il espère d'abord que son ouvrage sera court et qu'on pourra le lire en une « après-dînée ; » mais peu à peu son plan s'étend et ses cadres s'élargissent pour recevoir les connaissances nouvelles qu'il acquiert et les développements nouveaux qu'il juge nécessaires aux justes proportions, à l'harmonie et à l'unité de l'œuvre.

Au mois de juin 1630, il prononce le *fiat lux* au milieu du chaos.

« Je vous dirai (1) que je suis maintenant après
» à démêler le chaos pour en faire sortir la lu-
» mière, qui est l'une des plus hautes et des plus
» difficiles matières que je puisse jamais entre-
» prendre, car toute la Physique y est presque
» comprise. J'ai mille choses diverses à considé-
» rer toutes ensemble *pour trouver un biais*
» *par le moyen duquel je puisse dire la vérité*

---

(1) VI, 181.

» *sans étonner l'imagination de personne ni*
» *choquer les opinions qui sont communément*
» *reçues.* »

En avril 1632 l'ouvrage a fait quelques progrès.
« Depuis deux ou trois mois, dit-il, je me suis
» engagé fort avant dans le ciel ; et, après m'être
» satisfait touchant sa nature et celle des astres
» que nous y voyons, et plusieurs autres choses
» que je n'eusse pas seulement osé espérer il y a
» quelques années, je suis devenu si hardi que
» j'ose maintenant chercher la cause de la situa-
» tion de chaque étoile fixe ; car, encore qu'elles
» paraissent fort irrégulièrement éparses çà et là
» dans le ciel, je ne doute point toutefois qu'il
» n'y ait un ordre naturel entre elles, lequel est
» régulier et déterminé ; et la connaissance de cet
» ordre est la clé et le fondement de la plus haute
» et plus parfaite science que les hommes puissent
» avoir touchant les choses matérielles, d'autant
» que, par son moyen, on pourrait connaître *à*
» *priori* toutes les diverses formes et essences
» des corps terrestres, au lieu que, sans elle, il
» nous faut contenter de les deviner *à posteriori*
» et par leurs effets. » Il voudrait, pour être aidé
dans cette recherche, un recueil d'observations sur

les comètes, et une description du ciel comparée aux descriptions et aux catalogues des anciens. « Mais, ajoute-t-il, je n'espère pas qu'on le fasse
» pour moi, non plus que je n'espère aussi de
» trouver ce que je cherche à présent touchant les
» astres. Je crois que c'est une science qui sur-
» passe la portée de l'esprit humain; et toutefois
» je suis si peu sage que je ne saurais m'empêcher
» d'y rêver, encore que je juge que cela ne ser-
» vira qu'à me faire perdre du temps, ainsi qu'il
» a déjà fait depuis deux mois, que je n'ai rien
» avancé du tout en mon Traité. Mais je ne lais-
» serai pas de l'achever avant le terme que je vous
» ai mandé (1). »

Malgré cette promesse, il prie bientôt Mersenne d'attendre jusqu'aux Pâques de l'année 1633.

Puis, un peu avant cette date, il écrit (2):

« Je vous dirai qu'encore qu'il soit presque
» tout fait, et que je pusse tenir ma promesse, si
» je pensais que vous m'y voulussiez contraindre
» à la rigueur, je serais toutefois bien aise de le
» retenir encore quelques mois, tant pour le re-

(1) Avril 1632, VI, p. 211.
(2) V. VI, p. 224 sqq., mars 1633.

» voir que pour le mettre au net, et tracer quel-
» ques figures qui y sont nécessaires et qui m'im-
» portunent assez..... Que si vous me blâmez de
» ce que je vous ai déjà tant de fois manqué de
» promesse, je vous dirai, pour mon excuse, que
» rien ne m'a fait différer jusqu'ici d'écrire le peu
» que je savais, que l'espérance d'en apprendre
» davantage, et d'y pouvoir ajouter quelque chose
» de plus, comme en ce que j'ai maintenant entre
» les mains.

» Après la générale description des astres des
» cieux et de la terre, je ne m'étais point proposé
» d'expliquer autre chose, touchant les corps par-
» ticuliers qui sont sur la terre, que leurs diverses
» qualités, au lieu que j'y mets quelques-unes de
» leurs formes substantielles, et tâche d'ouvrir le
» chemin, pour faire que, par succession de temps,
» on les puisse connaître toutes en ajoutant l'ex-
» périence à la raciocination, et c'est ce qui m'a
» diverti tous ces jours passés; car je me suis oc-
» cupé à faire diverses expériences pour connaître
» les différences essentielles qui sont entre les
» huiles, les esprits ou eaux-de-vie, les eaux com-
» munes et les eaux fortes, les sels, etc. Enfin, si
» je diffère à m'acquitter de ma dette, c'est avec
» intention de vous en payer l'intérêt. »

Le capital et l'intérêt se font attendre, et la banqueroute n'est pas loin; la nouvelle de la condamnation de Galilée va arriver, en effet, jusqu'à sa retraite.

Cependant, en juin 1633, il écrit encore (1) :
« Il y a un mois que je délibère savoir si je dé-
» crirai comment se fait la génération des ani-
» maux dans mon monde; et enfin je suis résolu
» de n'en rien faire, à cause que cela me tien-
» drait trop longtemps. J'ai achevé tout ce que
» j'avais dessein d'y mettre touchant les corps
» inanimés : il ne me reste plus qu'à y ajouter
» quelque chose touchant la nature de l'homme,
» et après je l'écrirai au net pour vous l'envoyer ;
» mais je n'ose plus dire quand ce sera; car j'ai
» déjà manqué tant de fois à mes promesses que
» j'en ai honte. »

Bientôt les cadres de l'œuvre s'élargissent de nouveau, et il faudra que Mersenne attende encore plus longtemps.

« Je parlerai de l'homme en mon Monde un peu
» plus que je ne pensais, car j'entreprends d'ex-
» pliquer toutes ses principales fonctions. J'ai
» déjà écrit celles qui appartiennent à la vie,

---

(1) V. VI, p. 231.

» comme la digestion des viandes, le battement
» du pouls, la digestion de l'aliment, etc., et les
» cinq sens. J'anatomise maintenant les têtes de
» divers animaux, pour expliquer en quoi con-
» sistent l'imagination, la mémoire, etc. J'ai vu
» le livre *de Motu Cordis* (1) dont vous m'aviez
» autrefois parlé, et me suis trouvé un peu diffé-
» rent de son opinion (2), quoique je ne l'aie vu
» qu'après avoir achevé d'écrire de cette ma-
» tière. »

Enfin, en juillet 1633 (3), l'ouvrage est sur le point d'être terminé. « Mon Traité, dit-il à Mer-
» senne, est presque achevé ; mais il me reste
» encore à le corriger et à le décrire, et j'appré-
» hende si fort le travail, que, si je ne vous avais
» promis, il y a plus de trois ans, de vous l'en-
» voyer dans la fin de cette année, je ne crois pas
» que j'en puisse de longtemps venir à bout ;
» mais je veux tâcher de tenir ma promesse, et
» cependant je vous prie de m'aimer. »

Mersenne, en lisant ces lignes, pense qu'il n'y a plus que patience à prendre, et déjà il croit tenir

___

(1) L'ouvrage de Harvey.
(2) V. plus bas l'explication de cette différence.
(3) V. VI, p. 237 sqq.

l'ouvrage tant désiré ; mais la lettre continue d'une manière qui le désole et l'indigne.

« J'en étais à ce point, ajoute Descartes, lors-
» que j'ai reçu votre dernière de l'onzième de ce
» mois ; et je voulais faire comme les mauvais
» payeurs qui vont prier leurs créanciers de leur
» donner un peu de délai, lorsqu'ils sentent ap-
» procher le temps de leurs dettes. En effet, je
» m'étais proposé de vous envoyer mon Monde
» pour les étrennes ; et il n'y a pas plus de quinze
» jours que j'étais encore tout résolu de vous en
» envoyer au moins une partie, si le tout ne pou-
» vait être transcrit en ce temps-là. Mais je vous
» dirai que m'étant fait enquérir ces jours-ci à
» Leyde et à Amsterdam, si le système du Monde
» de Galilée n'y était point, à cause qu'il me sem-
» blait avoir appris qu'il avait été imprimé en
» Italie l'année passée ; on m'a mandé qu'il était
» vrai, mais que tous les exemplaires en avaient
» été brûlés à Rome au même temps, et lui con-
» damné à quelque amende. *Ce qui m'a si fort*
» *étonné que je suis résolu de brûler tous mes*
» *papiers, ou du moins de ne les laisser voir à*
» *personne*, car je ne me suis pu imaginer que
» lui, qui est Italien, et même bien voulu du pape,
» ainsi que j'entends, ait pu être criminalisé pour

» autre chose, sinon qu'il aura sans doute voulu
» établir le mouvement de la Terre, lequel je sais
» bien avoir été autrefois censuré (1) par quel-
» ques cardinaux ; mais je pensais avoir ouï dire
» que depuis on ne laissait pas de l'enseigner pu-
» bliquement, même dans Rome ; et je confesse
» que, *s'il est faux, tous les fondements de ma*
» *philosophie le sont aussi, car il se démontre*
» *par eux évidemment.* Et il est tellement lié
» avec toutes les parties de mon Traité, que je ne
» l'en saurais détacher sans rendre le reste tout
» défectueux. Mais, comme je ne voudrais pour
» rien au monde qu'il sortît de moi un Discours
» où il se trouvât le moindre mot qui fût désap-
» prouvé de l'Eglise, aussi aimé-je mieux le sup-
» primer que de le faire paraître estropié. Je n'ai
» jamais eu l'humeur portée à faire des livres ;
» et si je ne m'étais engagé de promesse envers
» vous et quelques autres de mes amis, afin que
» le désir de vous tenir parole m'obligeât d'autant
» plus à étudier, je n'en fusse jamais venu à bout;
» mais, après tout, je suis assuré que vous ne
» m'enverrez point de sergent pour me contraindre

---

(1) V. l'Introduction, Cf. Libri, ouvr. cit., et Galilée, ses Travaux et ses Découvertes, par le Dr Parchappe, p. 143 sqq.

» à m'acquitter de ma dette, et vous serez peut-
» être bien aise d'être exempt de la peine de lire de
» mauvaises choses. Il y a déjà tant d'opinions en
» philosophie qui ont de l'apparence et qui peu-
» vent être soutenues en dispute, que, si les
» miennes n'ont rien de plus certain, et ne peu-
» vent être approuvées sans controverse, je ne les
» veux jamais publier. Toutefois, pour ce que
» j'aurais mauvaise grâce si, après vous avoir tout
» promis et si longtemps, je pensais vous payer
» ainsi d'une boutade, je ne laisserai pas de vous
» faire voir ce que j'ai fait, le plus tôt que je
» pourrai ; mais je vous demande encore, s'il
» vous plaît, *un an* de délai pour le revoir et le
» polir. »

Cette demande de délai était une fin de non recevoir, et, quelque temps après, il retire sa promesse dans la crainte que Mersenne ne publie son ouvrage malgré lui. Et certes, si Mersenne l'avait eu entre les mains, il n'aurait pas manqué de le faire paraître dans quelqu'une de ces volumineuses compilations qu'il aimait à publier, et où il entassait pêle-mêle toutes les questions, et même les ouvrages des autres avec les siens (1).

(1) V. l'Harmonie universelle.

Plus tard (1), il rappelle sa maxime : « Bene
» vixit, bene qui latuit; » et il ajoute : « Je m'é-
» tonne qu'un homme d'église (2) en ose écrire
» (du mouvement de la terre), en quelque façon
» qu'il s'excuse ; car j'ai vu une patente sur la
» condamnation de Galilée, imprimée à Liége
» le 20 septembre 1633, où sont ces mots :
» *Quamvis hypothetice à se illam proponi si-*
» *mularet*, en sorte qu'ils semblent même dé-
» fendre qu'on se serve de cette hypothèse en
» l'astronomie.

» Cependant, je ne perds pas tout à fait espé-
» rance qu'il n'en arrive ainsi que des antipodes
» qui avaient été quasi en même sorte condamnés
» autrefois, et ainsi que mon Monde ne puisse
» voir le jour. » En attendant, il se soumet
complètement, et s'étonne que les catholiques,
les gens d'église surtout, ne fassent pas comme
lui (3).

Telle est même sa faiblesse, indigne de son génie, qu'il cherche des raisons pour nier le mouve-

---

(1) Janvier 1634. V. VI, p. 243 et 246.
(2) Gassendi ou Mersenne ? V. les Questions diverses.
(3) V. VI, 251. Cf. le passage qui précède.

ment de la terre, et qu'il s'offre de prouver à un ecclésiastique que ce mouvement n'est pas réel. On peut voir du reste, dans les *Principes*, par quels subterfuges il essaie d'échapper à la vérité, ou plutôt de la déguiser.

Ici éclate dans tout son jour l'inconvénient de tenir sa conscience en partie double. Si l'histoire a marqué d'une flétrissure indélébile le tribunal odieux qui a condamné et torturé (1) Galilée, elle doit frapper d'un blâme énergique l'obéissance servile de Descartes. Elle doit réprouver aussi la dure insensibilité qu'il montra à l'égard de l'illustre florentin. Pendant qu'en France, Deodati, Peiresc, Gassendi (2) s'émeuvent et écrivent à leurs amis et aux cardinaux italiens en faveur du vieillard dont l'Inquisition n'a respecté ni le génie, ni les cheveux blancs, ni l'auréole glo-

---

(1) V. Parchappe et Libri, ouvr. cités. — S'il n'y a pas eu torture physique, il y a eu torture morale et apprêts de torture physique. Celle-ci du reste ne me paraît pas douteuse. En tout cas, le doute de l'histoire est le juste châtiment des inquisiteurs. Ni M. Alph. Valson (Rev. d'Éconnom. chr.), 28 févr. et suiv., ni Mgr Marini (Procès de Galilée), n'ont pu laver l'Inquisition de cette terrible accusation de torture.

(2) V. Libri, ouvr. cit., les lettres, à la fin du dernier volume.

rieuse conquise par les services les plus grands rendus à l'esprit humain (1); pendant qu'ils éveillent pour lui dans toute l'Europe une douloureuse sympathie, Descartes n'a ni un sentiment de commisération, ni une parole émue ; il jette au contraire sur le papier une critique âpre, mordante, inique des œuvres de son rival de gloire (2). Le décret inquisitorial le frappe d'une sorte de frayeur sacrée, et, avec une timidité qui nous étonne, il se cache et appelle le sophisme à son aide; il cherche à se tromper et à tromper les autres; il s'acharne contre Galilée.

J'ai dit le bien, non sans plaisir et sans admiration ; je crois avoir le droit de signaler le mal avec quelque vivacité : la conduite de Descartes à cette

---

(1) M. Bertrand, dans son facile travail sur Galilée, parle avec une insouciance spirituelle et une légèreté un peu dédaigneuse des souffrances de Galilée. Galilée a été emprisonné, et en supposant qu'il n'ait pas été torturé, il a été menacé de l'être, et il a vu les instruments du supplice; il a subi une torture morale odieuse, il a été ensuite séquestré, pour le reste de sa vie, du commerce du monde, et il ne pouvait recevoir aucun ami sans la permission du grand inquisiteur. L'Inquisition ne plaisantait pas : elle avait brûlé Jordano Bruno en 1600, Vanini en 1619. — Si Galilée ne s'était pas rétracté, elle eût été jusqu'au bout. — Il lui fallait la mort ou la honte d'un homme de génie.

(2) V. VI, p. 247 sqq.

époque est une tache dans sa vie. La vérité est sacrée : il n'y a rien qui doive prévaloir contre elle. L'esprit humain veut être respecté : on n'a pas le droit de chercher à le séduire par des sophismes auxquels on ne croit pas soi-même (1).

Nous demandons ici la permission de prendre une avance sur la marche du temps, et de continuer cet historique, que nous ne trouverions plus l'occasion d'achever plus tard.

Dans le *Discours de la Méthode*, il donne l'analyse de son Traité, il en cite même un extrait, mais il n'ose dire qu'il soit, ni même qu'il ait été de l'*opinion de cet autre* qui a défendu et enseigné le mouvement de la terre (2).

A cette époque (1637), le P. Mersenne le presse, en son nom et au nom de ses amis, et avec une vi-

---

(1) On peut lire dans la sixième partie du *Discours de la Méthode* les raisons par lesquelles Descartes essaie de se disculper devant l'opinion. Il n'en est aucune que nous puissions accepter complètement. Le repos de la vie, l'intérêt même de la postérité ne peuvent se payer au prix de la sincérité et de la dignité du caractère. A quoi lui a servi cette indigne faiblesse? Il a été frappé lui-même par l'inquisition: le 20 novembre 1663, la très-sainte congrégation de l'Index proscrivit ses ouvrages, et il est défendu encore aujourd'hui de les lire, *donec corrigantur*. Qui donc osera enfin les corriger?

(2) V. Disc. de la Méth., part. V. Cf. vol. VI, p. 506.

vacité nouvelle, de donner enfin son Monde au public. On jugera de ses instances par la réponse même de Descartes. La voici (1) :

« Je trouve que vous avez bien mauvaise opi-
» nion de moi, et que vous me jugez bien peu
» ferme et peu résolu en mes actions, de penser
» que je doive délibérer sur ce que vous me man-
» dez de changer mon dessein et de joindre mon
» premier Discours à ma Physique (2), comme si
» je la devais donner au libraire dès aujourd'hui
» à lettre vue ; et je n'ai su m'empêcher de rire
» en lisant l'endroit où vous dites que j'oblige le
» monde à me tuer, afin que l'on puisse voir
» plus tôt mes écrits ; à quoi je n'ai autre chose à
» répondre, sinon qu'ils sont déjà en lieu et en
» état que ceux qui m'auraient tué ne les pour-
» raient jamais avoir, et que, si je ne meurs fort
» à loisir et fort satisfait des hommes qui vivent,
» ils ne se verront assurément de plus de cent ans
» après ma mort. »

Cependant l'ouvrage l'attirait toujours ; il y revenait malgré lui pour le compléter. C'est à cette œuvre, en effet, qu'il avait confié ses pensées

---

(1) VI, p. 157, juillet 1637.
(2) C'est le nom qu'il donne quelquefois à son Monde.

vraies et ses convictions sincères sur la philosophie naturelle; et telles étaient en même temps les vastes proportions de l'édifice qu'il pouvait recevoir toutes les conquêtes nouvelles qui venaient s'ajouter à celles qui étaient déjà faites.

En 1638, il craint de se laisser séduire, de céder à la tentation de publier son travail, et il écrit à Huyghens, son ami, qu'il « relègue son Monde
» loin de lui, afin de n'être pas tenté d'y mettre
» la dernière main (1). » Ses amis reviennent de temps en temps à la charge. En 1639, il répond à M. de Beaune, l'un des hommes qu'il aimait et estimait le plus, que « c'est un fruit qu'il faut
» laisser encore mûrir sur l'arbre. »

Un instant il parut céder. En 1643, en effet, il forma le dessein de publier ce traité en latin, sous le titre de *Summa philosophiæ*, le fit revenir, et se mit à l'œuvre. Mais l'ennui de se traduire le fit renoncer à ce projet. L'ouvrage était alors un traité volumineux (2). On n'en a retrouvé qu'un abrégé incomplet dans ses papiers (3).

Qu'avait-il fait de l'ouvrage entier? Il répète

---

(1) V. Lettres et Baillet, II, p. 11 et 12.
(2) V. Baillet, II, p. 222, 223.
(3) Cf. le Monde, chap. VII et pages 262, 263 avec les nos 36-53 de la partie II des Princip.

deux ou trois fois dans ses lettres qu'il est en lieu sûr. Il l'avait sans doute confié à quelque ami aussi dévoué que lui à l'Église (1), et aussi tremblant devant les décrets de l'Inquisition, avec injonction de le détruire après sa mort, à moins d'ordre contraire. Clerselier trouva l'abrégé du Monde parmi les manuscrits venus de Suède, après la mort du philosophe, et le publia avec les traités de l'Homme et de la Formation du Fœtus, qui en étaient la suite naturelle (2). Le traité des Passions, achevé en 1649, devait encore trouver place dans cette vaste synthèse philosophique, dont nous n'avons ainsi que des fragments, et un résumé incomplet dans les *Principes*.

L'Inquisition, par son absurde décret et son odieuse conduite, nous a donc privés du monument entier qui devait nous présenter, dans son grandiose et harmonieux ensemble, la philosophie naturelle de Descartes.

La condamnation de Galilée a plus nui que Montucla ne le pense, à la marche de la vérité (3).

---

(1) Probablement à M. de Hooghelande qui me paraît avoir appartenu comme Descartes à l'ordre des Rose-Croix.

(2) Ils devaient faire partie de l'ouvrage complet, et ils n'avaient été achevés qu'en 1648.

(3) V. Hist. des Sc. math., II, 289.

Les historiens des faits politiques et religieux ont assez protesté contre les tortures infligées par l'Inquisition, je proteste ici au nom des âmes, contre les mutilations faites à la pensée humaine dans l'œuvre de ses plus glorieux représentants (1).

L'historique achevé, nous pouvons aborder l'analyse du Traité.

ANALYSE DU TRAITÉ DU MONDE.

« On a maintes fois exposé dans le détail, dit
» très-bien M. Lemoine (2), les différentes parties
» de la philosophie cartésienne; mais peut-être
» n'a-t-on jamais bien mis ces parties différentes
» à leur place véritable et dans leur vraie per-
» spective, pour n'avoir pas suivi les indications
» si précises du Discours de la Méthode, des
» Lettres et de divers Traités. » J'ajoute que cette ignorance du plan général et ces défauts de perspective ont amené des méprises et des erreurs graves. Nous allons donc essayer de présenter ici, puisque l'occasion nous y invite, une

---

(1) V. Dialogues de Galilée et Monde de Descartes.
(2) V. l'Ame et le Corps, p. 517.

restauration du plan grandiose de la philosophie cartésienne, dont le *Monde* occupait la partie centrale. Ce ne sera pas nous écarter de notre sujet : on jugera mieux du dessein de ce Traité, en voyant la place qu'il occupait dans cette vaste ordonnance.

Voici les grandes lignes de l'édifice (1) :

CADRES DE LA PHILOSOPHIE,

ou

DIVISIONS DE LA SCIENCE.

Ire PARTIE.

MÉTAPHYSIQUE.

Des principes de la connaissance humaine.

Voir les quatre premières parties du Discours de la Méthode; les Méditations, le 1er livre des Principes et

---

(1) V. les Principes, préface et part. IV, n° 188. — Discours de la Méthode, part. IV et V. — *Nota.* Nous indiquons en donnant le plan général, les ouvrages et parties d'ouvrages, qui peuvent aider le lecteur à reconstruire dans sa pensée l'édifice complet de la philosophie cartésienne. V. avant tout, la partie V du Discours de la Méthode.

Lettres à la princesse Elizabeth, OEuvres IX, pages 125, sqq.

IIe PARTIE.

PRINCIPES MATHÉMATIQUES DE LA PHILOSOPHIE NATURELLE.

Des principes des choses matérielles.

Voir les sept premiers chapitres du Monde, le 2e livre des Principes, la Géométrie.

IIIe PARTIE.

PHISIQUE GÉNÉRALE ET MÉCANIQUE CÉLESTE.

Du Monde visible.

Voir chapitre VIII, IX et X du Monde, la IIIe partie des Principes.

IVe PARTIE.

PHYSIQUE TERRESTRE.

De la Terre.

Voir les derniers chapitres du *Monde*; la IVe partie des Principes jusqu'au numéro 188; la Dioptrique, les Météores.

Ve PARTIE.

ANATOMIE ET PHYSIOLOGIE.

Des êtres organisés.

Voir Inédits, fragments divers d'anatomie et de physiologie; OEuvres XI, Premières pensées sur la génération;

Les derniers numéros des Principes, 188-207; Les traités de l'Homme et de la Formation du fœtus.

VIe PARTIE.

PHYSIOLOGIE DE LA PENSÉE ET PSYCHOLOGIE.

De l'âme substantiellement unie au corps.

Voir le Traité des Passions; voir *Méditations* et Réponses aux objections, *passim*; Lettres à la princesse Elizabeth, à Morus, etc.

VIIe PARTIE.

MÉCANIQUE.

Voir Traité de mécanique; Lettres à Ferrier, à Huyghens, etc.

VIIIe PARTIE.

MÉDECINE.

Voir les Physiologica et Anatomica des Inédits; Remedia et Morb., etc. — Lettres, *passim*.

XIe PARTIE.

MORALE.

Voir IIIe partie du Discours. — Lettres à la princesse Elizabeth et à la reine Christine sur le souverain Bien et le Bonheur, etc.

Le Monde devait occuper les 2e, 3e, 4e, 5e et 6e divisions.

Remarquons ici que le vaste plan adopté par

Descartes, donne les linéaments généraux de la véritable classification des sciences. Le chef de l'école positiviste, qui, dans son ignorance de l'histoire, a cru inventer tant de choses, n'a fait que le reproduire en le gâtant. Il en retranche, en effet, la métaphysique et la psychologie (1). Sans la métaphysique, la science humaine n'a plus de base, et ressemble à un édifice bâti en l'air : c'est la cité des oiseaux. Mill par sa *Logique* a mis à nu ce défaut capital du système positiviste ; il avoue lui-même qu'il conduit à un abîme d'ignorance (2). D'un autre côté, sans la psychologie, il faut ramener tous les faits de l'ordre spirituel et moral à des phénomènes physico-chimiques et à une sorte de mécanique cérébrale, ce qui, d'après M. Littré lui-même, est tout à fait impossible (3).

Convenons en même temps que le tableau tracé d'après Descartes contient une lacune importante,

---

(1) V. dans les Leç. de phil. posit., le tableau des sc. qui est en tête du volume I. V. Littré, ouvr. cit., part. II, chap. VI, et à la fin, la conclusion.

(2) V. a system of logic, vol. II, p. 106, etc. Cf. Taine, *le Posit. angl.*

(3) V. Comte et la Phil. posit. conclusion ; M. Littré paraît aujourd'hui d'un avis un peu différent. V. une Rép. à Mill. Revue des Deux-Mondes, 1866.

et qu'il faut ajouter à la psychologie, pour compléter la science de l'âme, tout le vaste ensemble des sciences morales et historiques.

La place du Monde indiquée, nous pénétrons dans l'édifice lui-même.

Ire PARTIE DU MONDE.

(IIe partie de la Philosophie.)

Le Monde suppose connue la métaphysique, et s'appuie sur elle (1). L'auteur y traitait cependant, chemin faisant, quelques questions de métaphysique, celle entre autres de savoir si les vérités *à priori* dépendent de la volonté divine (2).

L'ouvrage embrassait l'univers entier : il avait pour objet la Nature, et correspondait assez bien à la Physique des Epicuriens et à la Physiologie des Stoïciens. « Mais, tout de même, dit Des-
» cartes, que les peintres ne pouvant également
» bien représenter dans un tableau plat toutes les
» diverses faces d'un corps solide, en choisissent
» une des principales qu'ils mettent seule vers le
» jour, et ombrageant les autres, ne les font pa-

---

(1) V. VI, 108 et le commencement de la partie V du Discours.
(2) V. Lettre VI, p. 209 sq.

» raître qu'autant qu'on les peut voir en la regar-
» dant ; ainsi, craignant de ne pouvoir mettre en
» mon *Discours* tout ce que j'avais en la pen-
» sée, j'entrepris seulement d'y exposer bien am-
» plement ce que je concevais de la lumière (1) ;
» puis, à son occasion, d'y ajouter quelque chose
» du soleil et des étoiles fixes, à cause qu'elle en
» procède presque toute ; des cieux, à cause qu'ils
» la transmettent ; des planètes, des comètes et
» de la terre, à cause qu'elles la font réfléchir ; et,
» en particulier, de tous les corps qui sont sur la
» terre, à cause qu'ils sont ou colorés, ou trans-
» parents, ou lumineux (2) ; et enfin, de l'homme,
» à cause qu'il en est le spectateur. Même, pour
» ombrager un peu toutes ces choses, et pouvoir
» dire plus librement ce que j'en jugeais, sans
» être obligé de suivre ni de réfuter les opinions

(1) Cf. Monde, chap. I, II et XIV. La lumière et la chaleur y sont ramenées à du mouvement.

(2) Descartes admet trois éléments matériels simples, le premier, l'élément de feu, le second, l'élément de l'air, le troisième, l'élément de la terre. Nous dirions aujourd'hui l'élément éthéré, l'élément fluide (gaz et liquide), et l'élément solide. Le *soleil* et les *étoiles fixes* sont composés du premier élément ; les *cieux* du second élément, avec le premier dans les interstices ; la *terre* et les *planètes* du troisième avec le premier et le deuxième dans les interstices. (V. Monde, chap. V).

» qui sont reçues entre les doctes, je me résolus
» de laisser tout ce monde ici à leurs disputes, et
» de parler seulement de ce qui arriverait dans
» un nouveau (1), si Dieu créait maintenant
» quelque part, dans les espaces imaginaires, assez
» de matière pour le composer, et qu'il agitât
» diversement et sans ordre les diverses parties
» de cette matière, en sorte qu'il en composât un
» chaos aussi confus que les poètes en puissent
» feindre, et que, par après, il ne fît que prêter
» son concours ordinaire à la nature et la laisser
» agir suivant les lois qu'il a établies.

» Ainsi, premièrement, je décrivis cette ma-
» tière et tâchai de la représenter telle qu'il n'y a
» rien au monde, ce me semble, de plus clair ni
» de plus intelligible (2), excepté ce qui a tantôt
» été dit de Dieu et de l'âme; car même je sup-
» posai expressément qu'il n'y avait en elle au-
» cune de ces formes ou qualités dont on dispute
» dans les écoles, ni généralement aucune chose
» dont la connaissance ne fût si naturelle à nos
» âmes qu'on ne pût pas même feindre de les
» ignorer. »

(1) Cf. Monde, chap. VI.
(2) Cf. Monde, chap. VI, p. 242 sq.

C'est ici le lieu de résumer et d'apprécier ses idées sur la matière.

L'essence de la matière est l'étendue ; toutes ses propriétés, doivent s'expliquer par la figure et le mouvement qui ne sont que des modes de l'étendue, en un mot par des propriétés mathématiques. A la figure, à l'étendue et au mouvement s'ajoutent naturellement la position relative et le nombre ou la proportion entre les parties. Descartes cependant néglige le nombre. Il manque à ce profond penseur qui a fait faire tant de progrès à l'analyse supérieure, l'idée pythagoricienne de l'importance des nombres, qui fut si féconde entre les mains de Képler, et à laquelle nous ramènent, en la tempérant sagement, les récents progrès de la chimie.

Tous les phénomènes matériels peuvent donc se ramener à des théorèmes de mécanique pure, d'arithmétique et de géométrie.

Toutes nos sensations, de chaud, de froid, de son, de lumière, de couleur, etc., sont purement subjectives (sans que cela leur enlève pourtant ce que Kant appelle la valeur objective et absolue). En dehors du moi il n'y a, dans le monde, que des faits géométriques et mécaniques qui peuvent être soumis au calcul. La science moderne confirme chaque jour d'une manière éclatante ces idées profondes de Descartes.

Mais il y a à faire une réserve et une observation très-importantes sur l'essence même de la matière. La *matière* n'est pas la *substance*. La substance dans son intimité échappe à la prise des sens et à celle des mathématiques. Quand nous disons que la matière a pour essence l'étendue, nous devons prévenir que nous entendons par *matière*, l'extérieur, *le dehors* de la substance ; que la matière n'est qu'une abstraction et que les phénomènes matériels ne sont que des phénomènes de surface. Par une analyse tout à fait semblable à celle des géomètres, nous détachons par la pensée cette enveloppe de tout ce qu'elle couvre ; et cela, avec d'autant plus de raison que les sens ne perçoivent et ne peuvent percevoir qu'elle, et qu'il est dans la nature des choses que la substance ait son *dehors* et son *dedans*, son for extérieur et son for intérieur. Cette opération analytique et abstractive correspond donc à la nature de nos facultés et à la nature des choses. De là sa fécondité heureuse dans la science.

Descartes a cru d'abord découvrir dans cette enveloppe, dans cette surface, dans cette abstraction, une substance vraie : l'illusion s'est dissipée lentement. Dans ses derniers ouvrages il y a conflit entre ces deux idées : *la matière est une substance, la matière n'est qu'une abstraction;* il penche cependant vers celle-ci, et, à la fin, elle me paraît l'emporter. C'est celle qu'ont recueillie Spinoza et Leibnitz. Quoi qu'il en soit, la proposition qui fait de l'étendue l'essence de la matière n'est vraie que dans le sens et avec la restriction que nous venons d'indiquer : le terme matière n'exprime au fond qu'une abstraction; mais l'opération abstractive correspond à la nature des choses. Les phénomènes matériels nous apparaissent alors comme les signes extérieurs de phénomènes internes dans l'intimité desquels nous ne pouvons pénétrer ni par les sens ni par les mathématiques, et que, par induction, nous concevons à l'image des phénomènes du moi.

Les phénomènes extérieurs ou matériels et les phénomènes intérieurs ou spirituels sont gouvernés par des lois qui dérivent de la perfection divine et qui l'expriment. Les lois des phénomènes matériels sont les lois mathématiques; les lois des phénomènes spirituels, ou phénomènes de pensée, sont des lois ontologiques (ou morales) encore mal connues. Mais il est évident *à priori* qu'il doit y avoir correspondance exacte et harmonie parfaite entre les lois ontologiques et les lois mathématiques, puisqu'elles sont deux expressions d'une même chose, de la perfection divine. Dès-lors il est clair qu'aux phénomènes de pensée correspondent harmoniquement des phénomènes matériels ; qu'à ceux-ci correspondent de la même manière des phénomènes spirituels ; et que les deux ordres de phénomènes sont la traduction l'un de l'autre. Un corps organisé, corps doué d'une unité véritable, est l'expression sensible d'un dessein, d'une pensée conçue et réalisée par une force active, c'est une idée devenue visible. Or, avec Leibnitz, et en nous appuyant sur la chimie moderne, nous sommes forcés de reconnaître que les corps dits inorganiques sont des agrégats ou des combinaisons d'organismes infiniment petits. La substance partout organisée est donc partout pensante et active.

Comme conclusion de cette discussion nous ferons quelques remarques importantes.

1°. Le matérialisme grossier et l'idéalisme transcendant ont été également réfutés par la distinction, conforme à la nature de nos facultés et à la nature des choses, que Descartes a faite entre la matière et l'esprit, entre l'étendue et la pensée.

Il est impossible d'expliquer l'une par l'autre, dé ramener l'une à l'autre.

2°. Par la séparation vigoureuse et profonde établie entre la matière et l'esprit, Descartes a rendu à la science un service éminent et définitif, jusqu'ici mal apprécié, dont tous les résultats heureux sont encore loin d'être produits.

Mais ici la médaille a un envers, et ce service est accompagné d'un inconvénient très-grave.

Après avoir séparé il faut unir. Si l'abstraction est nécessaire aux premiers progrès de la science, l'opération inverse, que j'appellerai *le retour à l'union concrète*, est indispensable aux progrès ultérieurs. Descartes, qui a senti l'impossibilité de la pensée séparée, et a fait, à la fin, de l'âme une force, une vertu substantiellement unie à la matière, n'a pas vu l'impossibilité de la matière sans force, sans énergie, sans pensée au moins inconsciente; et cependant la matière nue n'est qu'une abstraction, une forme vide et creuse, sans être véritable, un pur néant. La psychologie et le mécanisme ne vont pas loin l'un sans l'autre. Descartes a reconnu l'insuffisance de la psychologie *pure*, séparée de la physiologie; il n'a pas reconnu l'insuffisance du mécanisme *séparé*.

En physique et en chimie, l'explication mécanique pure marche assez bien ; en physiologie elle est arrêtée d'abord par l'irritabilité. Descartes franchit l'obstacle sans sourciller et nie la contraction spontanée et l'irritabilité (1). Elle est arrêtée ensuite par l'habitude ; il en parle à peine.

3°. Un second et immortel service rendu par Descartes est d'avoir écarté de l'étude des sciences physiques toutes les qualités occultes et les formes substantielles qui troublaient tant l'esprit des physiciens et permettaient à l'ignorance de se payer de mots. Le monde physique tout entier est le produit de la Mécanique et des lois mathématiques qui gouvernent la matière.

Ici encore il faut montrer le revers de la médaille. Le Mécanisme ou plutôt le Mathématisme, très-vrai en lui-même, est insuffisant si on l'isole de la Psychologie et des inductions psychologiques. Et, en effet, quand nous aurions réussi à envelopper le monde matériel tout entier d'un réseau de théorèmes mathématiques, il resterait encore à savoir quel être vivant nous avons pris dans nos filets.

La *Métaphysique* (2) doit donc revenir aux

---

(1) V. plus bas, l'explication des mouvements du cœur.
(2) Je ne dis pas la *Physique*.

formes substantielles, et les sciences inductives chercher quels sont les rapports des lois mathématiques et des lois morales ou ontologiques.

En lisant les premiers chapitres du Monde, on peut se faire une idée des absurdités contre lesquelles Descartes a eu à lutter, et en même temps de la puissance de génie qu'il lui a fallu pour tenter et pour conduire en partie à bonne fin, dans l'état où étaient alors les sciences, la solution mécanique des faits de l'univers.

Le premier il ramena l'explication de tous les phénomènes aux notions claires et simples de la raison. On s'est demandé plusieurs fois depuis quelque temps quel était le premier inventeur de la théorie mécanique de la chaleur. Je réponds que c'est celui qui a créé en même temps la théorie mécanique de la lumière et de tous les phénomènes physiques. C'est celui qui a écrit au XVIIe siècle : « Nous pourrons dire que c'est le mouvement » seul qui, selon les différents effets qu'il pro- » duit, s'appelle tantôt chaleur et tantôt lu- » mière (1); » et qui, en même temps, a proclamé ce grand principe, que la science moderne croit avoir inventé, de la *conservation de la*

---

(1) On reconnaît là le principe de la corrélation des forces vives.

même quantité de mouvement dans le monde (1).

Ce principe, comme toutes les lois de la nature et toutes les règles du mouvement, découle de l'immutabilité et de la perfection de Dieu.

« De plus je fis voir, dit Descartes en conti-
» nuant lui-même l'analyse de son Traité (2),
» quelles étaient les lois de la nature; et, sans
» appuyer mes raisons sur aucun autre prin-
» cipe que sur les perfections infinies de Dieu,
» je tâchai à démontrer toutes celles dont on
» eût pu avoir quelque doute, et à faire voir
» qu'elles sont telles que, encore que Dieu au-
» rait créé plusieurs mondes, il n'y en saurait
» avoir aucun où elles manquassent d'être obser-
» vées. »

Voici d'abord les trois grandes lois de la nature (3) :

La première est que chaque chose demeure en l'état où elle est tant que rien ne vient la changer.

La seconde, que, quand un corps vient à en choquer un autre, il ne saurait lui donner aucun mouvement, qu'il n'en perde en même temps au-

---

(1) V. le Monde, vol. IV, p. 220, 222, 265.
(2) V. Disc., part. V.
(3) V. le Monde, p. 254 sqq., chap. VII.

tant du sien, ni lui en ôter, que le sien ne s'augmente d'autant.

Manifestement, ces deux règles suivent de cela seul que Dieu est immuable et, qu'agissant toujours en même sorte, il produit toujours le même effet; d'où il suit que la même quantité de mouvement se conserve toujours dans le monde, et que ce qui se perd d'un côté se retrouve de l'autre.

La troisième est que tout corps qui se meut tend à continuer son mouvement en ligne droite.

Cette règle est appuyée sur le même fondement que les deux autres, et ne dépend que de ce que Dieu agit, en vertu de sa perfection, par les voies les plus simples. Or, de tous les mouvements, il n'y a que le droit qui soit entièrement simple; tout autre mouvement étant complexe résulte de plusieurs impulsions ou résistances. Ainsi est détruite l'erreur de la philosophie aristotélicienne qui admettait des mouvements curvilignes simples. Si un corps reçoit une impulsion, il ne peut s'échapper que d'un seul côté, et, par conséquent, en ligne droite.

De ces lois il résulte que tout corps, s'il ne rencontre pas d'obstacle, ou s'il ne reçoit pas de nouvelle impulsion, continue son mouvement avec une vitesse et une direction constantes. Il en résulte encore, et Descartes dégage aussi cette conséquence, qui n'est du reste qu'une formule simplifiée de la seconde loi, que l'action est égale à la réaction, et réciproquement.

Descartes est si peu connu chez nous depuis l'excessive réaction exercée par les Newtoniens, que presque tous les physiciens font honneur de ce dernier principe au génie de Newton.

Ces raisons de Descartes sont *à priori*, remarquent Montucla et d'Alembert, « et si on n'en avait » que de pareilles, elles ne seraient guère propres » à opérer une conviction entière (1). » Nous répondrons que ces raisons sont cependant les vraies, que l'expérience n'en peut donner qu'une confirmation approximative, et que l'expérience même est dirigée par l'idée *à priori* et redressée par elle (2).

Descartes déterminait ensuite les lois de la communication du mouvement et du choc (3); mais cette partie manque dans l'abrégé. Nous retrouverons ces lois du choc dans les Principes. Elles sont presque toutes fausses, parce que Descartes n'admet pas l'élasticité de la matière.

---

(1) Hist. des sc. math.
(2) Laplace, Mécaniq. Céleste.
(3) V. Monde, p. 262 sq.

II⁰ PARTIE DU MONDE.

(III⁰ partie de la Philosophie.)

Mécanique céleste et Physique générale.

« Après cela, je montrai (1) comment la plus
» grande part de la matière de ce chaos devait,
» en suite de ces lois, se disposer et s'arranger
» d'une certaine façon qui la rendait semblable à
» nos cieux ; comment cependant quelques-unes
» de ses parties devaient composer une terre,
» quelques-unes des planètes et des comètes, et
» quelques autres un soleil et des étoiles fixes ; et
» ici, m'étendant sur le sujet de la lumière, j'ex-
» pliquai bien au long quelle était celle qui se
» devait trouver dans le soleil et les étoiles, et
» comment de là, elle traversait en un instant les
» immenses espaces des cieux, et comment elle
» se réfléchissait des planètes et des comètes vers
» la terre. J'y ajoutai aussi plusieurs choses tou-
» chant la substance, la situation, les mouve-
» ments, et toutes les diverses qualités de ces
» cieux et de ces astres, en sorte que je pensais
» en dire assez pour faire connaître qu'il ne se
» remarque rien en ceux de ce monde qui ne dût

---

(1) V. Discours; Cf. le Monde, chap. VIII, p. 264 sqq.

» ou du moins qu'il ne pût paraître tout semblable
» en ceux du monde que je décrivais (1).

Descartes *substantialisant* la matière, en fait un corps parfaitement compacte et dur : elle est pour lui l'espace solidifié. Voici une première conséquence de son erreur. Si la matière est l'*espace devenu corps*, Dieu n'en peut remuer en diverses façons les différentes parties pour en composer un chaos, puisque les parties de l'espace ne peuvent changer de place. Descartes n'aperçoit pas cette conséquence.

Il s'ensuit encore que la lumière parvient instantanément des étoiles jusqu'à nous, car, dans le plein parfaitement dur, on ne peut remuer l'extrémité d'une ligne qu'on ne remue en même temps l'autre extrémité, et la lumière est un mouvement. Descartes admet cette conséquence erronée, rectifiée plus tard dans son école par la théorie du milieu élastique et des ondes. Je remarque en passant une autre conséquence que Descartes admet en partie, sans oser l'avouer : c'est que l'espace étant éternel et infini, la matière est éternelle et infinie. Avec ses amis, mais avec ses amis seulement, il convient de l'étendue in-

---

(1) Part. V du Disc.

finie ou *indéfinie* du monde, et n'est pas loin d'admettre son éternité (1).

Il explique la formation des mondes par les tourbillons de matière qui se forment dans l'espace. On s'est beaucoup moqué des tourbillons depuis Newton ; on y revient aujourd'hui (2). Et, en effet, pour expliquer les mondes autrement, il faut admettre, avec Newton, le vide qui est une absurdité, et l'attraction qui est une qualité occulte également absurde ; il faut admettre enfin, ce qui est une troisième absurdité, que Dieu lance les planètes toutes formées, dans le vide, sur la tangente de leur orbite. *Laplace*, sur les pas de Descartes, est revenu à l'explication vraie des choses et aux tourbillons. Il reste encore après lui à rendre compte mécaniquement de la gravitation dont la pesanteur est un cas particulier. Newton lui-même l'avait essayé, mais il y avait renoncé, et cela se comprend, puisqu'il admettait le vide. D'un autre côté, la belle et ingénieuse solution de Descartes est sujette à des difficultés insurmontables (3).

(1) V. OEuvr. X, 46 sqq., 52.
(2) Cf. l'exposition du système du monde, de Laplace, à la fin. Cf. Lamé, Leibnitz et l'invention du calcul infinit.
(3) V. Hist. des sc. math. Montucla résume les principales objections.

Voici une solution que l'on pourrait proposer en s'inspirant des principes de Descartes modifiés par Huyghens.

L'univers est plein d'une substance élastique. Chaque point matériel est animé d'une certaine quantité de mouvement vibratoire, ou, si on veut, d'un mouvement de condensation et de dilatation alternatives et infinitésimales, et éveille des ondes dans tous les sens ; chaque corps, par conséquent, imprime d'autant plus de vibrations en tous sens au milieu élastique universel qu'il contient plus de matière.

Maintenant, essayez une expérience bien simple : répandez de la poussière sur une table, et frappez à l'une des extrémités, vous verrez la poussière accourir, comme attirée vers votre main, et cela d'autant plus vite que vous frapperez plus fort et plus rapidement : voilà l'image visible de l'attraction. Chaque tranche idéale de l'éther est une table ; chaque point matériel vibrant, une main qui frappe en tous sens. Donc :

Tous les corps s'attirent :

1°. En raison directe des masses, c'est-à-dire, de la quantité de matière vibrante qu'ils contiennent ;

2°. En raison inverse du carré des distances.

En effet, — puisque le mouvement ne peut se

perdre, — sur les diverses sphères concentriques idéales que l'on peut concevoir autour d'un corps, la quantité de mouvement vibratoire due à ce corps placé au centre est toujours égale à elle-même ; mais les surfaces sphériques sont entre elles en raison du carré des rayons ; ainsi la même quantité de mouvement se distribue sur des surfaces de plus en plus grandes qui s'accroissent selon le rapport que je viens d'énoncer ; donc :

L'attraction sera en raison inverse du carré des rayons, c'est-à-dire en raison inverse du carré des distances. Ce qu'il fallait démontrer.

C'est pour une raison semblable que les intensités lumineuses et caloriques sont aussi entre elles dans le même rapport. La chaleur et la lumière en effet sont des espèces particulières du mouvement, et nous supposons le milieu éthéré parfaitement élastique.

Chose étrange, Descartes ne parle pas des lois de Képler (1).

IIIᵉ PARTIE DU MONDE.

(IVᵉ partie de la Philosophie.)

Physique terrestre.

« De là, je vins à parler (2) particulièrement de

---

(1) Galilée n'en parle pas davantage. V. l'Introd.
(2) V. Discours ; Cf. le Monde, chap. IX et X, p. 272 sqq.

» la Terre ; comment, encore que j'eusse expres-
» sément supposé que Dieu n'avait mis aucune
» pesanteur en la matière dont elle était com-
» posée, toutes les parties ne laissent pas de ten-
» dre expressément vers son centre (1). »

Si l'explication que nous donnons plus haut de la gravitation est admissible, la pesanteur n'étant qu'un cas particulier de l'attraction universelle, on n'aura plus besoin d'avoir recours à l'ingénieuse solution de Descartes, dont nous avons donné une idée plus haut, quoiqu'elle enchante Montucla lui-même par l'apparence d'un mécanisme très-intelligible et très-vraisemblable. Montucla, Bernouilli, Leibnitz, Huyghens, tous les grands esprits élevés à l'école de Descartes, n'ont jamais pu admettre cette qualité occulte qu'on appelle attraction. Newton lui-même, nous l'avons vu, en a cherché l'explication mécanique.

Descartes vint ensuite à montrer « comment
» y ayant de l'eau et de l'air sur sa superficie, la
» disposition des cieux et des astres, principale-
» ment de la lune, y devait causer un flux et un
» reflux (2) qui fût semblable en toutes ses cir-

---

(1) V. Monde, chap. XI, p. 288 sqq.
(2) V. Monde, chap. XII, p. 296 sqq.

» constances à celui qui se remarque dans nos
» mers, et, outre cela, un certain cours, tant de
» l'eau que de l'air, du levant vers le couchant,
» tel qu'on le remarque aussi vers les tropiques. »
Les explications de Descartes sur ces différents points sont loin de la précision et de l'exactitude de celles de Newton, de Laplace ou de Maury, mais elles ont mis la science moderne sur la voie, en lui marquant pour but l'explication mécanique des faits.

Il continue : « Comment les montagnes, les
» mers, les fontaines et les rivières pouvaient na-
» turellement s'y former, et les métaux y venir dans
» les mines, et les plantes y croître dans les cam-
» pagnes, et généralement tous les corps qu'on
» nomme mêlés, ou composés, s'y engendrer; et,
» entre autres choses, à cause qu'après les astres,
» je ne connais rien au monde que le feu qui pro-
» duise de la lumière. Je m'étudiai à faire enten-
» dre bien clairement tout ce qui appartient à sa
» nature, comment il se fait, comment il se nour-
» rit, comment il n'a quelquefois que de la cha-
» leur sans lumière, et quelquefois de la lumière
» sans chaleur. »

Sur presque tous ces points, les explications de Descartes sont hypothétiques, fausses ou incomplètes (1) : mais, sur quelques-uns, il a devancé la science contemporaine ; et, même quand il se trompe, il peut encore heureusement l'inspirer.

IVᵉ PARTIE DU MONDE.

(Vᵉ partie de la Philosophie.)

Biologie (ou Mécanique organique).

« De la description des corps inanimés (2) et
» des plantes, je passai à celle des animaux et
» particulièrement à celle des hommes. Mais
» pource que je n'en avais pas encore assez de
» connaissances pour en parler du même style
» que du reste, c'est-à-dire en démontrant les
» effets par les causes, et faisant voir de quelles
» semences et en quelle façon la nature les doit
» produire, je me contentai de supposer que Dieu
» formât le corps d'un homme entièrement sem-
» blable à l'un des nôtres (3), tant en la figure ex-

---

(1) V. le Monde et les Principes.

(2) Le Monde tel que nous le possédons aujourd'hui ne contient ni la partie biologique, ni la partie psychologique. — Nous reviendrons plus tard sur ces deux parties à l'occasion des traités de *l'Homme*, de la *formation du fœtus*, et des *passions*.

(3) Ceci n'est qu'une précaution oratoire; il est au fond pour les générations spontanées et ne peut pas ne pas les admettre.

» térieure de ses membres qu'en la conformation
» intérieure de ses organes, sans le composer
» d'autre matière que de celle que j'avais dé-
» crite, et sans mettre en lui, au commencement,
» aucune âme raisonnable, ni aucune autre
» chose pour y servir d'âme végétante ou sensi-
» tive, sinon qu'il excitât en son cœur un de ces
» feux sans lumière que j'avais déjà expliqués...
» Mais afin qu'on puisse voir en quelle sorte j'y
» traitais cette matière, je veux mettre ici l'expli-
» cation du cœur et des artères. » Et il cite ici
un passage important de son ouvrage sur la circulation du sang, passage qu'on retrouve avec peu
de changement dans le Traité de l'Homme (1),
et qui a été une victoire décisive pour l'opinion de
Harvey.

Le défaut de son mécanisme isolé se montre
dans l'explication des mouvements du cœur.

Descartes ne peut admettre que le cœur soit un
muscle puissant qui se contracte de lui-même.
Selon lui, le cœur n'a pas de mouvement propre,
et la systole est un effet mécanique dû à une pression extérieure (2). Harvey, plus près de la vérité,

---

(1) Le *Traité de l'homme* faisait partie du *Monde* repris et agrandi.
(2) V. Discours; Cf. Lemoine, ouvr. cité.

a eu cependant le tort opposé de voir dans la diastole comme dans la systole un mouvement propre du cœur. La diastole n'est que le relâchement du muscle du cœur et son gonflement mécanique par l'afflux du sang.

Vᵉ PARTIE DU MONDE.

(VIᵉ partie de la Philosophie.)

Physiologie de la pensée et Psychologie. De l'âme substantiellement unie au corps.

« J'avais décrit, après cela, l'âme raisonnable
» et fait voir qu'elle ne peut aucunement être
» tirée de la puissance de la matière, ainsi que
» les autres choses dont j'avais parlé, mais qu'elle
» doit expressément être créée, et comment il ne
» suffit pas qu'elle soit logée dans le corps humain, ainsi qu'un pilote dans son navire, sinon
» peut-être pour mouvoir ses membres, mais
» qu'il est besoin qu'elle soit jointe et unie plus
» étroitement à lui pour avoir, outre cela, des
» sentiments et des appétits semblables aux nôtres, et ainsi composer un vrai homme. »

Ce que nous avons dit précédemment nous dispense de nouvelles explications sur l'union du corps et de l'âme. Ici finit, — en laissant de côté la théorie fausse de l'*automatisme*, — l'analyse que Descartes donne lui-même de son Monde.

Mais on s'attend, sans doute, à trouver ici quelques conclusions générales sur le mécanisme et sur le beau Traité où, pour la première fois, l'idée mécanique a essayé à reconstruire l'univers par une synthèse mathématique.

Plusieurs faits très-généraux, forcent à rejeter le mécanisme pur et séparé tel que l'a présenté Descartes. Ces faits sont, 1°. l'élasticité de la matière, 2°. la répulsion que les molécules gazeuses exercent les unes contre les autres, 3°. l'indestructible individualité des corps simples à travers toutes les modifications physiques et toutes les transformations chimiques, 4°. l'irritabilité organique, 5°. les habitudes des corps organisés, plantes et animaux. Les deux premiers sont niés explicitement ou implicitement par Descartes: or on ne peut nier des faits. Les trois derniers renversent également la théorie. L'individualité persistante, en effet, prouve dans la molécule simple une activité propre, une spontanéité innée et impérissable, ou, si on veut, une habitude indestructible, qui peut être masquée par ses alliances avec d'autres, mais qui ne peut être vaincue et ne se perd jamais. Voici, en effet, l'alternative à laquelle on ne peut échapper : ou il y a une certaine quantité de mouvement qu'un corps ne peut perdre, et qui ne peut se communiquer, ce qui est contraire à la nature du mouvement envisagé, comme le fait Descartes, indépendamment de la force ; ou le corps simple a pour essence une force indestructible, qui est la même en chacun de ses éléments, en chacun de ses points, et qui constitue son individualité et sa vie propre dans la vie générale de l'univers, ce qui renverse la théorie. L'irritabilité et l'habitude donnent lieu à des arguments encore plus invincibles. Une matière purement inerte en effet ne peut être irritable, et est incapable de prendre des habitudes quelconques.

Nous avons vu du reste que Descartes nie l'irritabilité.

Mais si le mécanisme cartésien était périssable, et s'il est mort, il n'était que le corps d'une pensée immortelle qui en était l'âme. Cette pensée, c'est que tout dans le monde matériel se fait selon les lois mathématiques.

Je lis dans Pascal (1) : « Il faut dire en gros : » cela se fait par figure et par mouvement, car » cela est vrai ; mais de dire quels, et de com-

---

(1) Pensées, éd. Havet, p. 388.

» poser la machine, cela est ridicule; car cela est
» inutile, et incertain, et pénible. » Pénible, oui;
incertain, quelquefois; inutile, non. Et, en effet,
toute grande pensée a besoin de s'incarner dans
un système et dans une grande œuvre pour vivre
d'une vie durable et pour agir sur l'esprit des
hommes. Sans le Monde et les autres Traités (1)
qui en sont l'abrégé ou le développement, l'*idée
mathématique* eût péri et se fût dissipée comme
un rêve. Grâce au Monde, elle s'est emparée de
l'esprit humain et ne lâchera plus prise.

On peut suivre son influence à travers les œuvres
des Huyghens, des Newton, des Leibnitz, des Bernouilli, des d'Alembert, des Laplace, des Poisson,
et des savants contemporains, depuis Descartes
jusqu'à nos jours : la science de la nature lui doit
ses plus belles conquêtes, et l'esprit humain ses
plus brillants triomphes.

Que la science contemporaine s'en inspire franchement et avec conscience de ce qu'elle fait, et
elle lui devra encore d'éclatantes découvertes.

---

(1) Dioptrique, Météores, Principes, Traités de l'Homme, de la Formation du Fœtus, des Passions.

CHAPITRE IX.

Le Professeur libre ; ses Leçons et ses Lettres. — Origine de l'Académie des Sciences. — Le Roman de Descartes. — Les derniers Travaux qui précèdent la publication du Discours de la Méthode. — Qu'est-ce que le Discours de la Méthode ? — Incidents divers qui en retardent la publication.

1634-1637.

Nous avons vu plus haut quel était au XVIIe siècle l'équivalent de nos cours publics libres. Nous avons vu Descartes, dans une des réunions d'alors, improviser sur la réforme de la philosophie, une véritable leçon qui eut un grand retentissement. Dans d'autres réunions semblables, dans d'autres encore, d'un caractère plus intime, qui avaient lieu chez M. Levasseur, et aussi dans quelques entretiens particuliers, Descartes avait été une sorte de professeur libre, répandant autour de lui, avec la prodigalité du génie, les vérités qu'il avait découvertes ; un initiateur à la philosophie nouvelle qu'il entrevoyait déjà, et à laquelle il préparait les esprits par la critique et par le doute méthodique. Aussi, dans Paris même et au milieu d'une société d'élite, il avait tellement étonné les esprits, et avait excité une telle attente et de si hautes espérances, qu'on proclamait partout qu'il était non-seulement le premier physicien et le plus grand mathématicien (1) de France, mais le rénovateur des sciences et de la philosophie.

« Quelques-uns, dit-il (2), faisaient déjà courre
» le bruit que j'en étais venu à bout » (de donner des fondements nouveaux à la Philosophie). « Je
» ne saurais pas dire sur quoi ils fondaient cette
» opinion. Et, si j'y ai contribué quelque chose
» par mes discours, ce doit avoir été *en confes-*
» *sant plus ingénument ce que j'ignorais que*
» *n'ont coutume de faire ceux qui ont un peu*
» *étudié, et peut-être aussi en faisant voir les*
» *raisons que j'avais de douter de beaucoup de*
» *choses que les autres estiment certaines*, plu-
» tôt qu'en me vantant d'aucune doctrine. Mais
» ayant le cœur assez bon pour ne vouloir point

---

(1) V. plus haut., Cf. Discours, partie III, OEuvr., I, p. 155 sq.
(2) V. Discours de la Méth., partie III, OEuvr. I, p. 155.

» qu'on me prît pour autre que je n'étais, je pen-
» sai qu'il fallait que je tâchasse par tous moyens
» à me rendre digne de la réputation qu'on me
» donnait. »

Nous savons quelle fut l'émotion du cardinal de Bérulle en l'écoutant chez le nonce. On peut dire que dès lors la congrégation de l'Oratoire fut gagnée à la doctrine de Descartes, quoique celui-ci n'eût encore fait connaître que ses vues nouvelles sur la philosophie naturelle (1). Avant même que sa doctrine fût arrêtée sur tous les points et parfaitement coordonnée, Descartes avait donc non-seulement des admirateurs mais des disciples. Aux prêtres de l'Oratoire il faut ajouter le P. Mersenne, Villebressieux (2) et une foule d'autres qui déjà embrassaient ses idées réformatrices. Le littérateur de Balzac, qui admirait tant « cette tête si pleine de raison et » d'intelligence », était déjà *Descartiste*. En mathématiques et en physique, Mydorge et Ferrier avaient été véritablement les élèves de Descartes; et des Argues et de Beaune avaient pro-

---

(1) V. plus haut, réunion chez le nonce et fragments d'une lettre au R. P. Ollier.

(2) Plus tard médecin célèbre et inventeur de plusieurs machines ingénieuses.

fité de cet enseignement qu'il distribuait généreusement autour de lui. Quand il eut quitté Paris, les réunions qui avaient lieu chez M. Levasseur, et dans lesquelles on se pressait autour de lui, se tinrent chez M. de Montmort. Elles étaient composées en majorité d'admirateurs et de disciples de Descartes, qui bientôt prirent le nom de Descartistes. Elles formèrent une véritable Académie, et plus tard Colbert n'eut qu'à la réunir ailleurs pour en former l'Académie des sciences. De même que les leçons d'Abailard ont provoqué la fondation de l'Université de Paris, les conférences libres de Descartes sont l'origine vraie de l'Académie des sciences (1).

Je consignerai ici, sur les leçons données par Descartes, le témoignage de l'un de ceux qui ont eu l'avantage de l'approcher alors et de profiter de son enseignement, celui de Ferrier.

« Ferrier, dit Baillet (2), répétait que Descartes,
» non content de le traiter toujours avec beau-
» coup de douceur et d'honnêteté, avait encore eu
» la bonté de l'instruire de toutes choses et de lui

---

(1) Cf. Maury, Hist. de l'anc. acad. des sc. M. Maury ne remonte pas au-delà des réunions qui avaient lieu chez M. de Montmort.
(2) I, 186.

» gouverner la main, » tandis que Mydorge ne lui apprenait rien. « Il eut même l'indiscrétion de
» publier que M. Mydorge se faisait passer pour
» le premier auteur de divers secrets dont il te-
» nait la connaissance de M. Descartes. J'ai vu
» souvent Ferrier, dit Gassendi (1); j'ai eu de
» fréquentes conversations avec lui, mais il ne
» m'a presque jamais entretenu que de M. Des-
» cartes, et toujours avec tant de témoignages
» d'estime et des éloges si extraordinaires que,
» si je n'avais connu d'ailleurs le mérite de
» M. Descartes, je n'aurais pu me défendre de
» considérer des louanges si magnifiques et si
» fréquentes, comme de véritables hyperboles.
» Jamais il ne m'en a parlé que comme d'une
» divinité descendue du ciel pour le bien du genre
» humain, prétendant n'admirer que lui dans le
» monde, et protestant qu'il lui est redevable de
» toute choses. »

Le premier disciple que Descartes fit en Hollande est Renéri.

Arrêtons-nous un instant devant cet esprit distingué, qui sut unir, dans une mesure parfaite, la prudence à l'amour des nouveautés philoso-

(1) Lettre citée par Baillet, I, p. 216-217.

phiques, et qui fut, avant la publication du *Discours de la Méthode*, l'organe de Descartes et l'interprète de sa Philosophie auprès de la jeunesse des écoles hollandaises.

On pourrait peut-être soutenir que Descartes n'a pas fait véritablement de disciples à Paris, avant de s'être éloigné de France : nul n'est prophète en son pays. On ne peut contester qu'il n'ait été chef d'école en Hollande, et cela, avant d'avoir publié une seule ligne (1).

Renéri était de Huy ou Hoey, sur la Meuse, dans le pays de Liége. Catholique converti au protestantisme, il avait été déshérité par son père, et avait été obligé pour vivre d'ouvrir à Leyde une école particulière. Après avoir gagné quelque argent, il était venu s'établir à Amsterdam où, dès 1629, il était entré en relation avec Descartes, par l'intermédiaire de Beeckmann. Esprit net et clair, mais peu profond, amoureux de la vérité, mais incapable de la trouver par lui-même, Renéri appelait la lumière sur les grandes questions de la Philosophie. Frappé de la clarté, de la sim-

---

(1) V. Baillet, I, 185, 200 sqq. et de Renati Cartesii commercio, etc. (Domela), p. 19 sqq. Renéri avait étudié sous les jésuites de Louvain.

plicité et de la profondeur des idées de Descartes, il s'était déclaré son disciple. Quand Descartes se rendit à Franeker, il correspondit avec lui. En 1629, il eût pu obtenir une chaire de Philosophie à Leyde; mais les lenteurs de l'élection le déterminèrent à accepter le préceptorat de trois enfants d'une riche famille de cette ville. Descartes, revenu à Amsterdam, continua à lui donner ses leçons par correspondance; et c'est à lui qu'il écrit la lettre, citée plus haut, dans laquelle il indique la cause de l'élévation du mercure dans les tubes de verre (1). « Jeudi, ajoute-t-il, je vous » en pourrai dire davantage. » Renéri faisait sans doute, le jeudi, le voyage de Leyde à Amsterdam pour profiter des enseignements de Descartes. Bientôt il quitta le préceptorat pour accepter une chaire de Philosophie à Deventer. Descartes le suivit dans cette ville pour lui continuer ses conseils, et diriger en même temps sa conduite dans la difficile et délicate mission d'enseigner à la jeunesse une philosophie nouvelle. Descartes était la prudence même, et Renéri, plus sage que ne le fut plus tard Leroy, ne commit pas une seule faute. Il fit preuve du même tact lorsqu'il passa

---

(1) V. OEuvr. de Desc., VI, 204 sqq.

plus tard, en 1634, de l'Université de Deventer à celle d'Utrecht que l'on venait de fonder.

« Monsieur Renéri, dit Baillet (1), qui avait
» puisé tout à loisir la Philosophie de M. Descartes
» dans sa source, lorsqu'il jouissait de sa présence
» à Deventer, ne fit point difficulté de la com-
» muniquer à ses disciples. Mais il le fit avec une
» discrétion qui aurait été capable seule de nous
» persuader que la sagesse était l'âme de cette
» nouvelle Philosophie. Il était fort éloigné de
» faire croire à ses écoliers que ce qu'il avait à
» leur débiter fût la Philosophie de Platon, d'A-
» ristote ou de Descartes. » Mais suivant la mé-
thode de ce dernier, il les habituait à douter des choses douteuses et à chercher la vérité par les seules lumières de la raison. Il frondait avec mesure et, sans qu'on pût le trouver mauvais, l'αὐτος ἔφα des Pythagoriciens « et usait particu-
» lièrement avec Aristote de la liberté que celui-
» ci avait prise à l'égard de Platon. »

Renéri n'avait fait que s'essayer à Deventer; c'est dans l'Université d'Utrecht, et dès sa fondation, en 1634, qu'il enseigna, avec un certain éclat, la Philosophie Cartésienne. La jeunesse des

(1) I, p. 264.

écoles se passionna bientôt pour cette méthode de philosopher, qui rejetait toute autre autorité que celle de la raison, n'admettait que ce qui était parfaitement clair, arrivait par les seules lumières naturelles à la distinction de l'âme et du corps et à l'existence de Dieu, et, rejetant les formes substantielles, les qualités occultes, et tout le bagage de l'ignorance scolastique, donnait par la mécanique une explication simple et lumineuse de tous les phénomènes de l'univers matériel.

Descartes se rendit aussi à Utrecht pour conférer avec son disciple, car nous avons une lettre de lui datée de cette ville, 1635 (1).

Ainsi la Philosophie Cartésienne, — c'est là un trait de son histoire curieux et intéressant à noter, — a été enseignée avant de s'être fait connaître par la voie ordinaire de la presse. Elle fut accueillie avec faveur et même avec enthousiasme par la jeunesse d'Utrecht, qui voulut bientôt avoir, et obtint des magistrats un second professeur cartésien (2). Mais en même temps elle excita le mécontentement et éveilla les calomnies sourdes des partisans de la tradition et

---

(1) V. Inédits, II, p. 227.
(2) Leroy.

des fanatiques, de Voet et de ses amis, professeurs dans la même Université; et bientôt, les imprudences de Leroy firent éclater l'orage. En attendant, d'Utrecht et de son Université, la Philosophie nouvelle commençait à rayonner sur toute la Hollande.

Le savant M. Delprat (1) dit de notre philosophe: « Par sa correspondance, on voit claire-
» ment qu'il aimait à enseigner (2), et qu'on se
» pressait à l'entendre; et quoique son système
» philosophique ne fût pas généralement adopté,
» la manière dont il le proposait, et l'amour de
» la vérité qu'on était contraint de respecter en
» lui, intéressèrent les étudiants aussi bien que
» les professeurs, et leur inspirèrent le goût de
» chercher par eux-mêmes la vérité. » Il ajoute,
— ce qui montre sous un nouveau jour l'influence de Descartes : — « On se défia de la science tra-
» ditionnelle, et l'autorité de la Bible y gagna. A
» mesure qu'on secoua le joug de la Philosophie
» scolastique, selon le système de Descartes, on
» chercha à respecter de plus en plus les décisions

(1) Hist. de l'égl. chrét. dans le Pays-Bas, II, p. 137, cit. par M. Eekhoff.

(2) Il paraît du moins l'avoir fait à Franeker, et probablement aussi à Utreckt.

» de la révélation, comme une contre-épreuve
» supérieure de la vérité, *et on recommanda aux*
» *jeunes théologiens les études exégétiques.* »

Descartes ne se montrait avare ni de ses leçons orales ni de ses lettres. Partout où il trouvait des esprits avides de lumières, et dès qu'il ne s'agissait plus des intérêts de l'Eglise catholique, il ouvrait libéralement les trésors de son génie. Il ne méprisait pas la gloire, et il tenait à la réputation que ses découvertes pouvaient lui mériter ; cependant il était toujours prêt à faire connaître à ses amis, et à ceux qui l'entouraient, les vérités ou les méthodes nouvelles qu'il avait trouvées. Il fit connaître à Renéri et à Pascal la pesanteur de l'air, à Golius ses méthodes nouvelles en mathématiques, à Mersenne, et, par son intermédiaire, à une foule d'autres, ses découvertes les plus importantes en physique, à Mydorge et à Ferrier, ses inventions particulières en optique ; il enseigna à Gillot (1), son intelligent valet de chambre, sa Méthode en général et sa Géométrie en particulier ;

---

(1) Gillot, au jugement de Descartes lui-même, était dès-lors capable d'enseigner sa méthode et sa géométrie ; il quitta Descartes pour professer les mathématiques pures et appliquées aux officiers du prince d'Orange, passa plus tard en Angleterre, et vint enfin enseigner à Paris.

à Gutschoven (1), son copiste, les Mathématiques et l'Anatomie; à Villebressieux, son commensal, l'Optique et la Mécanique, et il s'exposa à se voir enlever le fruit le plus beau et le plus doux de ses travaux, la gloire, comme cela faillit lui arriver avec Beeckmann et Mydorge (2). C'est là l'une des choses que j'admire le plus dans Descartes; c'est là un côté inconnu ou peu remarqué de son caractère, qui doit lui faire le plus grand honneur aux yeux de la postérité. Aujourd'hui surtout que nous voyons si fréquemment les savants se disputer quelques misérables découvertes, cette générosité du génie doit nous frapper singulièrement et exciter notre estime et notre admiration.

Descartes formait donc des élèves et des disciples autour de lui. Mais depuis le décret de l'Inquisition contre Galilée, il était résolu à ne rien publier de son vivant. C'est alors que quelques admirateurs de son génie, qui tenaient plus à ses écrits qu'à sa personne, parlèrent de le tuer pour avoir ses ouvrages. Descartes ne put s'empêcher de rire de la menace. Une résolution chez un

---

(1) Guthschoven devint professeur de mathématiques à l'université de Louvain.

(2) VI, 264 sqq., 282 sqq. et *passim*; Baillet, II, p. 456, I, p. 258, etc.

pareil homme n'était pas facile à ébranler (1), et il semblait que la mort seule pût mettre le monde en possession des ouvrages auxquels il travaillait chaque jour. Tout à coup cependant, il revient sur sa détermination. Que s'est-il donc passé ?

Voici les faits. Lorsque Renéri passa de Deventer à Utrecht, en 1634, Descartes retourna à Amsterdam. Là il rencontra une personne dont, après bien des recherches, j'ai pu savoir au moins le nom de baptême : elle se nommait Hélène (2). Elle devint la mère de Francine Descartes.

Ils passèrent ensemble l'hiver de 1634 à 1635 à Amsterdam. Au printemps de 1635, il va s'enfermer avec elle dans sa solitude de Deventer, où elle donne le jour à Francine, le 19 juillet 1635.

Descartes ne fera pas comme Rousseau, il élèvera l'enfant près de lui.

Voici maintenant les conjectures probables qui

---

(1) V. ses Règles de morale, partie III du Disc. de la Méthode. V. Baillet et Eekhoff.

(3) M. Vitringa, professeur à Deventer, a relevé, à la prière de M. Eekhoff, ce nom sur le registre de baptême de l'église réformée de cette ville. Francine y fut baptisée le 28 juillet 1635. Le père signe *René, fils de Joachim* (nom de son père) et la mère, *Hélène, fille de Jean* On ne peut rien savoir de sa condition.

découlent des faits. Dès qu'il sait qu'il sera père, il se résout à publier ses écrits. Il n'a plus seulement à songer à lui-même, il doit se préoccuper de l'avenir de l'enfant qui naîtra bientôt. Des sentiments nouveaux se sont éveillés en lui, et ce que ni Mersenne, ni de Beaune, ni Mydorge, ni ses meilleurs amis n'ont pu lui arracher, un sourire d'enfant, entrevu dans les perspectives radieuses de l'avenir, l'a déjà obtenu. On n'aura plus besoin de le tuer : un évènement, beaucoup moins tragique, fera connaître au monde savant cette philosophie nouvelle et ces grandes découvertes qu'il est si avide de connaître.

Après la naissance de Francine, il reste encore quelques mois à Deventer. Dès qu'Hélène peut voyager avec l'enfant, il se rend à Leuwarden, dans cette province de Frise qu'il a déjà trouvée si favorable à ses travaux et à ses méditations.

Là, il revoit tous ses écrits pour en publier une partie et donner un aperçu des autres.

Dans une *Introduction*, il résume ou analyse le *Studium bonæ mentis*, les *Regulæ ad directionem ingenii*, les Méditations et le Monde : cette Introduction est le Discours de la Méthode. De plus, il achève la *Dioptrique*, les *Météores* et la *Géométrie*, et se dispose à faire imprimer le tout. Les quatre morceaux réunis formeront un ouvrage qui pourra momentanément remplacer le Monde, donner une idée générale de sa philosophie et faire connaître quelques-unes des découvertes qui sont le fruit de sa méthode.

Dès 1635, il envoie la Dioptrique à son ami Constantin Huyghens, qui veut bien se charger d'en faire graver les figures à Amsterdam (1).

Au printemps de 1636, tout est prêt pour l'impression, sauf la Géométrie qui ne sera achevée qu'au dernier moment, et dont une partie même sera inventée pendant qu'on l'imprimera (2) ; et il se rend à Amsterdam pour s'entendre avec un éditeur.

Les grands libraires d'Amsterdam, les Elzeviers, se font tirer l'oreille pour l'imprimer ; « Ce qui
» est cause, écrit Descartes, que j'ai résolu de me
» passer d'eux ; et, quoique je puisse trouver ici
» assez de libraires, toutefois je ne résoudrai rien
» avec aucun que je n'aie reçu de vos nouvelles,

(1) V. OEuvr. VI, p. 282, Inédits, II, p. 227.
(2) V. VI, p. 275 et 317.

» pourvu que je ne tarde pas trop à en recevoir. »
Il songe un instant à faire imprimer son ouvrage
à Paris sous la surveillance de Mersenne. « Si
» vous jugez, lui dit-il (1), que mes écrits puissent
» être imprimés à Paris plus commodément qu'ici,
» et qu'il vous plût d'en prendre le soin, comme
» vous m'avez obligé autrefois de m'offrir, je
» vous les pourrais envoyer incontinent après la
» vôtre reçue. Seulement y a-t-il en cela de la
» difficulté, que ma copie n'est pas mieux écrite
» que cette lettre, que l'orthographe ni les vir-
» gules n'y sont pas mieux observées, et que les
» figures n'y sont tracées que de ma main, c'est-
» à-dire très-mal, en sorte que, si vous n'en tirez
» l'intelligence du texte pour les interpréter après
» au graveur, il lui serait impossible de les com-
» prendre. Outre cela, je serais bien aise que le
» tout fût imprimé en fort beaux caractères et
» sur fort beau papier, et que le libraire me
» donnât du moins deux cents exemplaires, à
» cause que j'ai envie d'en distribuer à quantité
» de personnes. »

Apprenons maintenant de Descartes lui-même
ce qu'il veut faire imprimer ; recueillons sa pensée

---

(1) VI, p. 276, mars 1636.

première sur le titre qu'il veut donner à cette œuvre complexe, et écoutons l'analyse rapide qu'il donne du contenu de chaque partie. « Afin que
» vous sachiez (1) ce que j'ai envie de faire im-
» primer, il y aura quatre Traités, tous français,
» et le titre en général sera :

LE PROJET D'UNE SCIENCE UNIVERSELLE

QUI PUISSE ÉLEVER NOTRE NATURE A SON PLUS HAUT DEGRÉ DE PERFECTION ;

PLUS

LA DIOPTRIQUE, LES MÉTÉORES ET LA GÉOMÉTRIE,

où

LES PLUS CURIEUSES MATIÈRES QUE L'AUTEUR AIT PU CHOISIR, POUR RENDRE PREUVE DE LA SCIENCE UNIVERSELLE QU'IL PROPOSE, SONT EXPLIQUÉES EN TELLE SORTE QUE CEUX MÊMES QUI N'ONT POINT ÉTUDIÉ LES PEUVENT ENTENDRE.

—

I. « En ce *Projet* je découvre *une partie de*
» *ma méthode;* je tâche à démontrer l'existence
» de Dieu et de l'âme *séparée du corps*, et j'y
» ajoute plusieurs autres choses qui ne seront
» pas, je crois, désagréables au lecteur.

II. » En la *Dioptrique*, outre la matière des
» réfractions et l'invention des lunettes, j'y parle

(1) VI, p. 276, mars 1636.

» aussi fort particulièrement de l'œil, de la lu-
» mière, de la vision et de tout ce qui appar-
» tient à la catoptrique et à l'optique.

III. » Aux *Météores*, je m'arrête principa-
» lement sur la nature du sel, les causes des vents
» et du tonnerre, les figures de la neige, les cou-
» leurs de l'arc-en-ciel, où je tâche aussi à dé-
» montrer généralement quelle est la nature de
» chaque couleur, et les couronnes ou halones,
» et les soleils ou parhélies, semblables à ceux
» qui parurent à Rome il y a six ou sept ans.

IV. » Enfin, en la Géométrie, je tâche à don-
» ner une façon générale pour résoudre tous les
» problèmes qui ne l'ont encore jamais été.

» Et tout ceci ne fera pas, je crois, un volume
» plus grand que de cinquante ou soixante feuilles.
» Au reste, je n'y veux point mettre mon nom,
» suivant mon ancienne résolution. »

Les philosophes doivent remarquer ici particulièrement deux choses : 1°. que le *Discours* n'est pas une œuvre isolée, mais une sorte d'introduction appuyée sur les traités qui suivent; 2°. que Descartes n'y enseigne pas toute sa méthode, mais en découvre seulement *une partie*. Pour bien se rendre compte de cette méthode, il faut consulter les traités qui accompagnent le Discours, étudier la manière de procéder de l'auteur, et méditer surtout les *Règles pour la direction de l'esprit.*

Dans une autre lettre au même P. Mersenne, Descartes est encore plus explicite sur ces deux points.

« Je ne mets pas, dit-il (1), Traité de la Mé-
» thode, mais Discours de la Méthode. Ce qui
» est le même que *Préface* ou Avis touchant la
» Méthode, pour montrer que je n'ai pas dessein
» de l'enseigner, mais seulement d'*en parler;*
» car, comme on peut voir de ce que j'en dis,
» elle consiste *plus en pratique* qu'en théorie;
» et je nomme les Traités suivants, des *Essais*
» *de cette Méthode, pour ce que je prétends*
» *que les choses qu'ils contiennent n'ont pu être*
» *trouvées sans elle, et qu'on peut connaître*
» *par eux ce qu'elle vaut. Comme aussi, j'ai*
» *inséré quelque chose de métaphysique, de*
» *physique et de médecine dans le premier dis-*
» *cours, pour montrer qu'elle s'étend à toutes*
» *sortes de matières.* »

Il compte surtout donner à sa Méthode l'appui

(1) V. VI, p. 138.

de ses découvertes en *Géométrie*. Mersenne lui ayant demandé particulièrement son avis sur ce traité, il répond (1) : « Je crois qu'il est à propos
» que je vous dise qu'elle (la Géométrie) est telle
» que je n'y souhaite rien davantage, et que j'ai
» seulement tâché par la Dioptrique et par les
» Météores de persuader que ma Méthode est
» meilleure que l'ordinaire, mais que je prétends
» l'avoir démontré par ma Géométrie. »

L'impossibilité de surveiller par lui-même l'impression de l'ouvrage — si on l'éditait à Paris, — fit qu'il s'adressa à un libraire de Leyde, Jean Le Maire. En même temps il mit un titre beaucoup plus simple à son ouvrage, et l'impression commença dans le courant de 1636. Le Maire obtint un privilége des Etats pour la vente du livre le 22 décembre 1636. Comme le livre devait entrer en France, Descartes, au commencement de 1637, en envoya un exemplaire imprimé au P. Mersenne, en le priant de le faire voir au garde des sceaux et de demander un privilége pour la France. Mersenne voulut obtenir pour son ami un privilége extraordinaire, tout plein d'éloges, et s'oc-

---

(1) V. VI, p. 299, lettre d'avril 1637 ; même vol., p. 505-512.

cupa lentement d'un projet de rédaction à présenter au chancelier Séguier. Cependant il faisait circuler l'exemplaire par fragments dans le monde savant de Paris et ne le montrait pas au chancelier. Descartes, impatienté, lui écrit au mois d'avril 1637.

« En me voulant trop obliger vous m'avez ex-
» trêmement embarrassé ; car j'eusse beaucoup
» mieux aimé un privilége en la plus simple forme
» comme, si je m'en souviens, je vous en avais
» prié ci-devant expressément, jusque-là que
» j'avais trouvé à redire dans le projet que vous
» m'en aviez envoyé auparavant à cause d'*un*
» *mot* qui me semblait trop en ma faveur.

» Vous me conviez à faire imprimer d'autres
» traités, et vous retardez cependant la publica-
» tion de celui-ci ! Je n'ose écrire tout ce que j'en
» pense, mais je vous prie, au nom de Dieu, de
» faire, ou que nous ayons, au plus tôt qu'il se
» pourra, le privilége en telle forme que ce puisse
» être, ou bien au moins de nous écrire qu'on a
» refusé de le donner, ce que je m'assure qu'on
» ne fera point, si ce n'est par la faute des de-
» mandeurs. Le libraire ne débitera aucun de ses
» exemplaires, ni n'en enverra aucun hors de

» Leyde que cela ne soit. Et, ayant le privilége,
» je vous prie d'en envoyer l'original à Le Maire
» par le premier ordinaire de la poste, et d'en re-
» tenir seulement une copie collationnée pour
» servir au cas qu'il se perdît.

» Au reste, je remarque par vos lettres que
» vous avez fait voir ce livre à plusieurs sans be-
» soin, et au contraire que vous ne l'avez pas en-
» core fait voir à M. le chancelier pour lequel
» seul néanmoins je l'avais envoyé ; et je désirais
» qu'il lui fût présenté tout entier. Je prévois que
» vous lui donnerez encore juste sujet de nous
» refuser le privilége, pour ce que vous le lui
» voulez demander plus ample qu'il ne doit être:
» ou bien, s'il l'octroie en cette forme, vous se-
» rez cause que je lui aurai une particulière obli-
» gation pour une chose que je voudrais bien qui
» ne fût point : car outre que vous me faites par-
» ler là tout au rebours de mon intention, en me
» faisant demander octroi pour des livres que
» j'ai dit n'avoir pas dessein de faire imprimer (1),
» il semble que vous me veuillez rendre par force

(1) Mersenne, par cette espèce de promesse, voulait l'amener à publier son *Monde.*

» *faiseur et vendeur de livres,* ce qui n'est ni de
» mon humeur ni de ma profession ; et, s'il y a
» quelque chose en cela qui me regarde, c'est seu-
» lement la permission d'imprimer, car, pour le
» privilége, il n'est que pour le libraire qui craint
» que d'autres ne contrefassent ses exemplaires,
» en quoi l'auteur n'a point d'intérêt. »

Descartes consola plus tard le P. Mersenne de la lettre sévère que celui-ci s'était attirée, l'assura de son amitié et de son estime parfaite, et lui affirma que les insinuations que contenait cette lettre n'avaient point trait à sa conduite, mais à celle de Beaugrand et de ses pareils.

Une des causes du retard apporté à la conclusion de cette affaire, avait été en effet l'indélicatesse d'un certain M. de Beaugrand qui, non content d'avoir fait venir de Leyde, en corrompant quelque ouvrier imprimeur, la Dioptrique de Descartes, à mesure que les feuilles sortaient de la presse, avait encore arrêté cette partie de l'exemplaire envoyé par l'auteur à Paris, lorsqu'elle était passée entre ses mains, et voulait l'empêcher d'arriver au chancelier. Ce personnage obscur, auteur d'une mauvaise Géostatique, craignait que la gloire de Descartes n'obscurcît la sienne, et croyait que tout ce qui s'ajoutait à la réputation de celui-ci était un vol fait à la sienne. Sans Descartes, c'est Beaugrand qui aurait accompli au xviie siècle la révolution des sciences et de la philosophie! Malheureusement l'auteur et le libraire s'étaient trop hâtés ; Beaugrand ne pouvait plus empêcher l'apparition de l'œuvre de Descartes, mais il tâchait de la retarder par tous les moyens possibles, et déjà déchirait la Dioptrique à belles dents.

» Pour l'auteur de la Géostatique, dit Descartes
» à Mersenne (1), il n'a pas fait, ce me semble,
» un trait d'honnête homme, d'avoir retenu la
» Dioptrique en la façon que vous me mandez,
» et je m'étonne, puisqu'il en fait si peu d'état,
» de ce qu'il a pris tant de peine de la voir avant
» les autres, et qu'il a même en quelque façon
» négligé son honneur pour cet effet (2). »

Enfin au commencement de mai 1637, Mersenne fit parvenir sa requête au chancelier Séguier et obtint sans retard (le 4 mai 1637), le privilége qu'il demandait. Non content d'y insérer de grands

---

(1) VI, 296.
(2) VI, 305-312.

éloges à l'adresse de Descartes, il y avait fait mettre le nom de l'auteur contre la recommandation expresse de celui-ci. Le privilége arriva en Hollande quelques jours après, et Le Maire impatient put enfin tirer la dernière feuille. Mais Descartes avait passé un trait de plume sur son nom.

Dès le commencement de juin il put commencer la distribution de son ouvrage et l'envoyer à ses amis de France, de Hollande, d'Allemagne et d'Italie.

Il avait alors quarante et un ans, et il y en avait dix-huit qu'il était en possession des principes fondamentaux de sa Méthode.

Ceux qui nous ont suivi ont pu voir par quel ensemble admirable de méditations profondes et de travaux persévérants dans tous les ordres de sciences, Descartes s'est préparé à la publication de son premier volume. A partir de ce moment, il a encore étendu ses connaissances; mais ses vues générales, sauf une seule exception, n'ont plus changé, et sa Méthode est toujours restée la même. Il n'y a pas d'erreur plus grave, pour l'intelligence de la Philosophie cartésienne, que de voir dans les écrits de Descartes deux méthodes différentes, dans sa vie deux périodes contraires, et dans Descartes lui-même deux esprits et en quelque sorte deux hommes opposés l'un à l'autre. C'est ce que prouvera d'une manière évidente la seconde partie de ce travail.

CHAPITRE X.

Le Discours de la Méthode et les Essais de philosophie — Unité de l'œuvre. — Analyse.

Le but principal que Descartes voulait atteindre, en publiant son premier volume, était de montrer l'excellence de sa *Méthode*, et d'inspirer aux savants le désir de connaître ses idées fondamentales. Sa philosophie, nous le savons, était exposée dans les *Méditations*, qui contenaient sa *Métaphysique*, et dans le *Monde*, qui comprenait toute sa *Physique;* mais il attendait des circonstances plus favorables pour mettre au jour ces deux écrits.

Cependant, s'il n'osait divulguer sa Philosophie, il pouvait sans danger faire connaître sa Méthode; car, bien que ses idées philosophiques fussent le fruit de ses règles logiques, il lui était possible de donner un aperçu très-net de celles-ci, et de prouver leur justesse et leur fécondité, sans les suivre dans toutes leurs applications, et sans en exposer toutes les conséquences. Il s'arrêta à cette résolution.

Dans l'attente des combats qu'il allait avoir à livrer, Descartes prenait très-habilement position, en un pays neutre, entre ses amis d'un côté, les indifférents de l'autre, et en face des lignes ennemies.

En exposant sa Méthode en effet, il restait maître des exemples propres à l'appuyer, et pouvait, tout en laissant de côté les vérités discutables ou compromettantes, mettre en lumière ses découvertes les plus solides, et donner de sa Philosophie une idée incomplète sans doute, mais capable déjà de frapper vivement les esprits, d'ébranler ses adversaires, d'attirer à lui les indifférents, et de fortifier la confiance de ses amis. Il espérait exciter à tel point la curiosité du public lettré, que la pression de l'opinion amènerait l'Eglise à lever l'obstacle qui s'opposait à la publication de son *Monde* (1). S'il ne réussissait pas sous ce rapport, il démontrerait cependant la supériosité de sa Méthode par ce qu'il en dirait dans le *Discours*, et surtout par les vérités nouvelles qu'elle avait servi à découvrir et dont les *Essais* contiendraient

---

(1) V. vol. VI, p. 306, 307.

la moisson abondante et choisie. Il nourrissait en même temps l'espoir plus fondé d'obtenir pour cette Philosophie nouvelle, utile à l'humanité et capable de transformer le monde, la protection efficace et les subsides de l'Etat. Son attente cependant fut d'abord trompée. Sans doute au sein des congrégations religieuses, comme parmi les esprits isolés et les libres penseurs, dans l'Eglise comme dans le monde, et même à la cour et parmi les personnes revêtues du pouvoir, Descartes trouva des admirateurs de sa Méthode et des approbateurs de sa Philosophie ; mais le nombre en fut, dans le principe, assez restreint. Il est de la nature des révolutions philosophiques de ne se propager que lentement, parce qu'elles pénètrent dans le public par les couches supérieures, toujours très-peu denses, et par l'intermédiaire d'un petit nombre d'esprits d'élite. A quelques rares exceptions près, l'ouvrage de Descartes ne fut lu que de ceux à qui il l'avait envoyé ; et Le Maire, son éditeur de Leyde, se plaignit plusieurs fois de ne pouvoir écouler les exemplaires qui lui restaient. L'ébranlement ne se communiqua donc qu'avec une certaine lenteur (1). L'Etat ne fit rien

(1) V. plus bas.

pour lui. Et d'un autre côté, ses amis les plus ardents, les plus dévoués, les plus puissants, même parmi les Jésuites, n'osèrent essayer d'amener dans les résolutions de l'Eglise et de l'Inquisition le changement que, un peu naïvement peut-être, Descartes avait espéré. Le mouvement de la terre resta le mouvement défendu. En résumé donc, les hommes d'Etat furent sourds, et l'Eglise demeura dans une position expectante en présence de la Philosophie nouvelle; mais il faut dire aussi que des recrues, plus importantes par la valeur des individus que par leur nombre, vinrent grossir l'armée cartésienne, et s'apprêtèrent à faire face à ceux qui déjà, dans l'ombre, s'exerçaient à la trahison, et se préparaient à la vengeance.

Nous devons nous borner ici à ces indications générales. Avant d'entrer dans le récit détaillé des luttes soulevées par l'apparition de cet ouvrage, il faut le faire connaître aussi complétement que possible, dans son ensemble et dans ses parties.

Il nous apparaît d'abord comme une œuvre composite, comme un assemblage de pièces hétérogènes, comme une mosaïque mal faite : nous y voyons, en effet, un traité de géométrie supérieure faisant suite à deux fragments de physique, le tout précédé d'un *Discours de la Méthode*, dans lequel la Méthode n'est pas enseignée véritablement, et qui contient des considérations sur les *sciences* et les *voyages*, un *Aperçu de logique*, quelques *règles de morale*, un *abrégé de métaphysique*, l'*analyse d'un traité de Physique*, l'exposé des *raisons que l'auteur a eues d'écrire*, et la confidence *des espérances* qu'il conçoit pour l'avenir.

Il est difficile de voir là, d'abord, autre chose que des *fragments* distincts, rapprochés par le hasard ou par la volonté capricieuse de l'auteur; tout au plus y aperçoit-on les membres épars et les tronçons mal joints d'une philosophie mise en pièces. J'avoue que j'eus d'abord cette idée, et que, n'apercevant dans ces débris flottant au hasard que les épaves d'un grand naufrage, je considérai ce désordre comme la juste punition de la faiblesse qui avait empêché Descartes de publier son *Monde*. Une étude plus approfondie m'a fait arriver à une appréciation plus juste de cette œuvre admirable. Un génie de cette trempe ne succombe pas sous le poids d'une faute, quelque grave qu'elle soit; après avoir plié un instant, il se relève dans sa force et déploie toute sa puissance. Ces fragments, qui semblent isolés et sans lien, sont soudés par un invisible mais indestructible ciment; si étrangers qu'ils paraissent l'un à l'autre, ils forment un tout. Bien plus, ces tronçons, distincts pour un regard distrait, ne sont autre chose que les anneaux parfaitement unis, que les pièces artistement jointes, d'un organisme vivant. L'œuvre entière, en effet, est une *exposition historique des origines, des applications et des conquêtes principales de sa Méthode.* Il y donne sans doute une idée de cette Méthode elle-même; mais ce qu'il veut surtout faire connaître, c'est dans quelles circonstances et comment il l'a trouvée, quelles vérités il lui doit et quelles découvertes nouvelles il est en droit d'en espérer. Au lieu d'écrire un traité abstrait, aride et sec sur la Méthode, il veut nous dire, dans un récit nourri de faits, par quels chemins il a conduit son esprit, et quelles victoires il a remportées sur ces voies inexplorées avant lui. C'est un conquérant de génie qui a inventé une tactique nouvelle; il pourrait écrire un traité de stratégie; mais, comme tous les victorieux (1), il aime mieux

---

(1) « C'est véritablement donner des batailles que de tâcher à
» vaincre toutes les difficultés et les erreurs qui nous empêchent de
» parvenir à la connaissance de la vérité..... Pour moi, si j'ai ci-
» devant trouvé quelques vérités dans les sciences, je puis dire que

nous raconter ses campagnes. Le *Discours*, la *Dioptrique*, les *Météores*, la *Géométrie* sont les quatre divisions de ce récit triomphant; et le dernier livre, le plus difficile à entendre, est aussi le plus important, si l'on se place au point de vue des victoires qu'il a permis à l'auteur et à ses disciples de remporter sur la nature. La Géométrie, en effet, a été comme la clef d'or avec laquelle, après Descartes, les Huyghens, les Leibnitz, les Newton et les Laplace, ont pénétré plus avant dans les profondeurs des choses et dévoilé les mystères de la nature. Toutes les parties de l'œuvre se relient donc entre elles, et se rattachent à une même idée, l'histoire de la Méthode nouvelle et de ses conquêtes : tel est, en effet, le centre où tout converge et d'où tout rayonne. Non-seulement cette idée unit entre elles les parties, mais elle explique et justifie les détails, et ramène à l'unité les fragments et les chapitres qui paraissent le plus étrangers les uns aux autres. L'auteur peut librement parcourir le champ tout entier de la science ; il y est même obligé pour nous montrer

» ce ne sont que des suites et des dépendances de cinq ou six prin-
» cipales difficultés que j'ai surmontées et que je compte pour autant
» de batailles où j'ai eu l'heur de mon côté. » (Disc., part. VI,
OEuv. I , p. 198, 199).

que sa *Méthode* est un guide sûr dans tous les ordres de recherches (1). Plus les détails sont nombreux et divers, plus l'œuvre acquiert de vigueur et de force, et mieux son unité organique se complète et s'achève.

L'idée centrale et dominante y joue le rôle du cœur dans la formation et le développement de l'être vivant ; elle y fait naître les parties diverses et les soude l'une à l'autre ; elle les fait vivre d'une même vie et les anime d'une même pensée ; elle donne à l'œuvre entière son intime harmonie et sa vivante unité.

Ainsi l'auteur ne pouvant, ou ne voulant pas nous faire connaître entièrement sa philosophie, nous en donne l'esprit et l'âme, c'est-à-dire *la Méthode* ; au lieu de disséquer cette Méthode et de l'exposer en formules abstraites et mortes, il nous la montre dans sa formation première, dans sa marche progressive, dans son activité fécondante et dans l'éclat de ses triomphes. Avec lui et avec elle, nous parcourons les domaines de toutes les sciences, *Métaphysique*, *Logique et Mathématique* (2), *Philosophie naturelle* (3), *Physique*

---

(1) Cf. OEuv. VI, p. 158, et plus haut, chap. IX, p. 345.
(2) Discours, parties IV et II, Géométrie.
(3) Discours, partie V.

céleste (1), *Physique terrestre et Chimie* (2), *Biologie* (3), *Psychologie* (4), *Mécanique* (5), *Médecine* (6), *Morale* (7). Et, en nous emportant d'un vol rapide à travers des routes inexplorées, Descartes nous laisse entrevoir sa Philosophie, trop peu pour nous satisfaire, assez pour exciter notre désir et notre curiosité, et nous ouvre en même temps sur l'avenir des perspectives infinies, éclairées d'une lumière radieuse (8).

Tel est cet ouvrage dans son ensemble; on voit que si l'ordre extérieur lui manque, l'ordre intérieur et profond, celui qui donne l'organisation et la vie, est loin de lui faire défaut. Il n'y a peut-être pas d'œuvre où, sous le désordre apparent de juxtapositions arbitraires, il y ait à la fois plus d'unité, plus d'art et plus de puissance (9).

---

(1) Discours, partie V, et Dioptrique, discours I.
(2) Dioptrique et Météores.
(3) Discours, partie V.
(4) Discours, partie IV, V et VI, et Dioptrique, disc. IV et VI.
(5) Les deux derniers discours de la Dioptrique.
(6) Discours, partie V et VI.
(7) Discours, partie III et VI.
(8) Discours, partie VI.
(9) Cette œuvre a été mise en pièce par tous les éditeurs. Dans une édition complète des OEuvres de Descartes, on ne pourra plus séparer le *Discours* des *Essais* qui le confirment et qui l'achèvent.

Nous pouvons maintenant passer à l'analyse et à l'appréciation de ses parties.

ANALYSE DU DISCOURS DE LA MÉTHODE.

« Si ce *Discours*, dit l'auteur, semble trop
» long pour être lu en une fois, on le pourra dis-
» tinguer en six parties, et en la première, on
» trouvera diverses considérations touchant les
» sciences (1). »

PREMIÈRE PARTIE.

Il débute par une idée qui, malgré une apparence paradoxale, est profondément vraie. Il l'exprime avec cette pointe de finesse qu'on a trop peu remarquée chez lui, et qui, dans ses écrits, est si souvent l'assaisonnement du bon sens le plus droit et de la raison la plus haute (2). Ce passage rappelle les vers spirituels :

> Nul n'est content de sa fortune,
> Ni mécontent de son esprit.

« Le bon sens, dit-il, est la chose du monde
» la mieux partagée; car chacun pense en être

---

(1) V. OEuv. I, p. 121.
(2) Cf. plus bas le chap. Desc. écrivain; et le Disc. de la Méth. OEuvr. I, pp. 127, 131, 200-206.

» si bien pourvu que ceux même qui sont les plus
» difficiles à contenter en toute autre chose, n'ont
» pas coutume d'en désirer plus qu'ils n'en ont.
» En quoi il n'est pas vraisemblable que tous se
» trompent; mais plutôt cela témoigne que la
» puissance de bien juger et distinguer le vrai
» d'avec le faux, qui est proprement ce qu'on
» nomme le bon sens ou la raison, est naturelle-
» ment égale en tous les hommes; et ainsi que la
» diversité de nos opinions ne vient pas de ce
» que les uns sont plus raisonnables que les
» autres, mais seulement de ce que nous con-
» duisons nos pensées par diverses voies et ne
» considérons pas les mêmes choses. » Ainsi, ce n'est pas assez d'avoir l'esprit bon; le principal est de l'appliquer bien. Pour lui, il n'a jamais présumé que son esprit fût en rien plus parfait que ceux du commun; mais il a eu le bonheur de se rencontrer dès sa jeunesse en des chemins qui l'ont conduit à certaines considérations et à certaines maximes. De ces maximes, il a formé une *Méthode* par laquelle il espère accroître progressivement ses connaissances. Il se propose donc de *faire voir, en ce Discours, qu'elles sont les voies qu'il a suivies, et d'y représenter sa vie comme en un tableau*, afin

que chacun puisse en juger. Il passe alors en revue ses études et ses voyages (1).

Il a été *nourri aux lettres* dans son enfance, et il avait un extrême désir de les apprendre, parce qu'on lui avait *persuadé que par leur moyen on pouvait acquérir une connaissance claire et assurée de tout ce qui est utile à la vie.* Nous ferons observer ici que deux passions maîtresses ont gouverné, dès l'enfance, toute la conduite de Descartes, le besoin de la vérité, et le désir ardent de la faire servir à la direction de la vie et au soulagement de nos maux. Descartes cependant n'était pas exclusif, *il estimait fort l'éloquence et était amoureux de la poésie;* il appréciait l'utilité de l'érudition et de l'histoire (2). Mais c'était avant tout un esprit très-philosophique et très-pratique. Sous aucun de ces deux rapports, l'éducation donnée par les Jésuites ne pouvait le satisfaire. Leur enseignement, en effet, était trop peu scientifique et trop peu philosophique, et ne se préoccupait pas assez de la pratique. Sans doute ils n'enseignaient pas seulement les lettres, mais encore la Philosophie, la Physique et les Mathéma-

---

(1) Cf. plus haut, chap. II, p. 43 sqq., chap. III, p. 63 sqq.
(2) I, p. 126.

tiques. Malheureusement, leur philosophie n'était guère qu'un entassement de formules abstraites et creuses qui ne s'appuyaient sur rien de solide, n'étaient que l'ombre de la doctrine profonde du stagyrite, et donnaient cependant moyen, comme le dit Descartes, *de parler vraisemblablement de toutes choses, même de celles qu'on ignorait* (1). Leur Physique prétendait vainement tirer de ces formules vides l'explication des phénomènes de la nature; dépourvue du flambeau de l'expérience et du calcul, elle s'agitait au sein d'épaisses ténèbres, sans pouvoir avancer d'un pas; la médecine qui se tirait de là, ressemblait à la jurisprudence du temps, elle pouvait *apporter des honneurs et des richesses à ceux qui la cultivaient*, mais elle ne contenait aucun principe clair. Quant aux Mathématiques, elles avaient des principes évidents et des démonstrations certaines; mais les Jésuites n'apprenaient pas à leurs élèves à y voir une méthode sûre pour l'esprit et un moyen d'investigation scientifique. Aussi Descartes n'en voyait pas alors *le vrai usage; et, pensant qu'elles ne servaient qu'aux arts mécaniques, il s'étonnait de ce que, leurs fondements*

(1) Cf. Disc., part. I et VI, OEuvr. I, p. 127, 140, 202 sq.

étant si fermes et si solides, on n'avait rien bâti dessus de plus élevé; comme au contraire il comparait les écrits des anciens payens qui traitent des mœurs, à des palais fort superbes et fort magnifiques qui n'étaient bâtis que sur du sable et sur de la boue.

Ainsi, parmi les sciences théoriques, ni la Métaphysique, ni la Physique et ses branches diverses ne l'ont satisfait; les Mathématiques seules lui *plaisent* complètement *à cause de la certitude et de l'évidence de leurs raisons.* Des sciences pratiques, — la Mécanique, la Médecine et la Morale —, la première est à peine ébauchée, la seconde est incertaine, la troisième n'est qu'un tissu de phrases brillantes sans solidité; ceux qui en parlent
» *élèvent fort haut les vertus, et les font pa-*
» *raître estimables par-dessus toutes les choses*
» *qui sont au monde; mais ils n'enseignent pas*
» *assez à les connaître, et souvent ce qu'ils ap-*
» *pellent d'un si beau nom, n'est qu'une insen-*
» *sibilité, ou un orgueil, ou un désespoir, ou*
» *un parricide* (1). »

(1) Nous ne disons rien de la *Théologie révélée,* parce que Descartes la place lui-même en dehors des sciences humaines : *Ayant appris, comme chose très-certaine, que les vérités révélées sont au-dessus de notre intelligence, il n'eût osé les soumettre à la faiblesse de ses rai-*

En résumé, il était donc assez content de l'enseignement littéraire, mais fort peu de l'enseignement scientifique qu'il avait reçu. Cette éducation boiteuse, penchant trop du côté des lettres, pas assez du côté des sciences, était trop encrassée de scolastique et trop ennemie de la lumière pure de la raison, pour donner à l'esprit son développement parfait et son complet épanouissement. Descartes résolut donc de voyager pour achever, ou plutôt pour refaire son éducation. Il fit bien, car les Jésuites ne lui avaient rien dit de la grande révolution scientifique commencée et poursuivie par les Képler et les Galilée, et il croyait naïvement alors tous les hommes d'étude aussi ignorants que lui. Mais, ce qui le décidait à voyager, c'est qu'il espérait rencontrer plus de vérité dans les raisonnements des hommes d'action que dans ceux des savants. Néanmoins, l'étude du monde

sonnements, et il pensait que pour entreprendre de les examiner et y réussir, il était besoin d'avoir quelque extraordinaire assistance du ciel, et d'être plus qu'homme.

Nous ne parlons pas davantage des fausses sciences, l'Alchimie, l'Astrologie, la Magie, qu'il avait cependant étudiées, afin de *connaître leur juste valeur et de se garder d'en être trompé;* il les qualifie à bon droit de sciences superstitieuses et de mauvaises doctrines. (I, p. 127 et p. 150.)

ne lui apprit rien de certain, et il remarqua, entre les *mœurs* et les principes *des autres hommes, quasi autant de diversité qu'il avait fait auparavant entre les opinions des philosophes.* Cependant il apprenait, en voyageant, à se défier de l'exemple et de la coutume, *et se délivrait peu à peu de beaucoup d'erreurs qui peuvent offusquer notre lumière naturelle, et nous rendre moins capables d'entendre la raison.* Son jugement se fortifiait donc. Aussi, lorsque des deux moyens d'arriver à la vérité, dans lesquels il avait mis son espoir, il eut recours au second et voulut *aussi étudier en lui-même*, il *réussit beaucoup mieux que s'il ne se fût jamais éloigné ni de ses livres ni de son pays.*

DEUXIÈME PARTIE.

C'était en 1619 : il était alors en Allemagne (1). Cette grande diversité de mœurs et d'idées lui inspire les réflexions suivantes. L'édifice des croyances de chacun est fait de matériaux divers, et plusieurs mains y ont travaillé ; c'est pourquoi il est impossible qu'il soit aussi parfait qu'il pourrait être s'il était l'œuvre d'un seul homme

---

(1) Cf. plus haut, chap. III, p. 63 sqq.

usant uniquement de sa raison. De plus, comme nous avons été enfants avant que d'être hommes, et que nous avons été gouvernés longtemps par nos appétits, ou par nos précepteurs, nos jugements ne peuvent être si purs, ni si solides qu'ils auraient été si nous avions eu l'usage entier de notre raison dès le point de notre naissance. En conséquence, il faudrait, lorsqu'on possède sa raison dans son plein développement et dans toute sa force, jeter à bas l'édifice de ses croyances, pour le reconstruire ensuite avec des matériaux soigneusement examinés et ajustés au niveau de cette raison éclairée et sévère. Descartes ne veut réformer ni le système d'éducation, ni l'Etat, mais seulement ses pensées. Cette dernière entreprise est déjà tellement périlleuse qu'il ne la conseille pas à tout le monde : il y a fort peu d'esprits, en effet, qui en soient capables. Et il ne l'aurait pas tentée s'il n'avait été en quelque sorte contraint par les circonstances d'entreprendre de se conduire lui-même.

Mais avant de l'essayer, il s'est d'abord occupé de trouver la méthode qui devait le mener à la vérité. Il a trouvé cette méthode en méditant sur les préceptes de la Logique et sur l'esprit de l'Analyse géométrique et de l'Algèbre. Les règles du syllogisme sont inutiles ou nuisibles ; l'Analyse des Géomètres fatigue l'imagination par la considération des figures ; l'Algèbre est encore un art confus; mais on peut, en débarrassant ces sciences de leurs défauts, et en les complétant l'une par l'autre, en tirer des maximes sûres et utiles; car, incontestablement, la première contient d'excellents préceptes, et les deux autres suivent une méthode sévère qui conduit à des résultats certains. La Logique recommande, entre autres bonnes et excellentes choses, d'éviter la prévention, la précipitation du jugement et toutes les causes d'erreur. L'Analyse des Géomètres enseigne à décomposer les questions complexes, à diviser les difficultés, jusqu'à ce qu'on arrive à des propositions déjà démontrées ou évidentes par elles-mêmes ; ce qui permet ensuite, en partant de ces propositions plus simples, d'arriver, pas à pas et par une voie sûre, à la démonstration des propositions complexes et difficiles. Elle enseigne encore à envisager tous les cas possibles d'une question et à discuter une solution. L'Algèbre, elle aussi, pratique l'art de la *discussion* et des *revues exactes et parfaites;* de plus, elle est une langue et, par conséquent, un soutien pour l'intelligence (1) : on peut, en la perfectionnant, éviter la fatigue inhérente aux considérations de l'Analyse géométrique, et permettre à l'esprit d'avancer plus librement, et non moins sûrement, dans la découverte de la vérité. Il faut pour cela noter chaque idée simple par un signe distinct, le plus simple et le plus clair possible (2). De cette manière, le travail opéré sur les signes sera en même temps un travail opéré sur les idées; par quelques traits de plume et un travail presque mécanique, on arrivera sans fatigue à la solution des questions les plus ardues et à la détermination des cas d'impossibilité. En généralisant ces idées et en s'élevant au-dessus du domaine restreint des Mathématiques, Descartes aperçoit quels services immenses peut rendre, dans tous les ordres de recherches, une langue claire, précise, rigoureuse : il est impossible, sans ce secours, de saisir nettement les choses, d'analyser les difficultés, de faire une synthèse complète et des dénombrements exacts. De ces considérations, il dégage quatre règles qui les résument dans ce qu'elles ont d'essentiel.

---

(1) Cf. plus haut, chap. III, p. 118 sqq.
(2) Cf. plus haut, chap. III, p. 70 sqq.

I. N'accepter d'autre *criterium* de la vérité que l'évidence rationnelle (***Principe de la certitude***).

II. Diviser les difficultés à la manière des géomètres (*Analyse*).

III. Conduire sa pensée par ordre, et passer pas à pas des choses les plus simples aux plus composées (*Synthèse*).

IV. Faire des revues exactes pour s'assurer qu'on n'a rien omis (*Dénombrement et discussion*).

Telle est la méthode qu'il se propose d'appliquer à tous les problèmes, lorsque le temps en sera venu. En attendant, il s'en sert pour avancer dans les Mathématiques, ou plutôt dans la Mathématique générale, science qu'il crée alors (1), et qui a pour objet les rapports des grandeurs quelconques, c'est-à-dire l'*ordre* et la *mesure* (2). Les découvertes capitales qu'il fait dans cette science nouvelle le convainquent de l'excellence de sa méthode. Néanmoins il attendra encore dix ans avant de s'attaquer aux questions fondamentales de la Philosophie; car, si la prévention et la pré-

---

(1) V. OEuvr. I, p. 145.
(2) Cf. plus haut, p. 85 sqq.

cipitation sont à craindre, c'est surtout en pareille matière (1).

Pour se préparer à cette grande entreprise, il s'exerce fréquemment à sa Méthode. Par là, il est assuré d'user en tout de sa raison, sinon parfaitement, du moins le mieux qu'il peut; et il s'accoutume *peu à peu à mieux concevoir les objets; en même temps, il déracine de son esprit toutes les mauvaises opinions qu'il y avait reçues avant ce temps-là, et il fait amas de plusieurs expériences pour être, après, la matière de ses raisonnements.*

TROISIÈME PARTIE.

Mais, pendant qu'il doutera, il faudra pourtant qu'il agisse. De là, la nécessité de se tracer des règles de conduite, au moins provisoires. Il ne choisit pas ses maximes de morale au hasard, mais « il » les tire de sa Méthode (2). » Le lien qui unit cette *morale par provision* à cette méthode définitive, n'a jamais été clairement montré; nous allons essayer de le mettre en pleine lumière.

---

(1) V. OEuvr. I, p. 143. Cf plus haut, p. 86 sqq.
(2) Voir en effet OEuvr. I, p. 121, argument du *Discours*, et *ibid.*, p. 191.

La Morale est la science dernière, et le couronnement des autres; elle les présuppose toutes, et s'appuie sur elles (1). La Métaphysique, la Physique tout entière, la Psychologie, la Médecine lui sont indispensables (2). Pour élever l'édifice d'une morale complète et parfaite, il serait donc nécessaire de connaître non-seulement la nature de l'homme, mais son origine, sa destination, sa place exacte dans l'ensemble de cet immense univers, de connaître, en un mot, l'ordre universel et le plan divin de la création. Par conséquent, il faudrait que la Science fût achevée, ou, du moins, conduite fort loin. La Méthode semble donc conseiller à Descartes d'attendre, pour se faire une Morale, qu'il ait renouvelé de fond en comble la Science et la Philosophie. Mais, d'un autre côté, *les actions ne souffrant souvent aucun délai*, il est nécessaire, pour se décider, d'avoir des règles de conduite; et, par conséquent, la méthode elle-même et la raison nous commandent d'en choisir.

Or, « c'est une vérité très-certaine que, lors-

---

(1) Cf. plus haut, p. 297, Divisions de la science.
(2) V. plus haut, p. 239 et 297 sqq. Cf. *Discours*, part. VI, p. 193. Cf. Principes, vol. III, Epitr., p. 4-6 et Préf., page 24; Cf. vol. IX, p. 225 sqq. et 230 sqq.

» qu'il n'est pas en notre pouvoir de discerner
» les plus vraies opinions, nous devons suivre
» les plus probables (1). » En conséquence, Descartes prend pour *maxime, de se gouverner en toute chose, suivant les opinions les plus modérées et les plus éloignées de l'excès qui soient communément reçues en pratique par les mieux sensés de ceux avec lesquels il aurait à vivre* (2).
« Car commençant dès lors, dit-il, à ne compter
» pour rien les miennes (mes opinions) propres, à
» cause que je voulais les remettre toutes à l'exa-
» men, j'étais assuré de ne pouvoir mieux que
» de suivre celles des mieux sensés (3). « Et il met au nombre des excès toute promesse par laquelle on retranche quelque chose de sa liberté, et cela pour l'excellente raison que voici (4) :
« Comme je ne voyais au monde aucune chose
» qui demeurât toujours en même état, et que,
» pour mon particulier, je me promettais de per-
» fectionner de plus en plus mes jugements, et
» non point de les rendre pires, j'eusse pensé
» commettre une grande faute contre le bon sens,

(1) I, p. 149.
(2) I, p. 147.
(3) *Ibid.*
(4) V. p. 148.

» si, parce que j'approuvais alors quelque chose,
» je me fusse obligé de la prendre pour bonne
» encore après, lorsqu'elle aurait peut-être cessé
» de l'être ou que j'aurais cessé de l'estimer
» telle. » Il ne fait d'exception positive et absolue à cette règle qu'en faveur de la religion de son pays (1). Mais il n'en a pas le droit, et il commet là une faute grave contre le bon sens. Nul homme raisonnable ne peut s'engager à suivre constamment la religion dans laquelle il est né. Si on accorde ce droit à un seul, il faudra l'accorder à tous, et déclarer que la religion la meilleure pour chaque homme est celle dans laquelle il est né ; ce serait poser les bases de l'indifférence en matière de religion ; et le reproche a été fait à Descartes au XVIIe siècle. Enfants du XIXe siècle, nous lui reprocherions d'avoir jeté les fondements de la servitude intellectuelle, si la tendance générale de sa philosophie n'était un généreux esprit d'émancipation et de liberté. Maintenons donc que la raison ne doit abdiquer devant aucune religion, qu'elle conserve le droit imprescriptible, et le devoir rigoureux, de les juger toutes. L'idée religieuse

---

(1) V. OEuvres, I, p. 146, 147 et surtout 153.

est éternelle comme le sentiment religieux; mais les religions n'en sont que des formes imparfaites, éphémères et fragiles. La conduite des individus comme celle des sociétés, appartient désormais à la raison seule et à la science pure.

Mais avant qu'on soit arrivé à la science, il est nécessaire, et il est légitime de suivre les opinions les plus probables, et même il faut les suivre *avec fermeté et résolution*. C'est la seconde maxime de Descartes : « Nous devons suivre les plus pro-
» bables, dit-il (1), et même, encore que nous
» ne remarquions point davantage de probabilité
» aux unes qu'aux autres, *nous devons néan-*
» *moins nous déterminer à quelques-unes et les*
» *considérer après, non plus comme douteuses*
» *en tant qu'elles se rapportent à la pratique,*
» *mais comme très-vraies et très-certaines, à*
» *cause que la raison qui nous y a fait détermi-*
» *ner se trouve telle.* »

On voit donc que cette maxime, comme la précédente, — sauf un point sur lequel nous avons dû faire nos réserves, — se tire de la Méthode qui reconnaît l'évidence comme fondement de la cer-

---

(1) I, p. 149.

titude. Il est évident, en effet, qu'il faut agir, et agir d'après certaines règles. Dès lors, on doit choisir celles qui paraissent le plus sages, et y conformer résolûment sa conduite jusqu'à ce qu'on en ait trouvé scientifiquement de meilleures.

Maintenant, comme la morale ne se propose pas seulement de régler notre conduite, mais de nous rendre heureux, quelle est la *maxime* la plus propre à assurer notre bonheur? Evidemment c'est celle qui nous recommande la modération dans les désirs. Modérer ses désirs est, en effet, le vrai secret de la félicité, déjà trouvé par les Epicuriens et les Stoïciens. Mais il faut *un long exercice et une méditation réitérée pour s'accoutumer à regarder de ce biais toutes les choses.* Descartes cependant est parvenu à se bien pénétrer de cette maxime. Il s'est *accoutumé à croire qu'il n'y avait rien qui fût en son pouvoir que ses pensées.* Mais, d'un autre côté, en dirigeant bien ses pensées, il espère arriver à la science, et, par la science, transformer le monde et modifier la condition de l'homme. Cette modération présente et personnelle n'exclut donc pas la plus haute ambition pour l'avenir et en faveur de la postérité. C'est surtout par cet esprit de généreuse révolte contre la nature, que Descartes se distingue des Stoïciens (1)..

La quatrième maxime sera, en conséquence, *d'employer sa vie à cultiver sa raison et à s'avancer autant qu'il le pourra en la connaissance de la vérité.* C'est là, en effet, la condition essentielle sans laquelle on ne peut arriver à une morale parfaite et définitive. C'est donc un devoir, et le premier de tous, de fortifier et d'étendre sa raison.

QUATRIÈME PARTIE.

Enfin, en 1629, il applique sa Méthode aux problèmes fondamentaux de la Philosophie. Dans la quatrième partie, il nous donne les principales vérités métaphysiques qu'il a découvertes à cette époque (2).

1°. On peut essayer de douter de tout, mais on ne peut douter de son doute et de sa pensée : pour penser il faut être ; or *je pense, donc je suis.* Voilà une première vérité inébranlable.

2°. Mais j'ai une conception très-claire de moi-

---

(1) Cf. OEuvres, I, p. 149-151 et 152 et partie VI du Discours, I, p. 192 sqq.

(2) Cf. plus haut, chap. VI, p. 201 sqq.

même, comme être pensant, en excluant de cette conception toute idée de chose matérielle. Dans l'ordre de la pensée, — je ne dis pas encore dans l'ordre de la réalité (1) — l'âme (le moi pensant) est donc distincte du corps. Quand l'existence de Dieu sera prouvée, nous passerons de l'ordre de la pensée à l'ordre de la réalité.

3°. En attendant, il faut observer qu'une certitude invincible, absolue, s'attache aux notions claires et distinctes comme celle-ci : *Je pense, donc je suis*. « Je jugeai alors, dit Descartes, que
» je pouvais prendre pour règle générale que *les*
» *choses que nous concevons fort clairement et*
» *fort distinctement sont toutes vraies*, mais
» qu'il y a seulement quelque difficulté à bien
» remarquer quelles sont celles que nous conce-
» vons distinctement. »

4°. Dieu existe, puisque j'ai en moi l'idée de l'être parfait, et que cette idée serait inexplicable,

---

(1) V. Médit., Préf., OEuvr., I, p. 224. « Si bien que mon sens
» était, dit Descartes, en défendant ce passage du Discours et en
» l'expliquant, *que je ne* connaissais rien que je susse appartenir à
» mon essence, sinon que j'étais une chose qui pense, ou une chose
» qui a en soi la faculté de penser. Or je ferai voir ci-après comment
» de ce que je ne connais rien autre chose qui appartienne à mon
» essence, il s'ensuit qu'il n'y a aussi rien autre chose qui en effet
» lui appartienne.

serait un effet sans cause, si l'être parfait n'existait pas. — De plus, puisque j'existe, moi, être imparfait, qui n'ai pas ma raison d'être en moi-même, il faut que l'être parfait, ayant sa raison d'être en lui-même, existe. — Il a sa raison d'être en lui-même; il *est*, parce qu'il est parfait : son Idée contient l'existence (1).

5°. La matière existe, parce que, en usant le mieux possible de notre raison, nous croyons invinciblement qu'elle existe; et que Dieu nous tromperait, si elle n'existait pas. Ce qu'il y a, du reste, de réel dans les corps, ce sont les propriétés mathématiques. Les notions mathématiques *claires* et *distinctes* ne pouvant être sans fondement dans la nature des choses, il y a une matière, c'est-à-dire un objet étendu, divisible, numérable et mobile.

6°. Mais il faut bien remarquer que la foi dans la raison présuppose l'existence de Dieu. « Car,
» premièrement (2), cela même que j'ai tantôt
» pris pour une règle, à savoir que les choses
» que nous concevons très-clairement et très-
» distinctement sont toutes vraies, n'est assuré
» qu'à cause que Dieu est ou existe, et qu'il est

---

(1) Cf. plus haut, p. 213 sqq.
(2) I, p. 165.

» un être parfait, et que tout ce qui est en nous
» vient de lui : d'où il suit que nos *idées* ou *no-*
» *tions*, étant des choses réelles et qui viennent
» de Dieu, en tout ce en quoi elles sont claires et
» distinctes, ne peuvent en cela être que vraies. »
Mais il ne faut pas confondre les *impressions et sensations* avec les *idées ou notions*. On voit maintenant comment Descartes, de ce que nous avons de l'âme et du corps des *notions distinctes et claires*, conclut que l'âme et le corps sont des substances réellement distinctes.

CINQUIÈME PARTIE.

Tels sont les principes essentiels de la Métaphysique. Toute la Physique se tire de là. Les lois de la nature découlent de la perfection divine; et pour découvrir les premières et les plus simples de ces lois, il suffit de consulter les notions claires et distinctes que Dieu lui-même a mises en nous. Pour découvrir les plus complexes, il faudra joindre l'expérience à la raison. En suivant cette méthode, Descartes a expliqué les principaux faits de l'univers dans un ouvrage qu'il ne veut pas publier, et dont il exquisse le contenu à grands traits (1).

(1) Cf. plus haut, 301 sqq.

Cet ouvrage contenait cinq parties.

La première traitait de l'essence de la matière et des lois premières de la nature;

La seconde, du mécanisme de l'univers visible et de la formation des mondes;

La troisième, des principaux phénomènes physiques et chimiques dont notre terre et son atmosphère sont le théâtre;

La quatrième, des phénomènes vitaux, de la formation et de la reproduction des êtres organisés;

La cinquième, de l'âme et de son union avec le corps.

SIXIÈME PARTIE.

Descartes, dans cette sixième partie, veut nous expliquer la conduite qu'il a tenue jusqu'ici.

1°. Pourquoi dans le principe n'avait-il d'autre but que de s'instruire lui-même, sans songer à rien écrire pour les autres. — 2°. Pourquoi a-t-il ensuite composé certains ouvrages, et particulièrement le Monde, dans l'intention de les publier? — 3°. Pourquoi a-t-il renoncé à ce dessein? — 4°. Pourquoi aujourd'hui change-t-il de nouveau de résolution, et donne-t-il un ouvrage au public? Telles sont les quatre questions auxquelles il va répondre.

I. D'abord son inclination lui a *toujours fait haïr le métier de faire des livres* (1), et il nous a déjà dit, non sans un certain grain de vanité, dans la première partie du Discours, qu'il *ne se sentait point, grâces à Dieu, de condition qui l'obligeât à faire un métier de la science pour le soulagement de sa fortune* (2). Son aisance et sa qualité de gentilhomme le mettaient donc au-dessus de ce métier de *faiseur et vendeur de livres* (3). En second lieu, il n'a *jamais fait beaucoup d'état des choses qui venaient de son esprit, et tant qu'il n'a tiré de sa Méthode d'autre fruit que de se satisfaire touchant quelques difficultés qui appartenaient aux sciences spéculatives et de tâcher de régler ses mœurs par les raisons qu'elle lui enseignait, il n'a point cru être obligé d'en rien écrire* (4).

II. Mais, dès qu'il *eut acquis quelques notions générales en Physique*, qu'il les eut éprouvées et qu'il eut vu combien elles seraient utiles aux hommes par les conséquences qu'on en tirerait

---

(1) Vol. I, p. 191.
(2) Vol. I, p. 130.
(3) OEuvr. VI, Cf. plus haut, p. 349.
(4) Vol. I, p. 191.

et les applications qu'on en pourrait faire, il crut que s'il les tenait cachées, il pècherait grandement contre la loi qui nous oblige de concourir au bien général de tous les hommes. Ici le génie du grand Initiateur ouvre et déploie ses ailes, et, planant sur les hauteurs lumineuses de la Philosophie, aperçoit l'avenir brillant que la science réserve à l'humanité. Il voit toutes les forces de la nature soumises et subjuguées, le soleil, *les astres et les cieux eux-mêmes* devenus des ouvriers obéissants, et comme des *métiers* dociles entre nos mains, l'homme enfin, *maître et possesseur de la nature*, embellissant son séjour de toutes les commodités désirables, reculant les bornes de la vie, domptant la maladie et la vieillesse même, et devenant plus intelligent et plus sage par l'action que la *médecine* lui permet d'exercer sur *les organes*. « Or, ajoute-
» t-il, ayant dessein d'employer toute ma vie
» à la recherche d'une science si nécessaire ; et
» ayant rencontré un chemin qui me semble
» tel qu'on doit infailliblement la trouver en le
» suivant, si ce n'est qu'on en soit empêché ou
» par la brièveté de la vie, ou par le défaut des
» expériences, je jugeais qu'il n'y avait point de

» meilleur remède contre ces deux empêchements
» que de communiquer fidèlement au public tout
» le peu que j'aurais trouvé, et de convier les
» bons esprits à tâcher de passer plus outre... afin
» que..., joignant les vies et les travaux de plu-
» sieurs, nous allassions tous ensemble beaucoup
» plus loin que chacun en particulier ne saurait
» faire. »

Et, touchant les expériences, « il remarque
» qu'elles sont d'autant plus nécessaires qu'on est
» plus avancé en connaissance. »

Ici, pour l'instruction du lecteur qui voudrait marcher sur ses traces et faire des expériences nouvelles, il indique l'ordre qu'il a tenu (1).

« Premièrement, dit-il, j'ai tâché de trouver,
» en général, les principes ou premières causes de
» tout ce qui est ou qui peut être dans le monde,
» sans rien considérer, pour cet effet, que Dieu
» seul qui l'a créé, ni les tirer d'ailleurs que de
» certaines semences de vérités qui sont naturel-
» lement en nos âmes. Après cela, j'ai examiné
» quels étaient les premiers et plus ordinaires

---

(1) V. vol. I, p. 194. Cf. plus haut, 71-75, 165 sqq., 242 sqq., 297-301.

» effets qu'on pouvait déduire de ces causes.....
» ...... puis, lorsque j'ai voulu descendre aux
» choses plus particulières, il s'en est tant pré-
» senté à moi de diverses, que je n'ai pas cru
» qu'il fût possible à l'esprit humain de distin-
» guer les formes ou espèces de corps qui sont
» sur la terre, d'une infinité d'autres qui pour-
» raient y être,.. ni... de les rapporter à notre
» usage, si ce n'est qu'on vienne au devant des
» causes par les effets, et qu'on se serve de plu-
» sieurs expériences particulières..... Au reste,
» j'en suis maintenant là que je vois, ce me sem-
» ble, assez bien de quel biais on se doit prendre
» à faire la plupart de celles qui peuvent servir
» à cet effet; mais je vois aussi qu'elles sont telles
» et en si grand nombre que, ni mes mains, ni
» mon revenu, bien que j'en eusse mille fois plus
» que je n'en ai, ne sauraient suffire pour toutes;
» en sorte que selon que j'aurai désormais la
» commodité d'en faire plus ou moins, j'avance-
» rai aussi plus ou moins en la connaissance de
» la nature : ce que je me promettais de faire con-
» naître par le Traité (1) que j'avais écrit, et *d'y*

(1) *Le Monde.*

» *montrer si clairement l'utilité que le public*
» *en peut recevoir, que j'obligerais tous ceux*
» *qui désirent en général le bien des hommes,*
» *c'est-à-dire tous ceux qui sont en effet ver-*
» *tueux, et non point par faux semblant ni*
» *seulement par opinion, tant à me commu-*
» *niquer celles qu'ils ont déjà faites qu'à m'ai-*
» *der en la recherche de celles qui restent à*
» *faire.* »

Comment ce zèle ardent pour le bien des hommes s'est-il tout à coup refroidi (1) ?

III. Il a réfléchi qu'il valait mieux continuer à travailler seul et à écrire cependant les résultats de ses recherches avec le même soin que s'il les devait publier, *afin de ne perdre aucune occasion de profiter au public; mais qu'il ne devait aucunement consentir que ses ouvrages fussent publiés pendant sa vie, afin que les oppositions et controverses, ni même une réputation telle quelle ne lui donnassent aucune occasion de perdre son temps* (2), « car bien qu'il soit vrai que chaque

---

(1) Cf. plus haut, p. 286 sqq.
(2) V. I, p. 197.

» homme est obligé de procurer autant qu'il est
» en lui le bien des autres, et que c'est propre-
» ment ne valoir rien que de n'être utile à per-
» sonne ; toutefois, il est vrai aussi que nos soins
» se doivent étendre plus loin que le temps pré-
» sent, et qu'il est bon d'omettre les choses qui
» apporteraient peut-être quelque profit à ceux qui
» vivent, lorsque c'est à dessein d'en faire d'autres
» qui en apportent davantage à nos neveux. »
Ceci souffre quelques difficultés : le plus sûr est
de faire chaque jour son devoir (1). Et d'ailleurs,
son raisonnement n'est qu'un sophisme qu'il mine
lui-même et renverse d'avance. Si d'autres, en
effet, l'avaient aidé, *en joignant les vies et les
travaux de plusieurs, tous ensemble seraient
allés beaucoup plus loin que chacun en particulier n'eût su faire.* Mais ne voulant point mettre
clairement en avant la vraie raison de sa conduite,
il est réduit à n'en présenter que de mauvaises.
Et ici une autre objection, également invincible,
se présente d'elle-même. Les discussions et controverses qu'il aurait avec les savants seraient

---

(1) Et dans le fait, le *Monde* ne nous est point parvenu; s'il avait mis les autres ouvrages sous clef aussi bien que celui-là, ses neveux n'auraient rien eu du tout.

utiles à la vérité. Il y répond sur un ton de hauteur et d'ironie qui déguise mal la faiblesse des arguments.

Il a *déjà éprouvé les jugements de ses amis*, ceux des indifférents, ceux mêmes de ses ennemis. Mais presque toutes les fois qu'on lui a objecté quelque chose qu'il n'avait pas prévu, on ne lui a fait que des observations qui n'avaient aucun rapport avec le sujet; *en sorte qu'il n'a quasi jamais rencontré aucun censeur de ses opinions qui ne lui semblât ou moins rigoureux, ou moins équitable que lui-même.* Ceci peut passer pour naïf. Quant aux *disputes qui se pratiquent dans les écoles, il n'a jamais remarqué qu'elles aient servi à découvrir aucune vérité.* On peut lui accorder cela; mais il y a d'autres disputes que celles des écoles. *Pour l'utilité que les autres recevraient de la communication de ses pensées, elle ne pourrait non plus être fort grande, car il ne les a point encore conduites au point où elles peuvent servir à la pratique; et il pense pouvoir dire sans vanité que s'il y a quelqu'un qui en soit capable, ce doit être lui. On ne saurait, en effet, si bien concevoir une chose et la rendre sienne, lorsqu'on l'apprend de quelqu'autre que lors-*

qu'on l'invente soi-même; et dans le fait, *des personnes de très-bon esprit* l'ont souvent mal compris. *Aussi il ne s'étonne pas des absurdités qu'on a prêtées aux philosophes anciens;* et il remarque en même temps qu'il n'est presque jamais *arrivé qu'aucun de leurs sectateurs les ait surpassés.* Il profite de l'occasion pour faire, en passant, l'éloge d'Aristote, et pour décocher des traits mordants à l'adresse de ceux qui se disent ses sectateurs. *Ils sont comme le lierre, qui ne peut monter plus haut que les arbres qui le soutiennent, et qui, après être parvenu au faîte, redescend de lui-même.* Comment profiter des objections de pareilles gens, et des discussions entamées avec eux? *L'obscurité des distinctions et des principes dont ils se servent est cause qu'ils peuvent parler de toutes choses aussi hardiment que s'ils les savaient.* Descartes les compare *à un aveugle qui, pour se battre sans désavantage contre un qui voit, le fait venir dans le fond d'une cave obscure.* Et il dit *qu'ils ont intérêt à ce qu'il s'abstienne de publier les principes de sa Philosophie;* car comme ils sont (ces principes) *très-simples et très-évidents, il ferait presque la même chose, en les publiant, que s'il ouvrait les fenêtres et faisait entrer le jour dans la pièce obscure où les Péripatéticiens sont descendus pour se battre.* On ne peut exprimer la pitié avec plus de dédain. Bientôt son ironie devient sanglante, et en même temps inique, car elle ne s'adresse plus seulement aux sectateurs entêtés d'une philosophie plus ou moins inintelligible, mais *aux meilleurs esprits* (1). *Ceux-ci même n'ont pas occasion de souhaiter de les connaître ; car, s'ils veulent savoir parler de toute chose et acquérir la réputation d'être doctes, ils y parviendront plus aisément en se contentant de la vraisemblance qu'en cherchant la vérité.*

Si pourtant ils veulent suivre un dessein semblable au sien, et s'ils préfèrent la vérité à la vraisemblance, ils n'ont pas besoin qu'il leur en dise plus que ce qu'il a dit dans ce Discours; car, s'ils sont capables de passer plus outre qu'il n'a fait, ils le seront aussi à plus forte raison de trouver d'eux-mêmes tout ce qu'il a déjà trouvé, et ils auraient bien moins de plaisir à l'apprendre de lui que d'eux-mêmes. Ici cependant la raillerie s'unit à un conseil excellent, et il observe avec profondeur que l'*habitude*

---

(1) I, p. 203.

qu'ils acquerront en cherchant premièrement les choses faciles, et en passant par degrés à d'autres plus difficiles, leur servira plus que toutes ses instructions ne sauraient faire. Sans doute, mais cela ne prouve pas que ce qu'il leur apprendrait ne servirait à rien. Cela ne prouve pas non plus que ses discussions avec les bons esprits seraient stériles, qu'il ne tirerait aucun profit des expériences qu'ils pourraient faire, et que tous ensemble ne parviendraient pas à aller plus avant dans la découverte de la vérité.

Il nous a détournés un instant, par ses railleries piquantes de la question principale, mais il est bientôt obligé d'y revenir, et de reconnaître qu'un homme seul ne saurait faire toutes les expériences nécessaires. Il reconnaît que cela *est vrai;* mais il ajoute *qu'il ne saurait employer utilement à ces expériences d'autres mains que les siennes, sinon celle des artisans et des gens qu'on paye; car pour les volontaires, ils ont d'ordinaire plus de promesses que d'effet, et font de belles propositions, dont aucune ne réussit jamais. De plus, ils voudraient être payés par l'explication de quelque secret, par des compliments et des entretiens inutiles, et tout cela ne saurait lui coûter si peu de son temps qu'il n'y perdît* (1). *Quant aux expériences déjà faites par les autres, en supposant qu'on voulût bien les lui communiquer,* — *ce que les chercheurs de secrets ne feront jamais,* — *il les trouverait surchargées de tant d'ingrédients superflus, si mal expliquées ou même si fausses, que, s'il y en avait quelques-unes qui fussent utiles, elles ne vaudraient pas le temps qu'il faudrait employer à les choisir.* Ici, son dédain va encore jusqu'à la plus flagrante iniquité, surtout quand on songe qu'il avait pour ami le P. Mersenne, et qu'il était contemporain de Gilbert, de Kléper et de Galilée (2).

Il y a cependant un certain fonds de vérité dans ce qu'il dit, et on pourrait presque souscrire à ses paroles quand il ajoute: «En sorte que, s'il y avait

---

(1) I, p. 205.

(2) La moralité de ces faits et de ceux que nous rapportons plus haut (p. 290 sqq. et 339) se dégage d'elle-même. C'est un devoir de ne livrer sa raison à aucune autorité; il faut avoir une foi entière, complète, absolue dans la science. A l'époque critique où nous nous trouvons, c'est un devoir particulier pour le philosophe de ranimer dans les âmes l'amour de la vérité, d'affirmer les droits de la raison et l'unique autorité de la science.

» au monde quelqu'un qu'on sût assurément être
» capable de trouver les plus grandes choses et les
» plus utiles au public qui puissent être, et que,
» pour cette cause, les autres hommes s'effor-
» çassent, par tous moyens, de l'aider à venir à
» bout de ses desseins, je ne vois pas qu'ils pus-
» sent autre chose pour lui, sinon fournir aux
» frais des expériences dont il aurait besoin, et, du
» reste, empêcher que son loisir ne lui fût ôté
» par l'importunité de personne. »

Dans ce qui suit, nous retrouvons cette noble et fière modestie, et cette élévation de caractère à laquelle il nous a habitués. N'étant plus obligé de chercher des sophismes pour pallier aux regards des autres, et excuser à ses propres yeux, son obéissance à un décret de l'Inquisition, il redevient lui-même et se montre tel qu'il est.

« Mais, outre que je ne présume pas tant de
» moi-même, dit-il, que de vouloir rien pro-
» mettre d'extraordinaire, ni ne me repais point
» de pensées si vaines que de m'imaginer que le
» public se doive beaucoup intéresser en mes des-
» seins, je n'ai pas aussi *l'âme si basse*, que je
» voulusse accepter de qui que ce fût aucune fa-
» veur qu'on pût croire que je n'aurais pas mé-
» ritée.

» Toutes ces considérations jointes ensemble
» furent cause, il y a trois ans, que je ne voulus
» point divulguer le Traité que j'avais entre les
» mains, et même que je pris la résolution de
» n'en faire voir aucun autre pendant ma vie qui
» fût si général, ni duquel on pût entendre les
» fondements de ma Physique. »

La raison principale est laissée dans l'ombre, et pourtant elle explique seule une pareille résolution.

IV. « Mais il y a eu depuis derechef deux
» autres raisons qui m'ont obligé à mettre ici
» quelques Essais particuliers, et à rendre au pu-
» blic quelque compte de mes actions et de mes
» desseins. »

Ces deux motifs sont le soin de sa réputation pendant sa vie, et le souci des reproches que pourrait lui faire la postérité.

Il n'aime pas la gloire avec excès, et même il la hait en tant que contraire au repos, qu'il estime avant tout. Néanmoins, il n'a pu empêcher qu'on ne lui fît quelque réputation, et, puisqu'il n'a pu s'y soustraire, il veut au moins s'exempter de l'avoir mauvaise. Or, s'il ne mettait rien au jour, plusieurs, qui ont su l'intention où il était de publier quelques écrits, pourraient s'imaginer que les causes pour lesquelles il s'en abstient sont plus à son désavantage qu'elles ne sont. On pourrait l'accuser, en effet, de paresse ou d'impuissance.

D'un autre côté, il voit tous les jours de plus en plus le retardement que souffre le dessein qu'il a d'étendre ses connaissances à cause d'une infinité d'expériences dont il a besoin et qu'il est impossible qu'il fasse sans l'aide d'autrui. Il ne se flatte pas que le public s'intéresse beaucoup à lui; toutefois, il ne veut pas se défaillir à lui-même et donner sujet, à ceux qui lui survivront, de lui reprocher quelque jour d'avoir négligé de leur faire entendre en quoi ils pouvaient contribuer à ses desseins, et de ne leur avoir pas laissé ainsi de meilleurs fruits de ses travaux.

Il publie donc une partie de ses découvertes et demande qu'on les examine, afin qu'on ne l'aide qu'à bon escient. Richelieu entendit trop tard cet appel noble et mesuré à l'intelligence et à la générosité de l'Etat. Quand il songea à l'auteur, il lui fit offrir une pension insignifiante. Il fallait dès-lors l'appeler à Paris, et faire tous les frais de ses expériences. Si on eût agi ainsi, Descartes n'eût pas été s'éteindre en Suède, dans la force de l'âge et du génie. Il eut le tort lui-même de ne pas se faire valoir assez, et c'est un reproche que lui adresse un de ses correspondants (1). Ce reproche, tout à l'honneur de son caractère, ne sera pas fait à beaucoup de monde (2).

Descartes ajoute quelques mots avant de terminer son Discours. Il demande qu'on envoie à son libraire les objections qu'on aurait à lui faire, et promet d'y répondre avec une entière bonne foi. Il prie ensuite le lecteur de ne pas rejeter les choses nouvelles qu'il trouvera au commencement de la *Dioptrique* et des *Météores*. *L'auteur, il est vrai, les appelle des suppositions, et ne semble pas avoir envie de les prouver ; mais il peut les déduire de ces premières vérités qu'il a ci-dessus expliquées* (3). *S'il ne le fait pas, c'est expressément et parce qu'il ne veut pas*

---

(1) V. OEuvr., vol. IV, p. 4, 5 sqq.

(2) Cf. Comte et le Positivisme, par Littré. Descartes ne voulut jamais rien recevoir d'aucun particulier (V. plus bas); le public seul, pour lequel il travaillait, devait, selon lui, subvenir aux frais de ses expériences, s'il y trouvait son avantage.

(3) Cf. Disc., part. IV, et plus haut, Analyse du Monde.

donner occasion à quelques esprits impatients de bâtir quelque philosophie extravagante sur ce qu'ils croiraient être ses Principes (1). *D'ailleurs, qu'on ait la patience de lire le tout avec attention, et on sera satisfait. Les raisons, en effet, s'y entresuivent en telle sorte, que comme les dernières sont démontrées par les premières, qui sont leurs causes, ces premières le sont réciproquement par les dernières qui sont leurs effets; car ces effets sont très-certains, et on peut s'en assurer par expérience.*

Il engage, après cela, les artisans à ne pas se décourager s'ils ne réussissent pas à exécuter du premier coup les machines et les lentilles nouvelles dont il parle dans sa *Dioptrique*. Il prévient encore le lecteur que s'il écrit en français, qui est la langue de son pays, plutôt qu'en latin, qui est celle des savants, c'est parce qu'*il espère que ceux qui ne se servent que de leur raison naturelle toute pure, jugeront mieux de ses opinions que ceux qui ne croient qu'aux livres anciens.*

Il ajoute, enfin, avec une simplicité, une noblesse

---

(1) Le *Monde* seul contenait l'exposition complète de ses Principes.

et une grandeur qui nous touchent : « Au reste, je
» ne veux point parler ici en particulier des progrès
» que j'ai espérance de faire à l'avenir dans les
» sciences, ni m'engager envers le public d'au-
» cune promesse que je ne sois pas assuré d'ac-
» complir; mais je dirai seulement que j'ai ré-
» solu de n'employer le temps qui me reste à
» vivre, à autre chose qu'à tâcher d'acquérir
» quelque connaissance de la nature, qui soit
» telle qu'on en puisse tirer des règles pour la
» médecine, plus assurées que celles qu'on a eues
» jusqu'à présent; et que mon inclination m'é-
» loigne si fort de toutes sortes d'autres desseins,
» principalement de ceux qui ne sauraient être
» utiles aux uns qu'en nuisant aux autres, que,
» si quelques occasions me contraignaient de m'y
» employer, je ne crois point que je fusse ca-
» pable d'y réussir. De quoi je fais ici une décla-
» ration que je sais bien ne pouvoir servir à me
» rendre considérable dans le monde; mais aussi
» je n'ai aucunement envie de l'être; et je me tien-
» drai toujours plus obligé à ceux par la faveur
» desquels je jouirai, sans empêchement, de mon
» loisir, que je ne serais à ceux qui m'offriraient
» les plus honorables emplois de la terre. »

Ainsi se termine cet admirable *Discours de la*

Méthode, qui, dans le genre relevé, est le premier chef-d'œuvre de la prose française, et reste encore aujourd'hui le plus grand par la force et la profondeur de la pensée, par la netteté et le nerf du style; création puissante d'un génie hardi et vigoureux qui, de plein vol, s'élance au-dessus de toutes les sciences, les embrasse et les domine du regard, et, nous enlevant avec lui, nous associe à ses pensées les plus hautes et les plus fécondes; œuvre à laquelle je ne vois rien à comparer, chez les peuples les mieux doués de la race indo-européenne, que les *Dialogues* de Platon, la *Métaphysique* d'Aristote et la *Critique de la raison pure* de Kant, et qui dépasse ces grandes productions elles-mêmes par le mâle et simple bon sens, par la vigueur et la profondeur de la pensée, par la clarté de l'expression, et surtout par l'influence saine et féconde qu'elle a exercée sur l'esprit humain.

Ce chef-d'œuvre, cependant, n'est que le portique d'un vaste édifice dont nous avons essayé plus haut de faire comprendre l'unité grandiose, et dont il nous reste à explorer les diverses parties, dans l'ordre où elles se présentent à nous.

1er ESSAI. — DIOPTRIQUE.

La Dioptrique est une partie de l'Optique : elle

a pour objet l'étude de la lumière passant à travers des milieux inégalement réfringents. La *Dioptrique* de Descartes se divise en dix parties, ou discours, qui traitent :

1ᵉʳ Discours, De la lumière ;
2ᵉ — De la réfraction et des couleurs ;
3ᵉ — De l'œil ;
4ᵉ — Des sens en général ;
5ᵉ — Des images qui se forment sur le fond de l'œil ;
6ᵉ — De la vision ;
7ᵉ — Des moyens de perfectionner la vision ;
8ᵉ — Des figures que doivent avoir les corps transparents pour détourner les rayons par réfraction en toutes les façons qui servent à la vue ;
9ᵉ — De la description des lunettes ;
10ᵉ — De la façon de tailler les verres.

1. « Toute la conduite de notre vie, remarque
» Descartes, dépend de nos sens, entre lesquels
» celui de la vue étant le plus universel et le plus
» noble, il n'y a point de doute que les inventions
» qui servent à augmenter sa puissance ne soient
» les plus utiles qui puissent être. » Ici, il attribue,

et avec assez de raison, l'invention des lunettes à Metius (1), mais il a tort de ne pas même prononcer le nom de Galilée.

Nous savons ce qu'il pense de la lumière, et en quoi sa théorie diffère de celle de la physique moderne (2). Nous admettons en effet avec Huyghens la propagation des ondes dans un milieu élastique appelé éther (3). Pour Descartes, ce milieu n'est pas élastique, et la lumière n'est pas tant le mouvement lui-même que l'action ou l'inclination à se mouvoir; et les rayons de cette lumière ne sont autre chose que les lignes suivant lesquelles tend cette action, qui se transmet en un instant et suivant une infinité de lignes droites autour d'un même point.

2. Avant d'arriver à la réfraction, il parle de la réflexion. La lumière étant un mouvement, ou plutôt une action qui reste égale à elle-même dans le même milieu, il est clair *à priori* que l'angle de réflexion doit être égal à l'angle d'incidence. Quand cette action passe d'un milieu dans un

---

(1) Cf. plus haut, Introduction.
(2) V. plus haut, p. 115 et 315. Cf. OEuvres, V, p. 6-10.
(3) On peut voir les objections de Montucla contre cette théorie. Hist. des Sc. math., vol. II, p. 247-248. Je n'en trouve aucune qui ait une valeur sérieuse.

autre, elle devient, selon Descartes, plus facile ou plus difficile, plus rapide ou plus lente. Mais ayant admis l'*instantanéité* de cette action, on ne voit pas comment il peut dire ensuite que sa rapidité s'accroît ou diminue (1). Quoi qu'il en soit, cette diminution ou cet accroissement étant admis et tenant uniquement à la différence du pouvoir refringent des milieux, il est facile de démontrer que cette différence *constante* doit être mesurée par le rapport constant des sinus des angles d'incidence et de réfraction, et non par le rapport de ces angles eux-mêmes, qui varie avec le degré d'incidence. On a attaqué les raisons qu'il en apporte (2). Mais néanmoins, sans lui, sans ses idées métaphysiques et *à priori*, les physiciens en seraient encore à chercher comment il faut mesurer les réfractions.

3. Dans ce qu'il dit de l'œil, Descartes offre un modèle d'élégante précision et de clarté ingénieuse; nous n'analyserons pas ce discours qui ne nous offrirait rien de neuf; nous ferons seule-

---

(1) Nous savons de plus qu'il admet à tort que la lumière se meut plus vite dans les milieux plus réfringents. Foucault a prouvé expérimentalement le contraire.

(2) V. OEuvres, vol. V, p. 25-26, et Cf. plus bas, Discussion avec Fermat.

ment observer qu'il consigne ici le résultat des dissections qu'il a faites lui-même, et qu'il parle d'observations faites sur l'œil d'un enfant, devant lequel on fait passer une lumière. Descartes avait alors une petite fille, et, pendant que le père jouait avec l'enfant dans son berceau, le physicien observait la dilatation et le rétrécissement de la prunelle suivant que la lumière se rapprochait ou s'éloignait. Il remarque à cette occasion, qu'il y a une foule de mouvements, dits *volontaires*, parce qu'ils dépendent d'une certaine disposition de la *volonté*, quoique nous ignorions comment ils se font, et même quoique nous les ignorions tout à fait.

4. Ici, il juge nécessaire de dire quelque chose de la nature des sens en général, afin de pouvoir d'autant plus aisément expliquer, en particulier, celui de la vue. Voici ses idées sur ce point.

C'est l'âme qui sent et non le corps; et ce n'est pas en tant qu'elle est dans les organes et dans tout le corps qu'elle sent, mais en tant qu'elle est dans le cerveau, où elle exerce cette faculté qu'on appelle le *sens commun*. Les impressions du dehors lui sont transmises par les nerfs, et, par les nerfs aussi, elle transmet ses ordres aux muscles. *Les esprits* animaux, que la science moderne a eu raison de rejeter, mais qu'elle a eu le tort de remplacer par des *fluides*, jouent un rôle essentiel dans cette double et mutuelle action.

Les esprits animaux sont un air ou vent très-subtil, dont le réservoir central est dans le cerveau, et qui, de là, circule à l'intérieur de tous les tuyaux nerveux (1). C'est le messager rapide qui porte les volontés de l'âme aux organes et qui avertit l'âme des modifications organiques. L'âme, quoiqu'elle soit présente à toutes les parties du corps, exerce particulièrement son action dans le cerveau, et, plus particulièrement encore, dans cette partie du cerveau qu'on appelle la *glande pinéale*. C'est de là que, grâce aux esprits animaux, elle imprime le branle à toute la machine ; c'est là qu'elle ressent le contre-coup de tous les mouvements de l'organisme.

Nous jugerons cette doctrine quand nous examinerons le *Traité des passions*. Il faut bien noter ici que notre philosophe croit indispensable de trouver un centre organique avec lequel l'âme soit particulièrement en rapport, dont elle ressente les mouvements et sur lequel elle exerce directement son action.

(1) **Tuyaux vides selon lui.** — Il a mal vu.

Il remarque, en même temps (1), que le corps, ou plus particulièrement le système nerveux, ou plus spécialement encore, l'organe appelé glande pinéale, étant mis dans un certain état par suite de l'action des objets extérieurs, l'âme éprouve la modification correspondante (qui n'est que ce même état aperçu par la conscience). En conséquence, la perception extérieure s'explique pour lui, comme pour nous, sans qu'il soit besoin de supposer des *images* ou *espèces intentionnelles* voltigeant par l'air et venant s'imprimer ou se loger dans le cerveau. Il pense avec raison qu'il n'y a d'autres espèces que les différents états de l'organisme, états qui ne ressemblent nullement aux objets extérieurs et n'en peuvent être appelés proprement les *images*. C'est par une opération de la raison que nous passons ensuite des états organiques sentis ou conscients, des impressions sensibles, en un mot, aux choses extérieures elles-mêmes. Ces états organiques ne sont, en dernière analyse, que des mouvements nerveux, mouvements qui, dans un système dont l'équilibre est aussi sensible que celui d'un corps organique, peuvent durer indéfiniment et se com-

---

(1) Dioptriq., p. 57-40.

muniquer même aux molécules nouvelles qui entrent dans ce système. Ainsi, le mouvement venu du dehors pourra se prolonger dans le système nerveux jusqu'aux limites de l'extrême vieilles e, sans presque rien perdre de l'intensité qu'il possédait au moment où la cause extérieure a cessé d'agir. Descartes hésite entre la théorie des empreintes et celle des mouvements continués. Il faut rejeter définitivement la première comme sujette à d'insolubles difficultés. En vertu de la loi bien connue de la coexistence des mouvements, des milliers d'ondulations et de balancements de toutes sortes peuvent se superposer sans se nuire ; et il n'y a plus ici de difficulté, comme lorsqu'il s'agit d'empreintes dans le cerveau, pour expliquer la multitude innombrable de nos souvenirs. La persistance des mouvements explique facilement les facultés désignées sous le nom d'imagination et de mémoire. Il y a souvenir quand le mouvement, auquel nous ne faisions plus attention, est de nouveau saisi par la conscience attentive, éveillée par une cause ayant quelque rapport avec le souvenir évoqué ; un mouvement qui s'éteint est un souvenir qui disparaît ; un mouvement amené par la fièvre (semblable et égal à un autre mouvement dû à l'action d'un objet extérieur), produit le phénomène de l'hallucination.

En résumé, la diversité des mouvements amène la diversité des sensations. Maintenant, l'idée de causalité, appliquée à la sensation, ou, si on veut, la recherche de la cause, nous conduit à un objet extérieur. Pour connaître cet objet, il faut encore lui appliquer les formes *à priori* (1), les notions rationnelles qui sont à la base des Mathématiques et de la Métaphysique, et sans lesquelles il n'y a pas de connaissance : la connaissance en effet n'est pas la sensation, elle est une inspection de l'entendement armé d'instruments *à priori*, une *mise en place* d'un objet dans les cadres universels et éternels de la raison (2).

Les Ecossais voient dans la perception extérieure un mystère : il y a là sans doute un problème; mais répondre par le mot mystère, et s'en contenter, n'est ni d'un savant ni d'un philosophe. Il y a dans les premiers discours de la Dioptrique des pages admirables de profondeur qu'il faut lire et méditer pour sortir de la superficielle psycho-

---

(1) V. plus haut, page 118 sqq.
(2) Cf. Méditations et Olympiques.

logie des Ecossais, de la psychologie sans métaphysique et sans physiologie.

Nous renvoyons donc ici particulièrement le lecteur aux discours 1, 4, 5 et 6, dont nous venons de présenter en abrégé les idées essentielles.

7, 8, 9 et 10. Dans les derniers discours, il s'occupe des moyens de perfectionner la vue, de la forme des lentilles, des lunettes, et de la taille des verres. C'est ici qu'on peut contempler, pour la première fois, et avec admiration, la fécondité des théorèmes mathématiques appliqués aux recherches physiques et à l'invention de machines nouvelles. Descartes ne marche pas à l'aventure, comme Bacon, mais appuyé sur les mathématiques et sur les découvertes nouvelles qu'il a faites lui-même dans cette science. Il y a plus de profit à lire une seule de ces pages que toute l'*Instauratio magna*. Quelle stérilité d'un côté, quelle richesse d'invention et d'application de l'autre ! Nous ferons connaître quelques-unes des idées nouvelles de Descartes pour perfectionner la Dioptrique (1).

Les lentilles sphériques ne réunissent pas tous

---

(1) V. Desc., Dioptr., Disc. 7-10. Cf. Montucla, II, 259 sqq.

les rayons parallèles à leur axe, et qui les traversent, en un même point. Descartes recherche s'il n'y a pas quelque surface tellement conformée que les rayons parallèles s'y réunissent précisément en un même point. Cette recherche, à ne la considérer que sous le rapport purement théorique, ne pouvait manquer d'avoir des attraits pour un géomètre. Aussi avait-elle déjà excité les efforts de Képler qui, par analogie, avait conjecturé que les sections coniques pourraient satisfaire au problème. Cette conjecture de Képler se tourna en réalité dans les mains de Descartes. Il prouva que, si dans une ellipse la distance des foyers et le grand axe sont comme les sinus des angles d'incidence et de réfraction, le rayon parallèle au grand axe ira concourir au foyer le plus éloigné, et démontra plusieurs autres théorèmes analogues relativement à l'ellipse elle-même et à la parabole. Ce problème mène naturellement à un autre plus général. Il s'agit de déterminer la forme d'une surface telle que les rayons parallèles, ou partis d'un point donné soient rendus convergents vers un autre point donné, ou divergents comme s'ils en venaient. Descartes le résout encore; mais content dans la Dioptrique de considérer les cas qui peuvent être le plus d'usage et les surfaces les plus faciles à décrire, il en renvoie la solution à la Géométrie. Là, il résout le problème par les ovales (1).

Puisque les verres elliptiques et hyperboliques réunissent les rayons parallèles à l'axe à un seul point mathématique, ce que ne font pas les verres sphériques, on peut en conclure que les images des objets seront incomparablement plus distinctes. Descartes préfère même la courbure hyperbolique ; dans sa *Dioptrique* et dans ses *Lettres* (2), il donne des règles et invente des machines pour la taille des verres de cette forme. « Ferrier vint à bout, dit Descartes, de tailler d'assez bons verres hyperboliques convexes, mais il réussit moins bien aux concaves. »

On lit, dans le *de Telescopii inventore*, que Ferrier était venu à bout de faire à Descartes une lunette de ce genre de dix pouces seulement de longueur, qui, à quatre lieues de distance, faisait apercevoir des brins d'herbe de la grandeur d'un pouce (3). Mais on ne trouve rien de semblable dans la correspondance de Descartes. On y

---

(1) V. plus haut, p. 143 sq., et Géom., 369-384.
(2) V. Lettres à Ferrier, vol. VI des OEuvr., année 1629.
(3) Baillet raconte aussi des choses surprenantes.

voit seulement que celui-ci espérait arriver à découvrir s'il y a des animaux dans les astres. On y parviendrait incontestablement si on mettait ses machines à exécution. Il y a à cela de grandes difficultés, je le sais, mais je ne crois pas qu'elles soient insurmontables; et on a trop négligé, dans la pratique, les inventions et les idées de Descartes sur ce point (1).

2e ESSAI. — MÉTÉORES.

Il n'y a pour ainsi dire pas une ligne dans la *Dioptrique* que la science moderne ne puisse accepter, ou dont elle ne puisse tirer profit. Il n'en est plus de même des *Météores*, où il accumule parfois, sur une conception juste et profonde (la théorie mécanique de l'univers), les hypothèses les plus étranges et les plus capables de la détruire, si elle pouvait l'être. La Nature surpasse en simplicité et en industrie l'imagination humaine; et trop souvent ici Descartes ne consulte que son imagi-

---

(1) Nous devons dire cependant que les meilleurs artisans au xviie siècle, n'ont pu vaincre les difficultés inhérentes à une taille parfaite de l'hyperbole, et que plusieurs y perdirent de l'argent. On était très-curieux à cette époque, de la taille des verres (Descartes, Galilée, Peiresc, Gassendi, Zuylichem (père de Huyghens), Mydorge, Des Argues, Richelieu, etc., s'en occupèrent).

nation. En partant de la Métaphysique, il a trouvé quelques-uns des vrais principes de la Physique; mais ces principes sont si simples et si généraux, et la puissance de la Nature est si ample et si vaste, qu'on ne peut deviner quelles sont les synthèses qu'elle a faites, ni par quelles voies elle les a réalisées. Pour cela, il faut l'interroger par des expériences, et Descartes n'a pas eu le temps d'en faire assez (1).

Les dix chapitres, ou discours, dont se composent les *Météores*, ont pour objet :

Le 1er, la nature des corps terrestres (il les compose de parties ou molécules de diverses formes, dans les interstices desquelles circule la matière subtile. Les parties de l'eau sont longues, unies et glissantes, etc.);

Le 2e, les vapeurs et les exhalaisons;

Le 3e, le sel;

Le 4e, les vents;

Le 5e, les nues;

Le 6e, la neige, la pluie et la grêle;

Le 7e, les tempêtes, la foudre et tous les autres feux qui s'allument dans l'air;

---

(1) Cf. ce qu'il dit lui-même dans la partie VI du Disc. En résumé, les voies suivies par la nature sont *toujours rationnelles*, mais la raison humaine ne peut *pas toujours* les retrouver *à priori*.

Le 8⁰, l'arc-en-ciel ;

Le 9⁰, les halos ;

Le 10⁰, les parhélies.

On ne trouve en général que des suppositions hasardées, ou erronées, sur la nature des corps terrestres, les exhalaisons, les vapeurs, les sels, les esprits, les vents, les nues, la neige, la pluie, la grêle, les tempêtes, la foudre. Descartes ne fait un emploi rigoureux de sa propre méthode que dans certaines parties de l'explication de l'arc-en-ciel, des halos et des parhélies. Il s'agissait là de phénomènes relativement simples qui ne demandaient que quelques expériences, ingénieuses sans doute et précises, mais en petit nombre, et aux résultats desquelles on pouvait immédiatement appliquer le calcul. Il ne faut pas croire cependant qu'il n'ait fait aucune observation ni aucune expérience sur les autres météores ; il en a fait beaucoup, particulièrement sur les vents, la neige et la grêle ; mais il en fallait d'innombrables, et ce n'est que de nos jours que la Météorologie a pu commencer à élever ses théories sur une masse suffisante de faits. Nous n'analyserons ici que les trois derniers discours, ceux dans lesquels il s'occupe des météores lumineux, et donne de vrais modèles de sa méthode.

« Les circonstances dans lesquelles se produit l'arc-en-ciel, dit M. Daguin (1), avaient été reconnues par les anciens philosophes, et ils ont cherché à l'expliquer. Comme le météore se montre toujours à l'opposé du soleil, il était évident que les rayons étaient réfléchis par les gouttes de pluie. Aristote supposait que cette réflexion avait lieu sur leur surface convexe, et il attribuait les couleurs au mélange des rayons réfléchis avec l'ombre du nuage. Posidonius puis Sénèque admettaient que l'arc était produit par la réflexion sur un nuage formant un miroir concave. Maurolicus mesure le diamètre apparent de l'arc, — mais sa mesure est inexacte (2), — reconnaît que ce diamètre est constant et cherche à en expliquer la formation par la réflexion des rayons, en partie sur la surface extérieure des gouttes d'eau, en partie sur l'intérieure où ils décrivent les côtés d'un octogone. Vitellion reconnaît que, puisqu'il y a coloration, il faut qu'il y ait réfraction en même temps que réflexion. Képler précise davantage la marche du rayon qu'il suppose se réfracter en entrant dans la goutte, se réfléchir intérieurement,

---

(1) Physique, tome III, p. 551.
(2) V. Descartes, et plus bas.

puis se réfracter de nouveau en émergeant. Antoine de Dominis passe pour avoir donné une théorie assez complète du premier arc-en-ciel; mais tout ce qu'il a écrit sur ce sujet est très-vague et très-confus, et il se trompe complétement quand il veut expliquer l'arc extérieur. C'est à Descartes qu'est due la véritable théorie du brillant météore. » Nous retrouvons ici notre philosophe avec toute la supériorité de son génie, appliquant l'analyse mathématique aux résultats d'observations patientes et d'expérimentations ingénieuses, et offrant des modèles à suivre aux physiciens de son temps et des siècles qui doivent suivre. Les Huyghens et les Newton se sont instruits à cette école.

En résumé, après Marc-Antoine de Dominis, il restait à expliquer : 1°. la formation des deux arcs; 2°. pourquoi l'intérieur a un rayon de 42 degrés et l'extérieur de 51° environ; 3°. les couleurs et leur arrangement. Les deux premiers points sont parfaitement expliqués par Descartes; l'explication du troisième est entrevue et ébauchée.

Plus clairvoyant que Marc-Antoine, il aperçoit et s'assure par expérience que l'arc-en-ciel intérieur (le premier et le plus brillant) est causé par des rayons qui parviennent à l'œil après deux réfractions et une réflexion, et le second par d'autres rayons qui ne nous parviennent qu'après deux réfractions et deux réflexions.

Ici, nous laissons la parole à Descartes lui-même ; sa méthode *consistant plus*, comme il le dit, *en pratique qu'en théorie*, nous voulons qu'on voie cette Méthode à l'œuvre. On peut comparer les parties solides de ce *huitième Discours* aux plus beaux Mémoires présentés de nos jours aux Académies savantes.

« Premièrement (1), ayant considéré que cet arc ne peut pas seulement paraître dans le ciel, mais aussi en l'air proche de nous, toutes fois et quantes qu'il s'y trouve plusieurs gouttes d'eau éclairées par le soleil, ainsi que l'expérience fait voir en quelques fontaines, il m'a été aisé de juger qu'il ne procède que de la façon que les rayons de la lumière agissent contre ces gouttes, et de là tendent vers nos yeux ; puis, sachant que ces gouttes sont rondes, ainsi qu'il a été prouvé ci-dessus, et voyant que, pour être plus grosses ou plus petites, elles ne font point paraître cet arc d'autre façon, je me suis avisé d'en faire une fort grosse, afin de la pouvoir mieux examiner; et ayant rempli d'eau,

---

(1) Vol. V, p. 265 sqq.

à cet effet, une grande fiole de verre toute ronde et fort transparente, j'ai trouvé que le soleil venant, par exemple, de la partie du ciel marquée AFZ (1), et mon œil étant au point E, lorsque je mettais cette boule en l'endroit BCD, sa partie D me paraissait toute rouge et incomparablement plus éclatante que le reste, et que, soit que je l'approchasse, soit que je la reculasse, et que je la misse à droite ou à gauche, ou même la fisse tourner en rond autour de ma tête, pourvu que la ligne DE fît toujours un angle d'environ 42 degrés avec la ligne EM, qu'il faut imaginer tendre du centre de l'œil vers celui du soleil, cette partie D paraissait toujours également rouge; mais que sitôt que je faisais cet angle DEM tant soit peu plus grand, cette rougeur disparaissait, et que si je le faisais un peu moindre, elle ne disparaissait pas du tout si à coup, mais se divisait auparavant comme en deux parties moins brillantes, et dans lesquelles on voyait du jaune, du bleu et d'autres couleurs. Puis, regardant aussi vers l'endroit de cette boule qui est marqué K, j'ai aperçu que, faisant l'angle KEM d'environ 52 degrés, cette partie K paraissait aussi de couleur rouge, mais non

(1) Figure I.

pas si éclatante que D, et que, le faisant quelque peu plus grand, il y paraissait d'autres couleurs plus faibles, mais que le faisant tant soit peu moindre ou beaucoup plus grand, il n'en paraissait plus aucune. D'où j'ai connu manifestement que tout l'air qui est vers M étant rempli de telles boules, ou en leur place de gouttes d'eau, il doit paraître un point fort rouge et fort éclatant en chacune de celles de ces gouttes dont les lignes tirées vers l'œil E font un angle d'environ 42 degrés avec EM, comme je suppose celles qui sont marquées R; et que ces points étant regardés tous ensemble, sans qu'on remarque autrement le lieu où ils sont que par l'angle sous lequel ils se voient, doivent paraître comme un cercle continu de couleur rouge, et qu'il doit y avoir tout de même des points en celles qui sont marquées S et T, dont les lignes tirées vers E font des angles un peu plus aigus avec E M, qui composent des cercles de couleurs plus faibles, et que c'est en ceci que consiste le premier et principal arc-en-ciel. Puis derechef, que l'angle MEX étant de 52 degrés, il doit paraître un cercle rouge dans les gouttes marquées X, et d'autres cercles de couleurs plus faibles dans les gouttes marquées Y; et que c'est en ceci que consiste le second et moins principal arc-en-ciel; et enfin, quand toutes les autres gouttes marquées Y, il ne doit paraître aucunes couleurs. Examinant après cela plus particulièrement en la boule BCD ce qui faisait que la partie D paraissait rouge, j'ai trouvé que c'étaient les rayons du soleil qui, venant de A vers B, se courbaient en entrant dans l'eau au point B, et allaient vers C, d'où ils se réfléchissaient vers D, et là, se courbant derechef en sortant de l'eau, tendaient vers E; car sitôt que je mettais un corps opaque ou obscur en quelque endroit des lignes AB, BC, CD ou DE, cette couleur rouge disparaissait; et quoique je couvrisse toute la boule, excepté les deux points B et D, et que je misse des corps obscurs partout ailleurs, pourvu que rien n'empêchât l'action des rayons ABCDE, elle ne laissait pas de paraître. Puis, cherchant aussi ce qui était cause du rouge qui paraissait vers K, j'ai trouvé que c'étaient les rayons qui venaient de F vers G, où ils se courbaient vers H, et en H se réfléchissaient vers I, et en I se réfléchissaient derechef vers K, puis enfin se courbaient au point K et tendaient vers E. De façon que le premier arc-en-ciel est causé par des rayons qui parviennent à l'œil après deux réfractions et une réflexion, et le second par d'autres rayons qui n'y parviennent qu'après deux réfractions et deux réflexions ; ce qui empêche qu'il ne paraisse tant que le premier.

» Mais la principale difficulté restait encore, qui était de savoir pourquoi, y ayant plusieurs autres rayons qui, après deux réfractions et une ou deux réflexions, peuvent tendre vers l'œil quand cette boule est en autre situation, il n'y a toutefois que ceux dont j'ai parlé qui fassent paraître quelques couleurs. Et pour la résoudre, j'ai cherché s'il n'y avait point quelque autre sujet où elles parussent en même sorte, afin que, par la comparaison de l'un et de l'autre, je pusse mieux juger de leur cause. Puis, me souvenant qu'un prisme ou triangle de cristal en fait voir de semblables, j'en ai considéré un qui était tel qu'est ici MNP (1), dont les deux superficies MN et NP sont toutes plates, et inclinées l'une sur l'autre, selon un angle d'environ 30 ou 40 degrés, en sorte que si les rayons du soleil ABC traversent MN à angles droits, ou presque droits, et ainsi n'y souffrent aucune sensible réfraction, ils en doivent souffrir une assez grande en sortant par NP. Et couvrant l'une de ces deux superficies d'un corps obscur, dans lequel il y avait une ouverture assez étroite, comme

(1) Figure 2.

DE, j'ai observé que les rayons, passant par cette ouverture et de là s'allant rendre sur un linge ou papier blanc FGH, y peignent toutes les couleurs de l'arc-en-ciel, et qu'ils y peignent toujours le rouge vers F, et le bleu ou le violet vers H. D'où j'ai appris, premièrement, que la courbure des superficies des gouttes d'eau n'est point nécessaire à la production de ces couleurs, car celles de ce cristal sont toutes plates ; ni la grandeur de l'angle sous lequel elles paraissent, car il peut ici être changé sans qu'elles changent, et bien qu'on puisse faire que les rayons qui vont vers F se courbent tantôt plus et tantôt moins que ceux qui vont vers H, ils ne laissent pas de peindre toujours du rouge, et ceux qui vont vers H toujours du bleu ; ni aussi la réflexion, car il n'y en a ici aucune ; ni enfin la pluralité des réfractions, car il n'y en a ici qu'une seule. Mais j'ai jugé qu'il y en fallait pour le moins une, et même une dont l'effet ne fût point détruit par une contraire ; car l'expérience montre que si les superficies MN et NP étaient parallèles, les rayons, se redressant autant en l'une qu'ils se pourraient courber en l'autre, ne produiraient point ces couleurs. Je n'ai pas douté qu'il n'y fallût aussi de la lumière, car sans elle on ne voit rien ; et, outre cela, j'ai observé qu'il y fallait de l'ombre, ou de la limitation à cette lumière : car si on ôte le corps obscur qui est sur NP, les couleurs FGH cessent de paraître : et si on fait l'ouverture DE assez grande, le rouge, l'orange et le jaune, qui sont vers F, ne s'étendent pas plus loin pour cela, non plus que le vert, le bleu et le violet, qui sont vers H, mais tout le surplus de l'espace qui est entre deux vers G demeure blanc. Ensuite de quoi j'ai tâché de connaître pourquoi ces couleurs sont autres vers H que vers F, nonobstant que la réfraction et l'ombre et la lumière y concourent en même sorte ; et concevant la nature de la lumière telle que je l'ai décrite en la Dioptrique, à savoir, comme l'action ou le mouvement d'une certaine matière fort subtile, dont il faut imaginer les parties ainsi que de petites boules qui roulent dans les pores des corps terrestres, j'ai connu que ces boules peuvent rouler en diverses façons, selon les diverses causes qui les y déterminent. »

Nous passons ce qu'il dit de la cause des couleurs ; son explication est fausse. Il aperçoit cependant l'inégale réfraction des divers rayons, et a une idée suffisamment exacte au fond de la nature des couleurs. Il dit en effet :

« S'il est vrai que le sentiment que nous avons

de la lumière soit causé par le mouvement, ou l'inclination à se mouvoir, de quelque matière qui touche nos yeux, comme plusieurs autres choses témoignent, il est certain que les divers mouvements de cette matière doivent causer en nous divers sentiments.

» En l'arc-en-ciel, j'ai douté d'abord si les couleurs s'y produisaient tout à fait en même façon que dans le cristal MNP ; car je n'y remarquais point l'ombre qui terminât la lumière, et ne connaissais point encore pourquoi elles n'y paraissaient que sous certains angles, *jusques à ce qu'ayant pris la plume et calculé par le menu tous les rayons qui tombent sur les divers points d'une goutte d'eau, pour savoir sous quels angles, après deux réfractions et une ou deux réflexions, ils peuvent venir vers nos yeux, j'ai trouvé qu'après une réflexion et deux réfractions, il y en a beaucoup plus qui peuvent être vus sous l'angle de 41 à 42 degrés, que sous aucun moindre, et qu'il n'y en a aucun qui puisse être vu sous un plus grand. Puis j'ai trouvé aussi qu'après deux réflexions et deux réfractions, il y en a beaucoup plus qui viennent vers l'œil sous l'angle de 51 à 52 degrés que sous au-*

cun plus grand, et qu'il n'y en a point qui viennent sous un moindre. De façon qu'il y a de l'ombre, de part et d'autre, qui termine la lumière, laquelle, après avoir passé par une infinité de gouttes de pluie éclairées par le soleil, vient vers l'œil sous l'angle de 42 degrés, ou un peu au-dessous, et ainsi cause le premier et principal arc-en-ciel ; et il y en a aussi qui termine celle qui vient sous l'angle de 51 degrés ou un peu au-dessus, et cause l'arc-en-ciel extérieur ; car ne recevoir point de rayons de lumière en ses yeux, ou en recevoir notablement moins d'un objet que d'un autre qui lui est proche, c'est voir de l'ombre. Ce qui montre clairement que les couleurs de ces arcs sont produites par la même cause que celles qui paraissent par l'aide du cristal MNP, et que le demi-diamètre de l'arc intérieur ne doit point être plus grand que de 42 degrés, ni celui de l'extérieur plus petit que de 51 ; et enfin que le premier doit être bien plus limité en sa superficie extérieure qu'en l'intérieure, et le second tout au contraire, ainsi qu'il se voit par expérience. Mais afin que ceux qui savent les mathématiques puissent connaître si le calcul que j'ai fait de ces rayons est assez juste, il faut ici que je l'explique. »

Pour ne pas rendre cette citation trop longue, nous passons les calculs et les tables qu'il nous donne, p. 277-280, vol. V.

« Il est vrai que l'eau étant chaude, sa réfraction est tant soit peu moindre que lorsqu'elle est froide, ce qui peut changer quelque chose en ce calcul : toutefois, cela ne saurait augmenter le demi-diamètre de l'arc-en-ciel intérieur que d'un ou deux degrés tout au plus, et lors celui de l'extérieur sera de presque deux fois autant plus petit. Ce qui est digne d'être remarqué, pour ce que par là on peut démontrer que la réfraction de l'eau ne peut être guère moindre ni plus grande que je la suppose ; car, pour peu qu'elle fût plus grande, elle rendrait le demi-diamètre de l'arc-en-ciel intérieur moindre que 41 degrés, au lieu que par la créance commune, on lui en donne 45 ; et si on la suppose assez petite pour faire qu'il soit véritablement de 45, on trouvera que celui de l'extérieur ne sera aussi guère plus de 45, au lieu qu'il paraît à l'œil beaucoup plus grand que celui de l'intérieur. Et Maurolycus, qui est je crois le premier qui a déterminé l'un de 45 degrés, détermine l'autre d'environ 56 ; *ce qui montre le peu de foi qu'on doit ajouter aux observations qui ne sont pas accompagnées de la vraie raison.* »

Dans les derniers *Discours* (9ᵉ et 10ᵉ), il ébauche la théorie scientifique des halos et des parhélies. Pour conduire cette théorie à bonne fin, il suffira aux Mariotte, aux Huyghens, aux Venturi, aux Arago, aux Frauenhofer, aux Bravais (1), de marcher dans la voie qu'il a ouverte, en appliquant le premier la haute analyse aux recherches de physique. Dans sa hardiesse impatiente, il n'a pas toujours suivi lui-même rigoureusement les règles qu'il s'était tracées. Il avait cru, du reste, la nature plus facile à subjuguer qu'elle ne l'est en effet; elle lui a résisté souvent; mais il l'a vaincue aussi quelquefois, et son audace contagieuse a excité l'ambition de ses disciples. Ses fautes et ses défaites ont disparu dans la foule de ses services, ou se sont effacées dans l'éclat de sa gloire; et sa méthode, plus puissante encore que ses exemples, a conduit ses successeurs aux résultats qu'il n'avait pu atteindre lui-même.

Les *halos* ou cercles qui paraissent autour des astres, sont dus, selon lui, à la réfraction qui se fait en de petites parcelles de glace transparente (2).

---

(1) V. Daguin, ouvr. cit., II, p. 345 sqq.
(2) V. Discours 9, p. 287, 288 sqq.

Mariotte et Venturi les attribuent à la réfraction de la lumière dans de petits prismes triangulaires de glace, dont ils supposent les angles de 60°. Le calcul prouve alors qu'en effet le rayon du halo doit avoir 22°, et c'est précisément sa valeur, comme on l'a reconnu par des mesures précises. On observe quelquefois un second halo d'un rayon de 46°. Cavendish l'explique par la réfraction de la lumière dans de petits prismes de glace de 90°. Brewster, Arago, Frauenhofer, Young, Babinet, Bravais, ont adopté et établi cette théorie en employant à la fois l'expérience et le calcul (1).

Pour expliquer les parhélies, il suppose un anneau de glace transparente, formé par des vents contraires, l'un venant du nord et l'autre du sud, et tourbillonnant dans les hautes régions de l'atmosphère. Cet anneau peut avoir telle forme et telle situation, que la lumière solaire, en le traversant ou en s'y réfléchissant, nous fasse voir « jusqu'à six soleils qui semblent enchâssés dans » un cercle blanc, ainsi qu'autant de diamants » dans une bague (2). »

---

(1) V. Daguin, II, 345. Bravais surtout l'a confirmée. V. Journal de l'École polytech., 30 et 31 cahier, tome XVIII.

(2) V. V, p. 296-301 sqq.

On pourra même en voir un plus grand nombre tant par réfraction que par réflexion.

Pour expliquer le celcle parhélique et les faux soleils, Young, Venturi, Brewster, Bravais et tous les physiciens modernes, remplacent avec raison l'anneau de Descartes par des prismes de glace flottants dans l'atmosphère et orientés d'une certaine manière.

3ᵉ ESSAI. — GÉOMÉTRIE.

L'histoire des sciences et de l'esprit humain nous démontre cette belle loi, *que les sciences d'observation ne se sont développées qu'à la suite des sciences* à priori. Et il n'en pouvait être autrement : les idées et les théorèmes rationnels, en effet, sont les instruments nécessaires des découvertes expérimentales. Ce sont les mathématiciens des écoles de Pythagore et de Platon qui ont fait toutes les grandes découvertes physiques de l'antiquité ; Képler et Galilée avaient commencé par étudier Euclide, Apollonius et même les Pythagoriciens ; Descartes n'a fait ses découvertes en optique qu'après ses grandes inventions analytiques. La physique moderne ne peut faire un pas sans s'appuyer sur ces inventions et sur celles des Huyghens, des Newton et des Leibnitz. Nous allons donc remonter à la source des plus belles découvertes physiques de notre philosophe en étudiant la *Géométrie*.

« Jusqu'ici, dit-il en commençant, j'ai tâché
» de me rendre intelligible à tout le monde; mais
» pour ce Traité, je crains qu'il ne pourra être
» lu que par ceux qui savent déjà ce qui est dans
» les livres de géométrie; car, d'autant qu'ils
» contiennent plusieurs vérités fort bien démon-
» trées, j'ai cru qu'il serait superflu de les répé-
» ter, et n'ai pas laissé pour cela de m'en servir. »

La Géométrie se divise en trois livres.

Il répète plusieurs fois dans ses lettres à ses amis, qu'il faut lire le 3e livre avant le second. C'est dans le 3e, en effet, qu'il a déposé ses plus belles découvertes analytiques, clé des inventions géométriques du second. Pour avoir le plaisir de constater l'infériorité de ses rivaux et de rire du dépit de ses envieux, il avait voulu les faire mordre au second livre avec leurs propres forces. Il eut le plaisir divin de voir leur impuissance, et de jouir de leur confusion. A l'exception de de Beaune, un de ses amis, et l'un des plus beaux génies mathématiques que la France ait produits, il n'y eut que ceux qu'il voulut bien aider de ses conseils qui purent le comprendre, même en passant du premier livre au troisième, avant d'aborder le second. Ce serait trop dire que d'avancer qu'il y avait en Europe une douzaine de personnes capables de lire la *Géométrie;* Descartes dut former lui-même son auditoire. Roberval fit des efforts infructueux pour pénétrer au cœur de ce Traité, Fermat et les Pascal n'y réussirent pas toujours; ces derniers même finirent par laisser le livre fermé.

PREMIER LIVRE.

Dans le *livre premier*, Descartes fait voir comment on peut appliquer les opérations de l'arithmétique et le calcul algébrique à la géométrie, et comment on peut mettre les problèmes géométriques en équation. Il nous donne ainsi la suite de ses *Règles pour la direction de l'esprit* (1). Appliquant ses idées à un exemple particulier, il entreprend de résoudre la question de Pappus (2);

---

(1) V. plus haut, 194 sqq et p. 199.
(2) La voici : « La question donc qui avait été commmencée à
» résoudre par Euclide et poursuivie par Apollonius, sans avoir été
» achevée par personne était telle: Ayant trois ou quatre ou plus
» grand nombre de lignes droites données par position; première-
» ment, on demande un point duquel on puisse tirer autant d'autres
» lignes droites, une sur chacune des données, qui fassent avec elle

il montre comment, dans cet exemple, on doit poser les termes pour arriver à mettre le problème en équation, et comment on trouve que ce pro-

» des angles donnés, et que le rectangle contenu en deux de celles
» qui seront ainsi tirées d'un même point, ait la proportion donnée
» avec le carré de la troisième, s'il n'y en a que trois; ou bien avec
» le rectangle des deux autres, s'il y en a quatre; ou bien, s'il y en
» a cinq, que le parallélipipède composé de trois ait la proportion
» donnée avec le parallélipipède composé des deux qui restent, et
» d'une autre ligne donnée; ou s'il y en a six, que le parallélipipède
» composé de trois ait la proportion donnée avec le parallélipipède
» des trois autres; ou s'il y en a sept, que ce qui se produit lors-
» qu'on en multiplie quatre l'une par l'autre, ait la raison donnée
» avec ce qui se produit par la multiplication des trois autres, et
» encore d'une autre ligne donnée; ou s'il y en a huit, que le pro-
» duit de la multiplication de quatre ait la proportion donnée avec le
» produit des quatre autres; et ainsi cette question se peut étendre à
» tout autre nombre de lignes. Puis, à cause qu'il y a toujours une
» infinité de divers points qui peuvent satisfaire à ce qui est ici de-
» mandé, il est aussi requis de connaître et de tracer la ligne dans
» laquelle ils doivent tous se trouver. Et Pappus dit que lorsqu'il
» n'y a que trois ou quatre lignes droites données, c'est en une des
» trois sections coniques; mais il n'entreprend point de la détermi-
» ner ni de la décrire, non plus que d'expliquer celle où tous ces
» points se doivent trouver, lorsque la question est proposée en un
» plus grand nombre de lignes. Seulement il ajoute que les anciens
» en avaient imaginé une qu'ils montraient y être utile, mais qui
» semblait la plus manifeste, et qui n'était pas toutefois la première.
» Ce qui m'a donné occasion d'essayer si, par la méthode dont je me
» sers, on peut aller aussi loin qu'ils ont été. »

blème est plan lorsqu'il n'est pas proposé en plus de cinq lignes.

DEUXIÈME LIVRE.

La solution ébauchée dans le premier livre est achevée dans le second. Descartes y expose, à cette occasion, sa formule générale d'équation pour les sections coniques, quelle que soit la position de l'axe auquel on les rapporte, et il en montre l'usage en l'appliquant au problème en question. Il passe de là à la théorie des tangentes et à celle des ovales, deux créations admirables de son génie.

TROISIÈME LIVRE.

Le troisième livre est consacré d'abord à l'exposition de toutes les inventions d'analyse pure que l'auteur a faites. Il y traite donc de la nature et des propriétés des équations, de leurs racines vraies, fausses (négatives), imaginaires; des moyens de reconnaître combien il y a de racines positives et négatives, de la détermination de ces racines; de la réduction des équations. La dernière partie de ce troisième livre donne les moyens de construire les problèmes qui se ramènent à une équation du 3e, du 4e et du 6e degré.

Sans entrer dans de trop longs détails, nous allons essayer de faire comprendre au lecteur quelques-unes des plus importantes découvertes de l'auteur: et, laissant de côté le premier livre, qui n'est que l'occasion des deux autres, nous passerons tout de suite, selon le conseil de Descartes lui-même, à l'étude du troisième, avant d'aborder l'examen du second.

« Les équations, dit-il, sont des sommes com-
» posées de plusieurs termes, partie connus et
» partie inconnus, dont les uns sont égaux aux
» autres, ou plutôt, *qui considérés tous ensemble*
» *sont égaux à rien; car ce sera souvent le meil-*
» *leur de les considérer en cette sorte* (1). »

« En chaque équation, autant que la quantité
» inconnue a de dimensions, autant peut-il y
» avoir de diverses racines, c'est-à-dire de valeurs
» de cette quantité; car par exemple, si on sup-
» pose $x = 2$ ou bien $x - 2 = 0$, et derechef
» $x = 3$ ou $x - 3 = 0$, en multipliant ces deux
» équations $x - 2 = 0$, et $x - 3 = 0$, l'une par
» l'autre, on aura $x^2 - 5x + 6 = 0$; dere-
» chef; si on fait $x - 4 = 0$, on aura $x^3 - 9x^2$
» $+ 26x - 24 = 0$. » Il conclut de là qu'une

---

(1) Géométrie, livre III, p. 388.

équation peut toujours être divisée par x ± la valeur d'une des racines, et, réciproquement, que si cette équation ne peut être divisée par x ± une certaine quantité, cette quantité n'est la valeur d'aucune de ses racines. Il donne alors une règle très-simple et très-exacte pour déterminer, par la seule inspection des signes, le nombre des racines positives et négatives d'une équation. « Il » y en peut avoir autant de vraies (positives) que » les signes + et — s'y trouvent de fois être chan- » gés, et autant de fausses qu'il s'y trouve de fois » deux signes +, ou deux signes — qui s'entre- » suivent (1). » La limitation de cette règle, que Descartes n'ignorait pas (2), est qu'il faut que l'équation n'ait aucune racine imaginaire.

A l'occasion de ces idées si simples, si claires et si profondes sur la formation des équations et sur la détermination de leurs racines positives et négatives, Wallis et Roberval ont intenté contre Descartes l'accusation de plagiat. Descartes aurait, selon eux, emprunté à Harriot, sans en prévenir le lecteur, l'idée d'égaler tous les termes d'une équation à o, et de former les équations suc-

---

(1) Géométrie, liv. III, p. 390.
(2) V. en effet qq. pages plus bas.

cessivement par la multiplication de $x-a=0$, $x-b=0$, $x-c=0$, etc.

Les déclamations de Wallis et de Roberval sont aussi ridicules qu'inconvenantes. D'abord, en effet la découverte de la loi de formation des équations était préparée par Cardan et Viète, et Descartes était aussi capable de la trouver qu'Harriot. En second lieu, Descartes, en usant de sa méthode et en marchant du simple au composé, a dû la trouver de lui-même, et l'a trouvée, en effet, en suivant cette voie, comme le prouvent les passages que nous citons plus haut. Enfin, — ce qui est tout à fait sans réplique, — Descartes n'a lu Harriot qu'après avoir achevé sa Géométrie.

Zuylichem, ami de Descartes, ayant remarqué quelque conformité entre les idées de notre philosophe et celles de Harriot, envoya à son ami l'ouvrage de l'auteur anglais. Descartes en prit connaissance, et répondit qu'effectivement il trouvait dans Harriot des idées semblables aux siennes, mais qu'il ne l'avait jamais lu (1).

Ainsi tombe l'accusation de plagiat.

C'est à Descartes que l'on doit la connaissance de la nature et de l'usage des racines négatives.

(1) V. Inédits, II, p. 251.

« Doué, comme il l'était, de l'esprit métaphysique,
» remarque Montucla, il aperçut qu'il ne pou-
» vait y avoir de quantités moindres que zéro, et
» que ce ne pouvaient être que des quantités
» prises en sens contraire de celles qui sont af-
» fectées positivement. Il les appelle des quanti-
» tés fausses. » Toutes les autres découvertes relatives à la réduction des équations, à la recherche des racines, à la théorie des indéterminés, à la construction des équations, sont la conséquence de ces premières inventions et le fruit le plus beau de la méthode parfaite suivie par l'auteur. La rapidité d'exposition de ce grand génie est telle, que, pour faire connaître avec quelques détails ses plus importantes découvertes, il faudrait non-seulement reproduire ces pages substantielles, mais les commenter et les expliquer (1). Nous sommes donc forcés de nous borner à peu près à l'indication des points principaux traités par l'auteur, et de renvoyer le lecteur à l'ouvrage lui-

---

(1) « Au reste, j'ai omis ici, dit-il (p. 409), les démonstrations de
» la plupart de ce que j'ai dit, à cause qu'elles m'ont semblé si fa-
» ciles que, pourvu que vous preniez la peine d'examiner méthodi-
» quement si j'ai failli, elles se présenteront à vous d'elles-mêmes;
» et il sera plus utile de les apprendre en cette façon qu'en les li-
» sant. »

même. Nous allons cependant encore faire connaître avec quelque développement une des belles inventions de Descartes, et montrer comment il construit les équations.

Il réduit la construction de toutes les équations cubiques, ou carré-carrées (4ᵉ degré), à un même procédé dont les modifications sont indiquées par la forme de l'équation et par les signes des termes. Le problème se résout par l'intersection d'une parabole et d'un cercle (1). Il considère pour plus de généralité les équations cubiques sous la forme de celles du 4ᵉ degré, dont le dernier terme serait égal à zéro, un des facteurs étant nul, ce qui est très-ingénieux. Il suppose aussi que l'on ait fait évanouir le second terme, ce qui est toujours facile; après quoi il détermine le paramètre de la parabole convenable, avec la position du centre du cercle qu'il faut décrire et qui doit la couper. Dans les équations du troisième degré il passe par le sommet; et, s'il y a trois racines réelles, il coupe la parabole en trois points; les ordonnées abaissées de ces trois points sur l'axe de la parabole sont les trois valeurs de l'inconnue. S'il n'y en a qu'une réelle, les deux autres étant imaginaires,

---

(1) V. Géom., p. 409 sqq. et Montucla, II, p. 126.

le cercle passant par le sommet de la parabole ne la coupera qu'en un point qui donnera de la même manière la racine réelle et unique de l'équation. Dans celles du 4ᵉ degré où il doit y avoir quatre racines réelles ou deux seulement, ou aucune, la forme de la construction détermine le cercle à couper la parabole en quatre points, ou en deux, ou en aucun. S'il y a deux racines égales, le cercle touchera seulement la parabole en un point et la coupera encore une ou deux fois, suivant le nombre des autres racines inégales; car un point de contact n'est autre chose que deux points d'intersection infiniment proches et coïncidants. Ainsi l'ordonnée tirée de ce point sur l'axe représentera chacune de ces deux racines. Il pourrait encore se faire qu'il y eût dans une équation du 4ᵉ degré, de la forme de celles que construit Descartes, trois racines égales. Alors le cercle, après avoir coupé la parabole d'un côté, irait la rencontrer de l'autre en un point de contact et d'intersection à la fois qui équivaut à trois points d'intersection (osculation).

Pour les équations du 5ᵉ et du 6ᵉ degré, il emploie la conchoïde parabolique avec un cercle.

Nous passons maintenant au second livre et aux découvertes de l'auteur dans l'analyse mixte.

La découverte capitale ici est l'application qu'il fit de l'Algèbre à la Géométrie des courbes.

« Il y avait déjà longtemps, dit Montucla (1), que la Géométrie était en possession d'exprimer la nature d'une courbe par le rapport de lignes parallèles entre elles (ordonnées), tirées de chacun de ses points sur une autre droite fixe et invariable. Ce moyen se présente assez naturellement à l'esprit ; car qu'est-ce qui détermine une courbe à être d'une certaine forme, c'est qu'il y a entre chacun de ses points un certain rapport de distance à l'égard d'une ligne droite qui la traverse et lui sert d'axe. Dans la Géométrie élémentaire, le cercle est une courbe dont tous les points sont également éloignés d'un autre qui est le centre ; mais une Géométrie plus relevée le considère autrement. Sous ce nouveau point de vue, le cercle est une courbe dans laquelle ayant tiré un diamètre quelconque, si d'un point pris à volonté on mène une perpendiculaire à ce diamètre, le rectangle des segments qu'elle y fera sera égal au carré de la perpendiculaire, ou bien ce carré sera égal à celui d'un rayon, moins celui du segment intercepté entre elle et le centre : c'est là, dans la

(1) II, p. 120 sqq.

théorie des courbes, la propriété distinctive et caractéristique du cercle. Dans la parabole, le carré d'une ordonnée quelconque est égal au rectangle du segment intercepté entre elle et le sommet par une certaine ligne constante. Il était sans doute facile d'exprimer ces rapports en langage algébrique dès qu'ils furent connus aux géomètres, mais il fallait auparavant prévoir de quel usage pouvait être cette manière de les exprimer, et c'est ce que la sagacité de Descartes, son esprit métaphysique et sa grande habileté en Géométrie lui montrèrent. Il vit qu'une expression algébrique est un tableau plus court, et, en quelque sorte, plus énergique des propriétés d'une courbe, et qu'elle présente, à celui qui possède l'analyse, de grandes commodités pour déduire ses propriétés les plus enveloppées des plus faciles. »

On a pour le cercle $y^2 = 2rx - x^2$, pour la parabole $y^2 = px$; pour l'ellipse $y^2 = \frac{b^2}{a^2}(2ax - x^2)$. On appelle *équation d'une courbe* l'expression algébrique qui désigne la relation constante entre chaque ordonnée de la courbe et son abscisse. Cette expression analytique contient en puissance toutes les propriétés de la courbe.

Descartes élargit encore le domaine de la Géométrie par la distinction plus juste qu'il établit entre

les courbes géométriques et les courbes mécaniques. Avant lui, on rangeait parmi les courbes mécaniques toutes celles qu'on ne pouvait pas décrire d'un mouvement continu par la règle et le compas. Il remarque (1) qu'on doit appeler géométrique tout ce qui se fait par un procédé certain et exact, et, par là, il rend à la Géométrie toutes les courbes dont on peut déterminer les points par la composition de deux ou plusieurs mouvements qui ont entre eux un rapport connu exactement. « On n'en doit pas plutôt exclure les
» lignes les plus composées que les plus simples,
» pourvu qu'on les puisse imaginer être décrites
» par un mouvement continu, ou par plusieurs
» qui s'entresuivent et dont les derniers soient en-
» tièrement réglés par ceux qui les précèdent. »

Il aborde alors le problème le plus général et le plus utile de tous à ses yeux, celui des tangentes aux courbes.

Nous nous y arrêterons un instant à cause de son importance et des débats fort vifs qu'il souleva entre Descartes et Fermat, et entre les grands géomètres de la première moitié du XVIIe siècle. Descartes a indiqué deux manières de déterminer

---

(1) Géométrie, livre II, p. 333-541.

les tangentes, l'une dans sa Géométrie (liv. II), l'autre dans ses Lettres (1). Comme elles sont fondées sur le même principe, nous les donnerons toutes deux et les comprendrons sous la dénomination de *Méthode des tangentes de Descartes*. On en a depuis imaginé d'autres qui sont plus commodes, nous ne pouvons en disconvenir, mais on lira avec intérêt la première invention en ce genre, qui, outre son mérite de priorité, a celui d'être très-belle et très-ingénieuse.

I°. — Soit un cercle, dont le centre est sur l'axe en C, coupant une parabole aux points B, b, B', b'; supposons que le rayon du cercle diminue graduellement, les deux points d'intersection B et b se rapprochent continuellement, et il arrivera un moment où ils se confondront en un seul E', et où BD et bd ne seront plus qu'une même et unique ordonnée E'D'. Le cercle sera alors tangent à la parabole, et le rayon tiré au point de contact sera perpendiculaire à cette courbe et à la ligne droite qui la toucherait au même point. Ainsi le problème de la détermination de la tangente d'une courbe se réduit à trouver la position de la perpendiculaire qu'on lui tirerait d'un

---

(1) OEuvr., vol. VII, p. 61 sqq. et *passim*.

point quelconque pris sur l'axe (1). Voyons donc d'abord comment on peut déterminer les intersections des deux courbes, il sera facile ensuite de passer au cas particulier où elles se touchent. Pour cela, posons $AC = a$, $AD = x$, $CB = r$, CD sera donc $a - x$. Maintenant, puisque l'ordonnée BD appartient au cercle, on a $y^2 = r^2 - (a - x)^2 = r^2 - a^2 + 2ax - x^2$; mais cette même ordonnée appartient encore à la parabole; on a donc $y^2 = px$; donc $px = r^2 - a^2 + 2ax - x^2$, d'où $x^2 + (p - 2a)x + a^2 - r^2 = 0$, équation qui étant du second degré aura deux racines. Pour déterminer l'abscisse dans le cas où les deux racines sont égales, prenons l'équation subsidiaire $x^2 - 2ex + e^2 = 0$, qui est le produit de $x - e$ par $x - e$, et qui a par conséquent les deux racines égales, et comparons-la terme à terme avec l'autre, nous aurons :

$p - 2a = -2e = -2x$ (puisque $e = x$);
de là on tire : $x = a - \frac{p}{2}$.

Telle est la valeur de x que nous cherchons. On a ainsi l'ordonnée du point de tangence, et la plus simple analyse met en possession de tout le reste.

(1) Figure 5.

II°. Dans le second procédé, dont l'esprit est le même, Descartes conçoit une ligne droite qui tourne autour d'un centre pris sur l'axe prolongé de la courbe. Elle la coupe d'abord en deux points. Mais à mesure qu'elle s'éloigne ou se rapproche de l'axe, suivant les circonstances, les deux points d'intersection se rapprochent et elle finit par *toucher* la courbe. Pour déterminer la situation qu'a alors cette ligne, Descartes procède à peu près comme dans la méthode précédente. Il recherche d'abord l'équation générale par laquelle, cette ligne étant inclinée sous un angle donné, on trouverait ses points d'intersection avec la courbe. Ensuite par le moyen d'une équation subsidiaire qui a deux racines égales, il détermine cette inclinaison à être celle qu'il faut pour que la ligne soit tangente.

La méthode des tangentes sert à diverses déterminations importantes dans la théorie des courbes, par exemple à celle des asymptotes; elle sert aussi à la détermination des *maxima* et des *minima*. Descartes n'en traite point dans sa Géométrie, mais ce sont là de ces choses qu'il veut *laisser au lecteur le plaisir de trouver lui-même*. Cependant, les objections de Fermat et de ses amis le forcèrent à s'en occuper dans ses

Lettres (1) ; et il montra alors toute la hauteur et toute l'étendue de ses vues, et fit voir combien sa méthode était à la fois plus lumineuse et plus générale que celle de ses adversaires.

Mais pour traiter ce sujet, il faut attendre que la lutte éclate entre les deux rivaux. Pour le moment, ce qui importe et ce qui est nécessaire, c'est de résumer et de coordonner les vues logiques que nous avons recueillies en étudiant le *Discours* et les *Essais*, et de les rattacher à celles que l'auteur a exposées dans ses autres ouvrages. Nous devons, en effet, et nous pouvons maintenant compléter, selon notre promesse, l'exposition commencée de la Logique cartésienne, critiquer et juger la Méthode de Descartes (2).

(1) V. le volume VII, les prem. lettres et *passim*.
(2) V. plus haut, p. 199, puis 71-73, 83-87, 164-200, 239-251.

CHAPITRE XI.

La Méthode de Descartes (1).

Quand un savant expose ses idées sur la Science et sur la Méthode, il met avant tout sous ses yeux ses recherches personnelles et les procédés qu'il a

---

(1) La *Logique* de Descartes n'est pas dans la Géométrie, comme le pensait Lipstorpius, ni dans ses Méditations, comme le prétendait Gassendi, ni dans le discours de la Méthode, comme on le croit vulgairement. Elle est essentiellement dans les *Règles pour la direction de l'esprit*, dont on ne trouve qu'un résumé dans le Discours ; mais comme le Traité des Règles est inachevé, il est nécessaire de le compléter en exposant la méthode suivie par l'auteur en Géométrie, en Métaphysique (partie IV du Discours et Méditations), en Physique (Monde, Dioptrique, Météores), en Psychologie (Discours, Dioptrique et Méditations *passim*). Deux fragments de Logique pure nous ont aussi servi pour cette exposition de la Méthode Cartésienne ; ce sont les *Olympiques* et le dialogue intitulé *Recherche de la vérité par les lumières naturelles*, qui n'est autre chose que le début d'un ouvrage que Descartes avait projeté sur l'*Erudition* (v. OEuvr., vol. XI, p. 555 sqq.). Ainsi l'*Organum* de Descartes comprendrait les *Olympiques*, les *Règles*, le *Discours*, le *Dialogue* et des fragments des *Méditations* et des *Essais*.

suivis, et prend naturellement pour idéal sa manière propre de concevoir la Science. Si vous étudiez séparément Platon, Aristote, Képler, Galilée, Descartes, Laplace, Lavoisier, Berthelot, Claude Bernard, Max Muller, vous voyez sous un point de vue particulier la Science et la Méthode. Réunissez tous les points de vue, vous contemplez le domaine entier de la Science et l'ensemble de tous les procédés féconds qui conduisent à la vérité ; vous avez la Méthode entière et parfaite, ou du moins vous en approchez beaucoup. Il est donc utile de bien constater et de bien faire connaître le point de vue auquel s'est placé chacun des grands génies dont le nom est illustré par des découvertes scientifiques. C'est ce que nous allons faire pour Descartes, en laissant à d'autres, ou en nous réservant pour nous-mêmes dans l'avenir, le soin de comparer les idées et les procédés divers des grands inventeurs, et de donner, non un Traité de Logique personnel, mais la Logique même de l'esprit humain.

L'analyse que nous venons de faire du *Discours* et des *Essais*, celle que nous avons faite plus haut des ouvrages qui ont précédé celui-ci, ont dû nous convaincre que Descartes ne reconnaît qu'une Méthode capable de conduire à la

Science, la Méthode *à priori*, armée de ses deux procédés, l'analyse et la synthèse. « Puisqu'il n'y
» a d'autre science que celle du nécessaire et de
» l'absolue, il faut, en toute question, remonter
» jusqu'aux notions qui ont ce caractère, et les
» enchaîner ensuite les unes aux autres par des
» rapports également nécessaires. Tant qu'on
» n'est pas arrivé là, on n'a fait autre chose qu'al-
» ler puiser l'ignorance à une source plus haute;
» quand on a atteint ces sommets lumineux, l'es-
» prit se repose satisfait dans la clarté et la séré-
» nité de l'idée pure. La vraie Méthode est donc
» celle des Mathématiques, ou plutôt c'est l'es-
» prit de cette Méthode, auquel elles servent
» d'enveloppe (1). »

Ainsi la méthode mathématique enseignée dans les *Règles*, moins pour elle-même que pour l'éducation de l'esprit, résumée ensuite dans le *Discours*, et pratiquée dans la *Géométrie* et les *Essais*, peut s'appliquer à toutes les sciences, et d'abord à la science suprême, de laquelle toutes les autres tiennent leur certitude et leur unité, à la Métaphysique.

La Métaphysique est *la science des principes*

---

(1) V. plus haut, p. 71 et 72.

de la connaissance et des principes de l'être, car les uns ne peuvent se séparer des autres. Les notions premières et irréductibles de l'entendement, comme celles de temps et d'éternité, d'espace et d'immensité, de pensée et de volonté, de Bien, de Beauté, de Perfection, les principes évidents de soi et parfaitement simples, comme ceux de causalité, de substance, d'ordre, d'unité, et tous ceux qu'on trouve à la base des différentes sciences, sont l'aperception des choses en elles-mêmes, la vue des éléments essentiels des êtres, l'intuition, incomplète sans doute, mais très-positive de l'*être en soi*. *Les principes de la connaissance et les principes de l'être* sont donc les mêmes, et, comme le dit Descartes, le vrai est identique à l'être. Si on est dans le doute sur ce point, ou pour la négative, il faut encore agiter la question de l'être à propos de la connaissance : les deux objets n'en font donc qu'un, et la même science les embrasse nécessairement dans son domaine.

La première chose que cette science ait à faire est l'inventaire exact, l'examen rigoureux et le classement méthodique de toutes les notions primitives de la raison pure. Descartes, tout en reconnaissant l'utilité et l'importance de ce travail au point de vue métaphysique et au point de vue logique, ne l'a pas entrepris, faute de temps, et parce qu'il ne le croyait pas nécessaire à l'achèvement de son œuvre (1). Il se contente d'en appeler, quand cela est nécessaire, à la lumière naturelle. Leibnitz a laissé quelques indications utiles et quelques vues profondes sur ce point. Kant a tenté l'entreprise, mais ne l'a pas conduite à bonne fin ; et il est loin même d'en avoir mesuré ou soupçonné toute l'étendue. Il s'agit ici, en effet, de la création de la vraie langue philosophique.

Le second travail à accomplir est d'opérer *à priori* le passage des idées à l'être fini, puis le passage de l'être fini à l'être infini, ou du relatif à l'absolu, et, enfin, de déterminer les attributs essentiels de l'être absolu et parfait, et des êtres relatifs et imparfaits. Kant, restant dans le domaine de l'abstraction pure, ne voit partout que des phénomènes ; le moi n'est qu'un phénomène, et non un être ou *noumène*. Mais alors dans quel sujet place-t-il les *formes à priori* de l'entendement ? Dans aucun. Qui donc pense, doute et nie ? Personne. Kant, plus naïf que le Cyclope, pense que son *moi* non-seulement s'appelle personne,

---

(1) Cf. OEuvr., vol. VI, p. 61 sqq., et *Principes*, part. I, n° 10.

mais qu'il n'est personne. Arrivé à ce degré de simplicité, ou d'audace, il est évident que le critique se réfute lui-même (1). Il faut donc nécessairement convenir que le *moi* est un être, et que notre pensée pénètre au delà des phénomènes. C'est ce que Descartes aperçoit et montre avec beaucoup d'évidence.

Comment passer maintenant de l'être fini à l'être infini? Kant, après avoir miné le sol sous ses pieds, se voyant à bout de moyens, tente le passage par l'idée de *devoir*; mais, ayant mal sondé le gué, il s'y noie. Descartes opère ce passage avec une précision admirable et un succès complet. Il part de l'idée de l'être parfait, c'est-à-dire de l'idée suprême qui est le fond dernier de la raison, et dont toutes les autres ne sont que des déterminations ou des limitations. En effet, sans l'idée de l'être infini et parfait, je ne puis me penser moi-même ni comme être, ni comme être imparfait, de même que, sans la notion ou forme *à priori* de l'espace infini, je ne puis penser ni percevoir aucun espace fini. Otez la notion ou forme *à priori* de l'espace infini, vous ne pensez plus d'espace; ôtez la notion ou

---

(1) Cf. Janet, Introd. à la Dialectiq., p. xl.

forme *à priori* de l'être infini, vous ne pensez plus d'être. « Sans doute, dira-t-on, mais la forme *à priori* de l'espace infini peut être purement subjective; rien ne prouve l'objectivité et la réalité de l'espace; et alors l'objectivité et la réalité de l'espace infini s'évanouit, et avec elle celle de l'espace fini. De même, ajoutera-t-on, la forme *à priori* de l'être infini peut être purement subjective; rien ne prouve l'objectivité de cette idée et la réalité de l'être; et alors la réalité de l'être infini cesse d'être certaine, et, avec elle, celle de l'être fini. » J'avoue que, dans les deux cas, les deux choses sont liées, et qu'on ne peut nier le fini sans nier l'infini. Mais, à côté de la ressemblance, éclate une différence essentielle. En effet, si je puis pousser l'audace du doute jusqu'à nier la réalité de l'espace fini et infini, je ne puis pousser l'audace du doute jusqu'à nier la réalité de l'être fini qui est le *moi*. Or, l'infini et le fini étant liés, j'affirme l'être infini en affirmant l'être fini, et je ne puis affirmer celui-ci sans affirmer celui-là. Regardons-y de plus près : nous n'affirmons l'être fini que parce que nous affirmons l'être infini et parfait; il est logiquement certain que l'être parfait existe avant qu'il soit évident que nous existons.

L'idée de l'espace et les autres formes *à priori* n'ont point par elles-mêmes de valeur objective, je le veux bien; mais l'idée ou forme *à priori* de l'être est unique de son espèce, et jouit, par sa nature même, d'un privilége particulier et éminent. En un mot, comme le dit Descartes, quand je considère bien l'idée que j'ai de l'être parfait ou infini (de l'être en soi), je trouve que l'existence y est comprise en même façon qu'il est compris en l'idée d'une sphère que toutes ses parties sont également distantes de son centre, ou même encore plus évidemment. Maintenant toute autre idée et toute autre affirmation présupposant l'idée et l'affirmation du *moi*, il n'y a pas d'idée, il n'y a pas d'affirmation qui ne présuppose l'idée et l'affirmation de l'être infini. L'être infini est le fond même et le soutien de la pensée; je ne pense ni sans son idée ni sans lui.

Quand on n'est pas descendu ainsi jusqu'à l'idée dernière, jusqu'à la condition suprême de la pensée, jusqu'au point où le subjectif et l'objectif, la pensée et l'être se touchent et se pénètrent, on peut croire que l'affirmation de l'existence de Dieu est le coup d'audace de la raison. Il n'en est rien : c'est son acte le plus simple, c'est son affirmation première, celle sans laquelle nulle autre n'est possible, celle que toutes les autres impliquent.

Mais si nous voyons clairement et distinctement que nous avons en nous l'idée de perfection infinie et dans cette idée l'existence de l'être infini, nous sommes fort loin de voir aussi bien tout ce qu'il est. Cependant il est possible de déterminer quelques-uns de ses attributs, sans sortir des idées claires de la raison et sans rien emprunter à l'expérience que l'occasion des conceptions *à priori ;* on peut ensuite, par la même voie, arriver à déterminer les attributs essentiels de l'âme et de la matière, et distinguer celle-ci de celle-là.

On voit que la méthode qui procède par intuition et déduction *à priori*, s'applique aussi bien à la Métaphysique qu'à la Mathématique. Dans l'une comme dans l'autre, l'observation n'est que l'occasion des conceptions idéales et absolues, dont elle présuppose même l'innéité. Sans doute, les Mathématiques s'occupent d'abstractions et la Métaphysique a pour objet l'être réel ; mais, si nous avons des idées claires et distinctes de l'étendue et de ses modes, nous avons des idées également claires et distinctes de l'être et de ses attributs. Toute la différence est que d'un côté nous manions des formes vides et de l'autre des formes pleines. Mais ces formes ou idées étant également claires, la méthode qui sert ici peut être employée là.

Les conquêtes définitives que l'emploi de cette méthode a amenées en Métaphysique sont : 1°. la preuve de l'existence de Dieu par l'idée même que nous en avons ; 2°. la preuve de l'existence du moi ; 3°. la découverte du fondement dernier de la certitude ; 4°. la distinction approfondie de l'étendue et de la pensée ; 5°. la preuve de l'existence de la matière ; 6°. la théorie de la création continuée. L'erreur fondamentale est celle-ci : *Ce que nous concevons clairement et distinctement existe séparément, ou du moins peut être séparé par la toute puissance de Dieu.* En effet, ce que nous concevons clairement n'est souvent qu'une face, un point de vue, un abstrait d'un être réel, et on ne peut évidemment admettre que la puissance divine fasse des qualités sans substance. De cette erreur découle cette autre, que *l'âme et le corps sont deux substances distinctes.* L'âme est une force, et la matière est un composé ou une intégration de forces. Il n'y a donc pas deux substances ; il n'y en a qu'une : c'est la force active et pensante, active et pensante à divers degrés, depuis le plus bas jusqu'au plus élevé.

Nous pouvons maintenant suivre les applications de la Méthode dans les autres sciences. Parmi les idées *à priori* qui sont en quelque sorte les patrons des autres (1), nous en distinguons de deux espèces ; les unes sont relatives à l'étendue, à la forme, au nombre, à la durée, au mouvement, en un mot à la *quantité* continue ou discontinue, finie ou infinie ; les autres sont relatives à la pensée et aux inclinations de la volonté, en un mot à la *perfection* finie ou infinie des êtres. Les unes ne me donnent que des déterminations ou conditions extérieures, les autres m'ouvrent le for intérieur de l'être. De là des attributs d'étendue ou de quantité, et des attributs de pensée ou de perfection. De là aussi d'abord deux ordres de sciences, celles de la matière et celles de l'esprit, et ensuite un troisième ordre, celui des sciences qui cherchent les rapports de la matière et de l'esprit. La *Physique* de Descartes les comprend tous trois ; mais elle a ses divisions, et on y étudie successivement la matière, l'esprit et leurs relations, en descendant des hauteurs de la Métaphysique.

La Physique est, en effet, comme un écoule-

(1) V. OEuvr., IX, 150 sqq.

ment de la Métaphysique; c'est à la lumière des *idées* que nous parvenons à la connaissance du monde, et, en premier lieu, du monde matériel. Pour cela nous commençons par développer les conceptions *à priori* qui ont particulièrement trait à la *matière*, c'est-à-dire les conceptions mathématiques sans lesquelles on ne peut ni concevoir les corps, ni déterminer leurs propriétés, ni les connaître en aucune façon. Les Mathématiques sont déjà une sorte de Physique abstraite et l'introduction nécessaire à la Physique concrète. Les faits et les êtres *matériels* ne sont même autre chose que des composés de lois et de propriétés mathématiques. Nous pouvons donc déterminer *à priori* tous les faits, toutes les lois et tous les êtres de l'univers. Notre raison contient en puissance toute la physique, et nous pouvons l'en faire sortir par le seul travail de la pensée. Descartes ramène donc la pensée à elle-même pour connaître les choses extérieures. C'est en contemplant et en combinant les idées *à priori* que l'esprit pénètre dans la connaissance de la nature. S'il s'égare, c'est qu'il consulte mal cette lumière intérieure qui est en lui. Sans doute, l'expérience a son utilité, mais uniquement parce qu'elle sert

à nous montrer quelles sont les synthèses *vraies* qui ont été réalisées, et parce qu'elle peut être un secours utile de l'analyse *à priori*, en nous aidant à découvrir, parmi plusieurs explications également rationnelles du même fait, quelle est celle qui est la vraie. Ce n'est pas elle qui nous donne la connaissance des choses, car d'abord toute connaissance est un fait de la raison, et, ensuite, l'expérience repose elle-même sur des combinaisons *à priori* sans lesquelles elle ne serait pas. La méthode expérimentale, en effet, envisagée en elle-même, n'est autre chose qu'un ensemble de raisonnements ou de combinaisons rationnelles. Sans l'*à priori* non-seulement on ne connaît rien, mais on ne cherche rien. L'esprit n'est pas quelque chose de passif; c'est lui qui fait ses idées et qui crée la science au lieu de la recevoir toute faite du dehors. Descartes part donc de soi pour rendre raison des choses, et c'est ce qui explique les progrès que la science a faits entre ses mains et dans son école, comme autrefois sous l'impulsion et dans les écoles de Pythagore et de Platon. « S'il est l'auteur de la plus fé-
» conde rénovation philosophique qui ait en-
» core travaillé l'esprit humain, c'est que jamais

» la raison n'a été ramenée aussi vigoureusement
» à elle-même (1). » C'est ainsi qu'en Mathématiques d'abord il crée ces méthodes générales qui dominent et embrassent toutes les parties de la science. « En même temps que Descartes, Fermat
» découvre l'application de l'Algèbre à la Géo-
» métrie, mais si informe que, pour exister réel-
» lement, elle demanderait un second inven-
» teur (Bordas). » C'est ainsi ensuite qu'en Physique, il trouve la loi d'inertie, la loi du mouvement en ligne droite, la loi du mouvement en ligne courbe par l'action de deux forces, la permanence de la même quantité de mouvement dans le monde, plusieurs lois du choc, la loi de réfraction (2) et tant d'autres idées justes et fécondes que nous avons fait connaître dans les chapitres qui précèdent (3).

Quand on ne se paie pas de mots, qu'on veut des raisons solides, évidentes, il faut avoir des idées claires et distinctes de tout. Nous avons, il est vrai, une idée claire de l'activité, mais non de

---

(1) Bordas-Demoulin. V. son Hist. du Cartés., chap. III, vol. II. Nous faisons ici plusieurs emprunts à ce beau chapitre.

(2) Il ramène la lumière tantôt à un *mouvement*, tantôt à une *pression*. C'est de cette dernière idée que sortira la théorie des *ondes*.

(3) V. notamment chap. VII, VIII et X.

la manière dont l'activité produit la pesanteur, la cohésion, la vie, etc. Au contraire, quoi de plus net que l'idée de l'étendue, de ses parties, de leur grosseur, de leur figure? Quoi aussi de plus net que l'idée de mouvement? Réduits à ces deux éléments constitutifs, les corps, qu'ils soient bruts ou organisés, n'offrent rien d'obscur ni de confus dans leur nature, ni à plus forte raison, dans leurs rapports, qui sont des rapports de grandeur, de figure, de disposition et de mouvement. Le mouvement donné, les tourbillons naissent d'eux-mêmes, et avec eux l'attraction et la répulsion; la vie elle-même est un tourbillon multiple. Nous savons ce que cette théorie a, non pas de faux, mais d'incomplet. Et, cependant, sans une pareille élimination de l'activité, était-il possible d'extirper ces forces animales qui entraînaient les planètes autour du soleil, ces restes des intelligences qui mouvaient les êtres, ces *appétits* et ces *horreurs* qui expliquaient les mouvements des corps terrestres. Avant lui, on employait des esprits pour conduire et pour soutenir le monde physique; Descartes s'élève à l'idée qu'il se forme, qu'il marche et se maintient par des lois mathématiques. L'activité, sans doute, ne peut être enlevée à la matière, mais l'idée profonde de Descartes est si vraie, qu'elle s'applique encore à la matière conçue comme une intégration de forces et un organisme actif, car la force se mesure par ses effets. Képler lui-même, plongé dans l'idée des âmes et des intelligences sidérales, n'avait pu ramener ni la lumière, ni les mouvements des corps célestes, aux principes de la dynamique. Avec Descartes, la Mathématique met en fuite les visions de l'imagination, et la Mécanique inaugure son règne par des principes clairs et lumineux.

La loi du mouvement primitif en ligne droite est si simple, se présente si naturellement que, si l'histoire ne l'attestait, on ne pourrait croire qu'elle ait été ignorée jusqu'à Descartes. On voit ici à nu l'impuissance de l'expérience seule; on l'aperçoit mieux encore dans la loi relative à la conservation de la même quantité de mouvement, dont les conséquences sont si belles. Otez, en effet, ce point fixe donné *à priori*, et montrez-moi par où Descartes arrivera à concevoir que le mouvement doit passer d'un corps à l'autre, selon certaines proportions constantes. C'est parce que le mouvement a été créé avec un tout qui ne diminue ni n'augmente qu'on le voit forcé de se retrouver dans ses innombrables distributions. Dans l'explication de la loi de réfraction, partant de

l'idée que la lumière est un mouvement, il décompose ce mouvement en deux directions. « C'est
» pour avoir montré la décomposition du mouve-
» ment s'opérant ainsi d'elle-même dans les
» choses, que seul Descartes a introduit l'idée
» réelle de la mécanique du monde dans l'esprit
» humain, et renversé l'antique barrière d'igno-
» rance et de préjugés contre laquelle se brisaient
» depuis plus de vingt siècles les efforts de la
» science et du génie. Une seconde fois, à la voix
» de Descartes, la création semble sortir du
» chaos (Bordas). » Tous les faits physiques, chimiques et biologiques doivent s'expliquer par la Mathématique; pour la science, un être vivant comme un système solaire n'est autre chose qu'un problème de mécanique.

Tous ces principes hardis et lumineux découlent de la Métaphysique. Quand Biot, Montucla et d'Alembert regrettent que Descartes se perde dans les idées métaphysiques, au lieu de faire toujours des expériences précises, comme dans certaines parties de la *Dioptrique* et des *Météores*, ils regrettent de le voir remonter à la source de la science, au lieu de faire des expériences dont il n'aurait pas eu l'idée sans cette science première.

On comprend toute la différence qui existe entre ces explications mécaniques *à priori* et celles de Démocrite, de Leucippe et d'Epicure, qui n'aboutissent qu'à des résultats vagues ou insignifiants. C'est que l'*à priori* des explications matérialistes manque de fondement, au lieu que celui de Descartes repose sur les idées universelles et absolues qui constituent l'entendement divin ou en émanent, et qui, partant, doivent se retrouver dans la nature. Il part donc de la perfection divine et y puise sa force et sa fécondité. Les théorèmes mathématiques, en conséquence, sont des guides sûrs pour l'esprit et des cadres d'attente dans lesquels les résultats des recherches expérimentales doivent aller se ranger. C'est de cette idée juste que sont nées les heureuses applications qu'il a faites de l'Analyse à la recherche des lois physiques. Avec lui l'expérimentation est provoquée et dirigée par les idées *à priori* et par la science du calcul, et les faits obéissants vont se ranger comme d'eux-mêmes sous les lois éternelles de la raison, parce qu'ils sont produits par la raison éternelle. Avec les atomes aveugles, inertes, errant éternellement à l'aventure au sein du vide, avec des sensations et perceptions produites au hasard, Dieu écarté, où prendre la notion d'ordre, de loi, d'harmonie? Le hasard est au cœur des choses. L'épicurien, comme le positiviste de nos jours, est plongé de toutes parts dans un abîme de hasard et d'ignorance.

Quelle différence aussi entre Descartes et Galilée! Sans doute celui-ci *examine les matières de Physique par des raisons mathématiques, et en cela* notre philosophe *s'accorde avec lui, car il tient qu'il n'y a pas d'autre moyen pour trouver la vérité* (1). *Mais Galilée ne fait que des digressions, et n'explique suffisamment aucune matière, ce qui montre qu'il ne les a point examinées par ordre, et que, sans avoir considéré les premières causes de la nature, il a seulement cherché les raisons de quelques effets particuliers, et ainsi qu'il a bâti sans fondement.*

Partir des premières causes de la nature, des lois mécaniques les plus simples, contenues elles-mêmes dans les idées métaphysiques; conduire ses pensées par ordre en s'appuyant toujours sur les Mathématiques et les notions *à priori*, et employer seulement l'expérience comme instrument subsidiaire de l'analyse rationnelle et comme moyen de déterminer ce qui est réel, telle est la

---

(1) V. Desc., OEuvr., vol. VII, p. 454.

vraie méthode que, d'après Descartes, il faut suivre en Physique.

La lumière ne vient que d'en haut. Nous voudrions voir s'élever jusqu'à ces régions métaphysiques l'esprit de tous les expérimentateurs de nos jours, arrêté et embourbé trop souvent dans un empirisme vulgaire et sans idées.

L'esprit français, nous l'avons dit, et nous le répétons, a manqué les plus grandes découvertes du siècle, faute d'idées métaphysiques. Nos savants n'ont su ni établir, ni même pressentir la théorie mécanique de la chaleur, ni celle de la corrélation des forces vives, qui sont pourtant dans Descartes, et qui n'avaient plus besoin que de quelques confirmations expérimentales. Aujourd'hui encore, qu'y a-t-il de plus certain que les générations spontanées ou naturelles, qui sont évidentes *à priori*, et soutenues comme telles par Descartes et par Leibnitz. Nos grands empiriques, cependant, ne peuvent s'élever jusque-là, et leur intelligence reste prise au fond des cornues d'où ils excluent la vie. Qui donc leur fera entendre le *sursum corda*? Je vois cependant comme l'aurore d'un temps meilleur. Les idées *à priori* reviennent inspirer de nos jours quelques beaux génies dont la France s'honore et s'honorera encore plus un jour, surtout s'ils forment des élèves capables de s'élever jusqu'aux idées, s'ils les habituent à mener de front toutes les connaissances, à penser d'une manière large, complète, philosophique, et à *philosopher par ordre*, comme le veut Descartes. En général, la Métaphysique et la Philosophie manquent autant aux savants, que les sciences aux métaphysiciens-psychologues. Les étrangers, aidés par les *positivistes* antérieurs et postérieurs à *Comte*, nous ont dégoûtés de nos idées métaphysiques, mais pour nous les prendre et pour en profiter. Nous croyons aujourd'hui regagner le temps perdu en formant les jeunes gens à l'art expérimental. C'est une erreur. Il est bon sans doute de leur apprendre à manipuler et à expérimenter, mais il vaudrait mieux encore leur donner des idées ; et ces idées, il faut les demander à la philosophie des sciences et à la Métaphysique.

Ceci dit, il ne nous en coûte pas d'avouer que Descartes a exagéré le rôle de la synthèse *à priori*, et qu'il a, non pas ignoré, mais négligé l'art d'expérimenter. Sans doute, en partant de l'idée de l'être parfait, il faut admettre que *les lois, dont la notion nécessaire est imprimée dans nos âmes, ne peuvent manquer d'être suivies par la nature*. Mais il ne s'ensuit pas que nous ayons la connaissance de toutes les lois et de tous les principes simples, ou que, l'ayant en puissance, nous l'ayons en acte. Il est même certain que nous ne l'avons pas de cette manière. Donc nous ne pouvons espérer reconstruire l'univers par la seule *déduction*. Il suffit qu'une notion nous manque pour que notre synthèse soit défectueuse et dans ses principes et dans ses conclusions. Ainsi on peut bien déterminer *à priori*, certaines lois simples comme les trois lois primordiales du mouvement et quelques lois du choc; mais, dès qu'on veut arriver à des lois plus complexes, on se trompe en quelque sorte fatalement. C'est pourquoi Descartes nous a donné plusieurs fausses lois du choc. Il compose, en effet, la matière de molécules rigides, inextensibles et incompressibles : il ignore que la substance est essentiellement élastique. Ailleurs (*Météor. disc.* 8, etc.), il croit deviner *à priori* tous les mouvements possibles des particules lumineuses, et n'enfante que des chimères : la notion de l'élasticité lui échappe encore. Pour tout construire *à priori*, il faudrait une notion adéquate de l'Être premier. Or, dans le fait, si nous *concevons* Dieu, il est certain, comme Descartes en convient lui-même, que nous ne le *comprenons* pas; si notre pensée le *touche*, elle ne l'*embrasse* pas. Il faut donc nous résigner à demander beaucoup à l'expérience pour élargir et étendre notre raison. L'expérience ne nous donne pas seulement des lois secondes plus ou moins complexes, elle nous permet de découvrir des principes simples dont nous ne nous serions pas avisés sans elle. Mais il y a autre chose de plus important à remarquer. Non-seulement nous ne possédons que quelques idées *à priori;* mais la plupart de ces idées, par là même qu'elles sont claires et distinctes pour notre esprit borné, ne reproduisent qu'une face des choses simples elles-mêmes, et laissent l'autre côté dans l'ombre. Elles sont relatives au for extérieur, ou au for intérieur de l'être, à la pensée exclusivement, ou à l'étendue exclusivement. Les idées relatives à l'union de l'étendue et de la pensée sont confuses pour l'entendement seul et même pour l'entendement aidé de l'imagination. Donc, pour cette raison encore, les constructions de l'entendement pur, composées de notions claires et distinctes, sont nécessairement incomplètes. Quand les déductions sont exactes, elles correspondent sans doute nécessairement à une portion de la réalité, mais non pas à la réalité entière, ni à un être réel complet. Aussi Descartes, par cette recherche et ces combinaisons d'idées parfaitement claires, n'a souvent enfanté que des abstractions, qu'il a eu le tort de réaliser. De là, en effet, la séparation radicale du monde de la pensée et de celui de l'étendue ; de là le moi abstrait, pure raison, d'un côté, et, de l'autre, la matière abstraite, l'étendue pure ; la pensée isolée, *en l'air*, si je puis m'exprimer ainsi, en face du mécanisme brutal de la vie et du pur automatisme des bêtes. Descartes n'a vu que tard, et comme par éclairs, ce défaut capital de sa Méthode.

Il a amoindri, par conséquent, l'importance de la méthode expérimentale. Celle-ci n'est pas seulement une sorte de ménagère subalterne qui nous aide à choisir entre les créations infinies d'une raison exubérante, elle est l'appui souvent nécessaire d'une raison chancelante, l'excitation fécondante d'une raison qui paraît étroite et stérile au prix de la réalité des choses. Il est très-vrai qu'elle ne peut rien sans les principes *à priori* ; mais en retour elle est pour l'entendement un moyen d'éducation et un maître admirable ; elle redresse sa marche : elle lui donne en même temps plus d'ouverture, de force et de pénétration. Et, si jamais il arrive à égaler la nature en étendue et en profondeur, c'est à elle qu'il le devra. Sans doute, dans le sens vrai, c'est la raison elle-même qui fait ici son éducation, mais elle la fait par un ensemble de moyens distincts de la synthèse pure et de l'analyse *à priori*, et dont il faut bien reconnaître la puissance spéciale et la fécondité particulière. Cependant, même en restant exclusif, le génie de Descartes se montre dans toute sa supériorité. Il aperçoit, en effet, avec une clarté parfaite, que la méthode expérimentale n'est rien sans les notions premières de l'entendement, sans le principe de causalité, sans l'idée de lois nécessaires, universelles et absolues, sans la science du calcul, et, finalement, sans la notion de la perfection divine.

On croit généralement que dans l'étude du *moi*, Descartes a suivi la méthode d'observation pure et simple, et qu'il a précédé Locke et les Ecossais. On va même répétant autour de nous qu'il est, après Socrate, le créateur de la vraie méthode psychologique, c'est-à-dire de l'observation appliquée à l'étude de l'âme. La vérité est pourtant que ni lui, ni Socrate ne l'ont créée. Etudier l'âme par le sens intime n'est pas, selon Socrate, le vrai moyen de savoir ce qu'elle est. Pour acquérir la science de l'âme, il faut d'abord connaître l'*essence immuable*, l'*être en soi*, αὐτὸ τὸ αὐτό. L'âme raisonnable, en effet, ressemble à la nature divine, et il faut d'abord connaître ce qui est divin, Dieu et la Sagesse, pour se bien connaître soi-même (1).

Le langage de Descartes ne diffère pas, pour le fond, de celui de Socrate (2). « J'ai, en quelque
» façon, plutôt en moi, dit-il, la notion de l'infini
» que du fini, c'est-à-dire de Dieu que de moi-
» même ; car, comment serait-il possible que je
» puisse connaître qu'il me manque quelque chose
» et que je ne suis pas tout parfait, si je n'avais en
» moi aucune idée d'un être plus parfait que le
» mien, par la comparaison duquel je connaî-
» trais les défauts de ma nature. » La *conscience*, pour Descartes, n'est pas une faculté expérimentale distincte de la raison, c'est la raison se connaissant elle-même. Il ne faut pas la confondre avec le *sens intime*, qui, comme les sens exté-

---

(1) V. 1er Alcibiade, chap. XXIV-XXVIII, et surtout le dernier chapitre.

Ἔχομεν οὖν εἰπεῖν ὅ τι ἐστὶ τῆς ψυχῆς θειότερον ἢ τοῦτο, περὶ ὃ τὸ εἰδέναι τε καὶ φρονεῖν ἐστιν ; — Οὐκ ἔχομεν. — Τῷ θείῳ ἄρα τοῦτ' ἔοικεν αὐτῆς · καί τις εἰς τοῦτο βλέπων, καὶ πᾶν τὸ θεῖον γνοὺς, θεόν τε καὶ φρόνησιν, οὕτω καὶ ἑαυτὸν ἂν γνοίη μάλιστα.

(2) Cf. Médit. III et VI. Lettres, vol. IX, p. 125 sqq.

rieurs, ne nous donne pas des idées claires, mais des sentiments confus et indistincts de nos divers états. C'est pourquoi il répète fréquemment que la connaissance que l'âme a d'elle-même est une *conception*. « Dieu, dit-il, m'a créé à son image
» et ressemblance..... et je conçois cette ressem-
» blance, dans laquelle l'idée de Dieu se trouve
» contenue, par la même faculté par laquelle *je*
» *me conçois moi-même* (1). »

La Psychologie, comme la Physique, dont elle fait partie, découle de la Métaphysique. Elle se construit donc *à priori*, en ne consultant l'expérience intime que comme on consulte l'expérience extérieure. Et, en effet, l'âme ne saisit et n'affirme son existence que grâce à l'idée de l'être Infini et Parfait; elle ne se distingue du corps que parce qu'elle a *à priori* des idées claires et distinctes d'elle-même et de la matière; elle n'introduit la distinction, l'ordre et la lumière dans le tout continu et dans le chaos confus *du moi*, que grâce aux idées *à priori*, qui seules permettent une mise en ordre des faits.

Rejetant tout ce qui n'est pas clair et distinct, Descartes exclut de l'idée pure de *moi*, l'imagi-

---

(1) V. Médit. II, p. 290. Cf. *passim*.

nation (1), la sensation et la passion (2), quoique manifestement (3) imaginer et sentir appartiennent actuellement à l'âme à cause de son union avec le corps. Mais, enfin, l'âme, prise en soi, « n'est, précisément parlant, qu'une chose qui » pense, c'est-à-dire un esprit, un entendement, » une raison, » et « une volonté (4). » L'âme est faite à l'image de Dieu, et ce n'est qu'autant que je le connais que je puis bien me connaître moi-même (5); et c'est encore une raison pour laquelle je ne dois attribuer avec certitude à l'âme que la « raison » et la « volonté libre. »

C'est en suivant et en complétant cette méthode qu'on arrivera à donner à la science de l'âme une impulsion semblable à celle qui a été imprimée aux sciences physiques. Je dis *en la suivant*, car il faut d'abord ici, comme en physique, partir des idées premières ; j'ajoute *en la complétant*, car il faut aussi consulter le sens intime et surtout l'*histoire*, c'est-à-dire tous les faits par lesquels

---

(1) Médit. II et VI, p. 255, 524, etc.
(2) *Id.* p. 251 et *passim*.
(3) Pag. 255, 255.
(4) C'est aussi l'idée de *Bossuet* et de tous les *grands cartésiens*.
(5) V. Médit. III. Cf. Bossuet, Conn. de Dieu et de soi-même, chap. IV.

se sont manifestées, depuis l'origine, la raison, la liberté, et aussi l'imagination, la sensation et la passion, et faire sur l'homme toutes les expérimentations que la bonté et l'humanité peuvent permettre.

Je ne dirai pas qu'il faut la compléter par l'étude des rapports du physique et du moral, car ici Descartes nous donne l'exemple (1).

Dans cette étude, il procède encore *à priori* et ne consulte l'observation et l'expérimentation que comme un moyen secondaire d'information et un instrument d'analyse. C'est *à priori* qu'il a formulé cette loi, que *l'âme est capable non de créer du mouvement dans le corps, mais seulement de changer la direction de celui qu'il possède*, loi sur laquelle repose toute la série de ses déductions. Cette loi doit, encore aujourd'hui, nous éclairer dans ces recherches délicates, qui ne peuvent plus, cependant, partir désormais de l'hypothèse de la coexistence de deux substances. Descartes, dès le début de ses recherches, avait trop profondément séparé la pensée et l'étendue pour arriver ensuite à la loi de leur union. Il y conduit cependant par intervalles. Il fallait du reste

---

(1) V. notamment le Traité des Passions.

sortir des idées obscures de l'antiquité sur la matière pour arriver à l'idée vraie de la substance. Il n'y a que l'analyse qui puisse préparer une synthèse scientifique : ici il fallait analyser et disséquer à mort pour revenir à la vie.

Le résultat le plus important de cette méthode, appliquée à l'étude du moi et de ses rapports avec l'organisme, est d'avoir montré dans l'âme deux facultés essentielles, et deux seulement, à savoir, l'entendement et la volonté, et d'avoir conduit à une première étude vraiment scientifique de la *sensation* et de la *passion*.

Nous avons parcouru, à la suite de Descartes, les applications et les résultats de la *Méthode à priori* dans tous les ordres de sciences ; il faut essayer maintenant de condenser les idées du maître, et celles qui s'en dégagent immédiatement, pour la direction actuelle de l'esprit humain.

Il n'y a de science vraie que celle qui se compose d'idées claires et de synthèses successives de ces idées. Quand l'intuition et la déduction ne nous ont pas conduits aux choses réelles et concrètes — et c'est ce qui arrive d'ordinaire — nous restons en présence d'êtres et de faits complexes, non analysés, dont nous ne pouvons avoir que des idées confuses : la *chaleur*, par exemple, dans le monde physique, la *sensation* ; dans le monde moral. Ces idées confuses sont cependant déjà un commencement de connaissance, parce qu'elles sont formées de certains éléments rationnels, comme les notions de nombre, de mouvement, de figures géométriques, d'espace, de temps, de de pensée, d'être, etc.; seulement ces notions, ou formes *à priori*, sont d'abord prises séparément ou groupées un peu au hasard pour donner un cadre provisoire dans lequel on fait entrer tant bien que mal l'objet à connaître (1). Le langage ordinaire et les classifications, même naturelles, ne nous offrent que des cadres semblables. Le travail de l'analyse scientifique, appliqué aux êtres et aux faits de la nature, a pour but de trouver les cadres vrais et définitifs des choses, leur expression ou formule adéquate. Pour cela, il faut réduire les choses à leurs éléments simples. Mais comment trouver ce qui est simple sous ce qui est complexe? Comment séparer les éléments que la nature a fondus dans un seul tout? Il semble que, pour réussir dans cette décomposition, il faudrait avoir poussé les *constructions* assez loin pour reproduire les faits et les êtres mêmes de la nature,

---

(1) Cf. plus haut, chap. III, les Olympiques, p. 118 sqq.

et qu'alors seulement l'analyse de nos propres synthèses nous donnerait les éléments simples des choses. Mais nos constructions ne sont avancées que jusqu'à un certain point ; comment donc franchir l'abîme qui les sépare des objets complexes que nous présente l'observation ? Pour l'essayer on assemble divers cas qui, par leur diversité même, permettent de retrancher, soit réellement, soit par la pensée, un certain nombre d'éléments des choses (faits ou êtres), et de mettre à nu, sous le regard de l'esprit, des faits ou des êtres plus simples, c'est-à-dire, d'une part, un couple ou la relation constante d'un fait à son déterminisme, et, de l'autre, un élément relativement simple d'un être complexe. On est arrivé bien rarement à décomposer les faits en éléments parfaitement simples, c'est-à-dire en lois évidentes *à priori*, et plus rarement encore à déterminer les éléments simples des êtres. Les radicaux chimiques n'ont pas encore livré le secret de leur formule mathématique. Le *moi* n'a pas encore été ramené à des idées tout à fait claires et distinctes, puisque, s'il est essentiellement activité libre et raison, il est aussi capable de sensation et de passion. Nous pouvons dire que dans l'état présent de l'esprit humain, nous n'avons d'idée claire d'aucun être, si ce n'est de Dieu, parce que la Perfection Absolue est en même temps Simplicité Parfaite. Les sciences morales et celles qui étudient les rapports du corps et de l'âme sont donc nécessairement peu avancées. Ce n'est que lorsqu'on sera remonté par l'analyse d'un être, ou d'un fait, jusqu'aux notions mathématiques et métaphysiques claires et distinctes, qui l'expliquent, que la science de cet être ou de ce fait sera définitive. L'Acoustique seule aujourd'hui et certaines parties de la Thermologie et de l'Optique nous présentent le modèle de sciences expérimentales achevées. D'un autre côté, la Théologie naturelle et les Mathématiques nous offrent des constructions d'une solidité parfaite, mais qui sont loin d'être terminées.

Tout doit s'expliquer par l'étendue, la forme, le nombre et le mouvement dans le monde purement matériel, puisque la force active peut recevoir son expression mathématique exacte. Quand l'Analyse et la Mécanique rationnelle seront plus avancées, — si, du reste, l'observation continue sa marche en avant, — on pourra espérer obtenir la formule absolue, non plus seulement de quelques phénomènes physiques, mais de tous les faits chimiques et biologiques, de tous les êtres inorganiques et organisés. Dans le monde moral, tout doit s'expliquer par le degré de perfection et de pensée, par la quantité d'être. Quand la Métaphysique aura fait de nouveaux progrès, — si en même temps les sciences morales, politiques et historiques gagnent en étendue et donnent à leur méthode une précision plus sévère, — on pourra soumettre à des formules absolues les phénomènes moraux et sociaux. Enfin, par l'avancement simultané des deux ordres de sciences, et par leur comparaison, il sera possible d'arriver à l'expression adéquate des rapports nécessaires qui existent entre les modes de l'étendue et les modes de la pensée.

Dans ce mouvement lent, mais continu et progressif, de l'esprit humain, la méthode *à priori* joue le principal rôle, et, la méthode expérimentale elle-même procédant des idées claires et distinctes et de leur synthèse, la Science, dans ses parties déductives comme dans les autres, est tout entière l'œuvre de la raison.

Ce développement intellectuel, cette marche en avant de l'esprit, ne peut se faire sans *signes;* car une idée qui ne s'incarne pas dans un signe, est un rêve insaisissable, moins que cela, un rien. La pensée qui ne s'appuie pas sur des signes se dissipe dans le vide. Le langage est l'expression, le soutien nécessaire de l'esprit, comme dans la nature les phénomènes d'étendue sont l'expression et le soutien nécessaire des phénomènes de pensée. Les sciences *à priori*, à les considérer de près dans leur essence et dans leur profondeur, ne sont que des langues; elles sont le langage de la raison. Elles lient entre elles, par les signes ou elles les ncarnent, les formes *à priori* de l'entendement. Elles nous permettent d'arriver, par des combinaisons de signes, à des combinaisons d'idées de plus en plus complexes, qui nous rapprochent incessamment des êtres et des faits de la nature, et finiront par leur être adéquates. La Mathématique générale, inventée par Descartes, complétée par Leibnitz et Lagrange, est une langue parfaite, création et instrument de la raison; c'est celle aussi que parle la Nature, et c'est pourquoi il faut la connaître pour interroger celle-ci et pour comprendre ses réponses. La Métaphysique est la langue qu'il faut apprendre pour pénétrer dans la connaissance et dans l'intimité; non plus seulement de la nature matérielle, mais de la nature spirituelle. Sans elle, il n'y a plus de lois dans le monde physique; sans elle, l'ordre moral n'existe pas. Elle est donc également nécessaire dans toutes les sciences; elle est la langue universelle de la raison, et la Mathématique n'en est qu'une branche. Ceux qui nient le plus son utilité ne sont pas ceux qui s'en servent le moins. Ils ressemblent à ces gens qui, comptant de tête, croient l'Arithmétique inutile. On ne peut penser sans faire usage de ses idées, de ses axiômes, de ses définitions, de ses théorèmes. Si le nombre de ceux-ci est petit, ils rachètent cette infériorité par l'importance des vérités qu'ils contiennent. Ce nombre d'ailleurs peut s'accroître indéfiniment.

Pour cela il faudrait donner à la langue métaphysique la clarté et la précision sévère des Mathématiques. Le moyen d'y arriver est de noter chaque idée distincte et simple par un signe clair ou bien défini; et, ensuite, de ne procéder à la démonstration des théorèmes qu'en s'appuyant sur des définitions claires et sur des principes évidents ou parfaitement démontrés. On peut dire que s'il y a encore en Philosophie tant de choses dont on dispute, ou du moins dont on peut disputer, c'est que la langue métaphysique n'est pas arrêtée sur certains points, et que, sur d'autres, elle n'est pas du tout faite. Un langage incorrect laisse toujours prise à l'argumentation sophistique. Mais les sophistes ont aussi attaqué la Mathématique, et c'est même là l'une des causes de la rigueur qu'a revêtue de bonne heure cette langue dans les écoles grecques. Il faut faire aujourd'hui pour la Métaphysique ce que la Grèce a fait pour la science mathématique.

Ce progrès nous conduira peu à peu à un autre et nous permettra de nous approcher, — sans jamais l'atteindre toutefois, — du but dernier et suprême de la science, à savoir d'une langue unique reproduisant l'unité des choses.

La beauté et la simplicité des lois mathématiques qui régissent le monde physique est un reflet de la perfection de Dieu; les lois éternelles et absolues du monde moral, belles et parfaites aussi, malgré bien des obscurités pour un premier regard, en sont un reflet plus manifeste encore. Mais en vertu même de la perfection de Dieu et de la simplicité de son essence, il y a nécessairement un rapport exact et une corrélation parfaite entre les lois morales et les lois mathématiques. Celles-ci sont l'écho de celles-là. Je dirai mieux: elles sont les mêmes lois vues par le dehors. Si nous nous élevons jusqu'à Dieu, nous voyons les deux ordres de lois dans leur unité, et elles nous apparaissent comme deux projections, sur deux plans distincts, d'un seul et même objet, c'est-à-dire, de la perfection divine. Le monde physique, régi par les lois mathématiques, correspond au monde spirituel régi par les lois morales. Il s'ensuit que l'expression adéquate, mathématique, des faits et des êtres physiques, serait en même temps l'expression *métaphorique* des faits et des êtres moraux ; que l'équation exprimant l'organisme humain, — l'équation de la vie, — serait en même temps l'expression de l'âme humaine et de son degré d'être; et enfin, que, si pour un instant donné, comme le dit Laplace, une intelligence connaissait toutes les forces dont la nature est animée et la situation respective des êtres qui la composent, — si d'ailleurs cette intelligence était assez vaste pour soumettre ces données à l'analyse, — elle embrasserait dans la même formule les mouvements des plus grands corps de l'univers et ceux du plus léger atome, que rien ne serait incertain pour elle; que l'avenir, comme le passé, serait présent à ses yeux, et qu'elle aurait dans cette formule l'expression de l'ordre physique et de l'ordre moral. Bien plus, elle y trouverait l'expression la plus haute de la Puissance Infinie, dont nous ne faisons que bégayer le nom dans nos langues imparfaites. Mais l'esprit humain n'offre qu'une faible esquisse de l'intelligence que nous venons de concevoir; et tout ce que peuvent faire ses efforts dans la recherche de la vérité, c'est de le rapprocher constamment de cet idéal dont il restera cependant toujours indéfiniment éloigné. Quoi qu'il en soit, il est évident que, dans une certaine mesure, l'homme ne doit pas désespérer d'arriver à des formules mathématiques des phénomènes physiques, chimiques et biologiques, et par conséquent, à l'expression du degré de perfection de chaque être; et qu'il pourra remplacer la langue métaphysique actuelle, non-seulement, d'abord, par une langue plus précise, mais, dans la suite, par une langue parfaite, qui, se prêtant aux transformations analytiques, deviendra un instrument de découverte.

Détachons nos regards de cet idéal lointain, et revenons à ce qui est dès aujourd'hui réalisable. Il est possible de créer la vraie langue philosophique entrevue par Descartes et Leibnitz; il est possible surtout de revenir aux idées hardies et sublimes de Descartes sur la Méthode, tout en les tempérant sagement, et en les complétant.

La science est tout entière en puissance dans l'entendement. Sous l'excitation de la sensation, elle passe successivement à l'acte par l'enchaînement des notions et des vérités premières. C'est de cette idée élevée que découlent, dans Descartes, ces méthodes générales qui dominent tous les objets de la connaissance et qui éclairent l'esprit dans toutes les directions; c'est de là que descendent aussi ces belles maximes relatives à l'éducation de l'esprit qu'on trouve dans le Traité des Règles.

L'esprit français, en ce moment abaissé par le Positivisme, a besoin de revenir aux idées de Descartes et de s'en inspirer pour porter en avant la science du monde physique et celle du monde moral. Dans l'étude du *moi* particulièrement, il faut revenir aux idées *à priori*, rétablir la distinction nette et féconde des opérations sensitives et des opérations intellectuelles, et suivre de nouveau la voie large ouverte par Descartes et continuée par Bossuet, Fénelon, Malebranche et Leibnitz. L'Angleterre et l'Ecosse, avec leur esprit d'observation terre à terre et leur empirisme un peu vulgaire, ont étouffé la vraie Psychologie dans son berceau et l'ont remplacée par un avorton informe que nos modernes spiritualistes ont voulu en vain réchauffer et faire vivre : il n'est pas né viable. La Psychologie, sans Métaphysique, est quelque chose de plus misérable que la Physique sans idées *à priori* et sans calcul. Tombée des régions lumineuses entr'ouvertes par Descartes et

Bossuet, elle se traîne depuis Locke, Condillac et Reid dans l'ornière des descriptions. L'empirisme a tout replongé dans le chaos.

Dans ce mélange des génies divers des peuples, qui est l'un des caractères de la civilisation moderne, nous avons emprunté aux Anglais leur faculté d'observation patiente et précise; mais ils nous ont emprunté à leur tour un don bien autrement précieux, l'esprit métaphysique. Il y aurait eu là un échange et un complément heureux de bonnes qualités si, engoués tout à coup et comme grisés d'idées empiriques, nous n'avions désappris les hautes théories de la science. Les Anglais ont lu, plus que nous, nos grands philosophes et nos grands métaphysiciens; ils se sont élevés à leur contact, pendant que nous nous abaissions en dépouillant notre génie pour adopter leurs qualités inférieures. « Qu'importe, dira quelqu'un, pourvu que l'esprit humain avance? » Que d'autres se consolent ainsi! Quant à nous, nous verrions d'un cœur navré les autres peuples nous enlever la gloire de toutes les grandes découvertes et de toutes les grandes choses, et ne nous laisser que la gloriole des petites. Nous ne sommes pas de ceux qui se consoleraient de l'abaissement intellectuel de la France en songeant que l'humanité ne reste pas stationnaire. Nous voulons que tous les peuples s'élèvent en même temps, et sans rien perdre, d'un mouvement d'ensemble progressif et harmonieux. L'esprit humain, du reste, perdrait à cette décadence intellectuelle d'une nation qui, par ses qualités élevées et puissantes, a été et peut être encore l'instrument le plus actif des grandes révolutions scientifiques et des grandes révolutions sociales.

Heureusement, contre l'influence délétère du Positivisme, on recommence à faire appel à l'influence de Descartes. Son puissant génie est de nouveau compris et acclamé, et il se fait comme un concert d'éloges autour de son nom. Sa grande figure, un instant obscurcie ou voilée, se dégage de la poussière soulevée par des écrivains inconséquents ou jaloux de sa gloire. Déjà l'Idée mathématique revient prendre possession de la science; bientôt la Métaphysique se relèvera pour inspirer nos savants et diriger de nouveau l'esprit français dans la voie des grandes découvertes.

FIN.

TABLE

Pages.

PRÉFACE. Utilité d'une Histoire des travaux de Descartes. — Sources principales de cette Histoire. — Son intérêt............................... ⅰ

CHAP. Iᵉʳ. Précurseurs de Descartes 1

CHAP. II. Naissance de Descartes. — Sa famille. — Son enfance. — Ses études. — Séjour à Paris et en Hollande. — Les premiers ouvrages : le Compendium musicæ, l'Algèbre. (1596-1618)..... 35

CHAP. III. Le Volontaire en Allemagne. — L'hiver de 1619. — Inventions capitales. — Le Parnasse, les Olympiques et quelques autres Traités de sa jeunesse. (1619-1621)................... . 63

CHAP. IV. Le Voyageur. Voyage en Moravie, en Silésie, en Pologne, dans l'Allemagne du nord, en Hollande, en Belgique, en France et en Italie. — Deux nouveaux traités, le Thaumantis Regia, *(Palais de Thaumas)* et le Studium bonæ mentis, *(Etude de la Sagesse).* (1621-1625).... 122

Pages.

Chap. V. Le Gentilhomme et le Savant. — Travaux et découvertes en Optique et en Géométrie, pendant un séjour de trois ans à Paris. — Les Cours publics au XVIIe siècle; une leçon improvisée de Descartes. — Le Logicien; les Règles pour la direction de l'esprit. (1625-1629)............ 139

Chap. VI. Le Métaphysicien. — Les neuf premiers mois de son séjour en Hollande. — Le château de Franeker. — Les Méditations. (1629)...... 201

Chap. VII. Le Savant universel. (1629-1633)...... 236

Chap. VIII. Le Monde. (1633-1634)............. 278

Chap. IX. Le Professeur libre; ses Leçons et ses Lettres. — Origine de l'Académie des Sciences. — Le Roman de Descartes. — Les derniers Travaux qui précèdent la publication du Discours de la Méthode. — Qu'est-ce que le Discours de la Méthode? — Incidents divers qui en retardent la publication. (1634-1637).................. 327

Chap. X. Le Discours de la Méthode et les Essais de philosophie. — Unité de l'œuvre. — Analyse... 353

Chap. XI. La Méthode de Descartes............. 448

FIN DE LA TABLE.

Clermont, typ. Ferd. Thibaud.

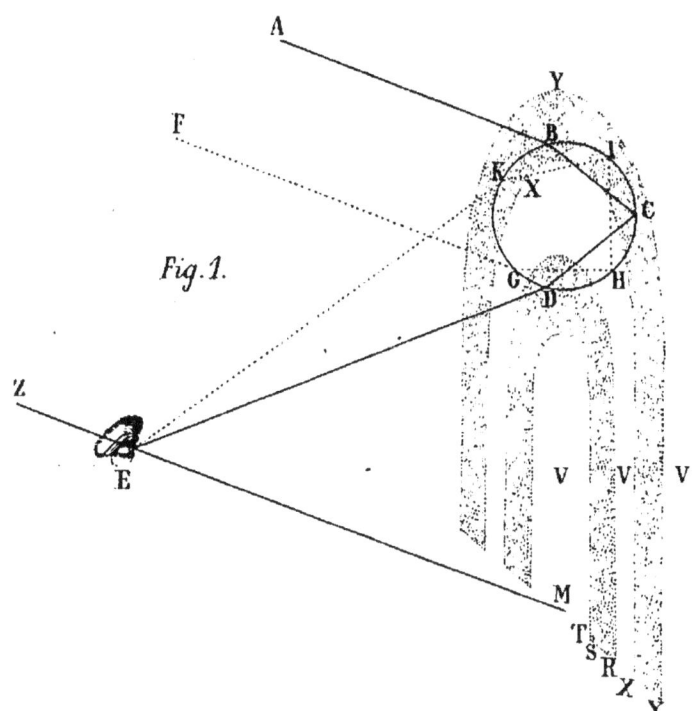

Fig. 1.

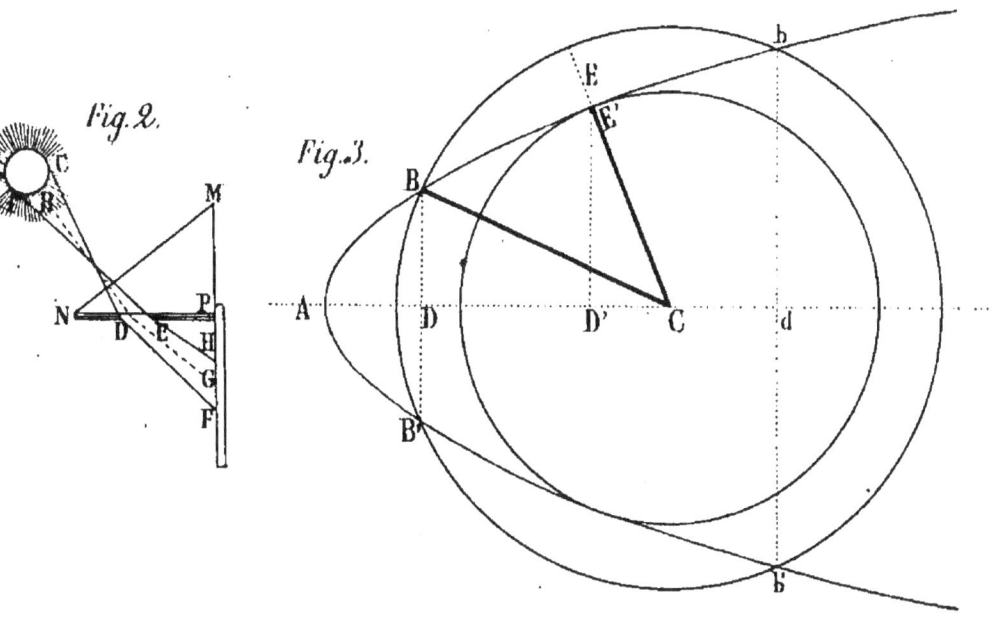

Fig. 2.

Fig. 3.

www.ingramcontent.com/pod-product-compliance
Lightning Source LLC
Chambersburg PA
CBHW071938240426
43669CB00048B/1873